# ADMINISTRAÇÃO PARA NÃO ADMINISTRADORES

Idalberto Chiavenato
Mestre (MSE) e Doutor (Ph.D.) em Administração
de Empresas pela City University of Los Angeles

# ADMINISTRAÇÃO PARA NÃO ADMINISTRADORES

## a gestão de negócios ao alcance de todos

2ª edição
Revisada e atualizada

Manole

*Título da edição anterior: Administração para administradores e não-administradores: a gestão de negócios ao alcance de todos*
*Capa: Rubens Lima*
*Projeto gráfico: Departamento Editorial da Editora Manole*
*Editoração eletrônica: Luargraf M.E.*

Este livro contempla as regras do Acordo Ortográfico da Língua Portuguesa de 1990, que entrou em vigor no Brasil.

Dados Internacionais de Catalogação na Publicação (CIP)
(Câmara Brasileira do Livro, SP, Brasil)

---

Chiavenato, Idalberto
Administração para não administradores: a gestão de negócios ao alcance de todos/ Idalberto Chiavenato. – 2. ed. – Barueri, SP: Manole, 2011.

Bibliografia.
ISBN 978-85-204-3070-5

1. Administração 2. Administração de empresas 3. Negócios
4. Organizações – Administração I. Título

10-13224 CDD-658

---

Índices para catálogo sistemático:
1. Gestão de negócios 658



2ª edição – 2011

Editora Manole Ltda.
Av. Ceci, 672 – Tamboré
06460-120 – Barueri – SP – Brasil
Tel.: (11) 4196-6000 – Fax: (11) 4196-6021
www.manole.com.br
info@manole.com.br

Impresso no Brasil
*Printed in Brazil*

*À Rita,*
*estrela-guia que me orienta nos caminhos da vida,*
*meu oráculo, no qual deposito minhas mais profundas esperanças,*
*e meu refúgio encantado onde encontro a felicidade.*
*Dedico-lhe este livro com muito amor.*

## SOBRE O AUTOR

**Idalberto Chiavenato** é presidente do Instituto Chiavenato e conselheiro do Conselho Regional de Administração de São Paulo (CRA/SP), é reconhecido e prestigiado pela excelência de seus trabalhos em Administração e em Recursos Humanos, não só pela sua produção e contribuição literária, mas principalmente pela influência na definição e aplicação de modernos e inovadores conceitos administrativos às organizações bem-sucedidas.

É um dos autores nacionais mais conhecidos e respeitados na área de Administração de Empresas e Recursos Humanos.

Doutor e Mestre em Administração pela City University of Los Angeles, Califórnia, EUA, especialista em Administração de Empresas pela Escola de Administração de Empresas de São Paulo da Fundação Getulio Vargas (FGV-EAESP), graduado em Filosofia/Pedagogia, com especialização em Psicologia Educacional pela Universidade de São Paulo (USP) e em Direito pela Universidade Mackenzie.

Foi professor da FGV-EAESP e é professor honorário de várias universidades no exterior. Ocupa a cátedra imortal n. 41 da Academia Brasileira de Ciências da Administração.

Sua extensa bibliografia abrange mais de 30 livros de grande destaque no mercado, além de uma infinidade de artigos em revistas especializadas. Publicou 17 livros sobre Administração e Recursos Humanos traduzidos para a língua espanhola.

Recebeu vários prêmios e distinções (como dois títulos de Doutor Honoris Causa por universidades estrangeiras) pela sua contribuição à Administração Geral e de Recursos Humanos.

# SUMÁRIO

# PREFÁCIO

O papel da administração na sociedade moderna não é somente imprescindível, mas também fundamental para o desenvolvimento social e econômico do país e em todos os tipos de organizações, instituições, empresas, empreendimentos e negócios. No mundo de hoje, a administração constitui uma necessidade comum à grande maioria das profissões. O engenheiro precisa dela para tocar seu negócio de construções, o advogado, para viabilizar sua banca de consultoria legal, o médico, para melhorar sua clínica médica ou para ser bem-sucedido na gestão de um hospital ou parte dele, e o contador, para incrementar seu negócio de serviços contábeis. E a listagem não para por aí. Filantropos, políticos, esportistas, músicos se encontram na mesma situação. Até a dona de casa precisa da administração para programar sua agenda diária de atividades, para cuidar do abastecimento doméstico, das compras de bens e serviços, pagamentos cotidianos e orçamento familiar. A administração é uma necessidade comum a todos os negócios, sejam grandes ou pequenos, públicos ou privados, lucrativos ou não.

No fundo, a administração está alcançando foros de ciência universal que serve de ligação, suporte e plataforma entre as várias ciências. A maior parte das descobertas e invenções sempre precisou da administração para poder se transformar em produtos ou serviços viáveis e disponíveis à sociedade a preços razoáveis. Isso aconteceu ao longo dos tempos com a tecnologia da informação, a eletrônica, a engenharia, a medicina, a biologia etc. Desde a época da invenção da máquina a vapor por Watt, da locomotiva por Stephenson, do dínamo por Faraday, do automóvel por Daimler, da lâmpada elétrica por Thomas Edison, do rádio por Guilherme Marconi, da descoberta da aspirina por Felix Hoffman, foi a administração da atividade organizada que permitiu a rápida transformação dessas invenções em produtos ou serviços oferecidos ao mercado, proporcionando um fenomenal aumento da qualidade de vida da sociedade, oportunidades de trabalho para milhões de pessoas e um desenvolvimento sem precedentes. Sem a administração, provavelmente essas invenções e descobertas jamais poderiam ter sido transformadas em algo útil e valioso para o cliente e em empregos para as pessoas. A administração sempre funcionou como o elemento catalisador e fundamental capaz de transformar uma simples invenção ou descoberta em um negócio de sucesso, aportando benefícios a todas as pessoas envolvidas, seja no papel de produtores, consumidores ou investidores.

Hoje, aprender sobre administração está se tornando um desafio fundamental para o sucesso em qualquer ramo de negócio, a saber: farmacêutico, médico, jurídico, pedagógico, tecnológico, financeiro, comercial, contábil ou de qualquer outra natureza. E em qualquer tipo de organização: grande, média, pequena ou microempresa, pública ou privada, com ou sem finalidade lucrativa.

Além disso, e por consequência, fala-se muito em espírito empreendedor hoje em dia. É claro, pois as pessoas constituem o motor que dinamiza e impulsiona as organizações no sentido de fazê-las funcionar e operar e que introduz inteligência e competências no negócio. O mundo dos negócios não é somente o das grandes empresas e organizações globais ou multinacionais. Ele também é permeado por médios e pequenos negócios que proliferam no planeta e asseguram não somente empregos, desenvolvimento, investimentos, impostos, mas principalmente produtos, serviços, informação e entretenimento mundo afora. Enquanto as grandes corporações se dedicam intensamente ao volume e escala na produção e comercialização de seus produtos e serviços no mundo globalizado, as pequenas e médias empresas trabalham em mercados nacionais ou regionais aproveitando nichos de mercado não percebidos pelas grandes, mas que são capazes de proporcionar oportunidades incríveis. Contudo, para isso, não basta ter recursos e pessoas à disposição ou talentos cheios de ideias e competências. É preciso saber aproveitar todos os recursos e competências disponíveis e possíveis para alcançar o sucesso empresarial. Em outras palavras, é preciso saber administrar todas as várias e múltiplas facetas do negócio, e não apenas uma ou algumas delas. Não se pode caprichar apenas no marketing e deixar as finanças de lado e nem cuidar bem das operações em detrimento do desenvolvimento das pessoas envolvidas na atividade empresarial. A visão sistêmica é imprescindível. É preciso saber conectar e entrelaçar, ou seja, tratar o negócio como uma totalidade e de maneira integrada e não focar apenas cada uma das partes isoladamente para depois tentar somá-las. Somar é necessário, mas não suficiente nos dias de hoje. É preciso saber multiplicar e oferecer resultados ampliados. E essa é a tarefa da administração. Para isso, torna-se necessário conhecê-la mais profundamente para saber como ela pode melhorar e impulsionar qualquer atividade coletiva.

Idalberto Chiavenato

PARTE I

# Fazendo a sintonia inicial

Administrar uma organização – seja ela uma empresa, um empreendimento, uma instituição, um negócio ou qualquer atividade organizada – requer necessariamente alguns conhecimentos mínimos e imprescindíveis para que a empreitada possa ser bem-sucedida e sustentável no tempo. Um profissional liberal – médico, advogado, engenheiro, pedagogo, psicólogo, artista, empreendedor, investidor etc., pois a extensa listagem não para por aí – precisa saber algo de administração para poder tocar seus negócios e empreendimentos e obter bons resultados. Administrar não é somente desempenho, boa vontade, esforço pessoal ou grupal, mas, acima de tudo, resultado final. A função principal da administração é produzir resultados maiores que os recursos utilizados. Isso pode tanto significar produzir cada vez mais com cada vez menos como agregar mais valor à cadeia produtiva. A administração é medida e avaliada em função dos resultados que promove por meio da atividade organizada. Ela funciona como uma espécie de elemento catalisador de todo o processo produtivo de uma organização, independente de sua natureza, características, ramo de atividade, tamanho, mercado ou propósito. Sem esse poderoso catalisador, a organização simplesmente não funciona.

A administração proporciona rumo e direção para a instituição e os meios necessários para que ela possa seguir adiante a fim de alcançar objetivos da melhor maneira possível e cumprir metas desafiadoras. Sem uma criteriosa administração, a instituição não terá condições mínimas de sobrevivência, competitividade e sustentabilidade. O sucesso de um empreendimento – seja qual for a sua natureza, finalidade, formatação ou ramo de atividade – depende necessariamente da administração.

CAPÍTULO 1

# Primeiro passo
# Entendendo o significado da administração

**Tópicos**

O que significa uma empresa?

Recursos e competências

O que significa administração?

A influência da Era da Informação

As habilidades básicas do administrador

É comum falar-se em administração de organizações, de empresas, de negócios, de instituições ou de empreendimentos. É lógico: organizações, empresas, negócios, instituições ou empreendimentos não andam sozinhos. São entidades abstratas e sem vida própria. Todas elas dependem de planejamento, organização, direção e controle para serem bem-sucedidas. Em outras palavras, dependem necessariamente de administração. Acontece que a Administração é uma das mais novas e recentes ciências. Ela despontou no início do século XX e tem pouco mais de cem anos de vida. Somente há pouco tempo, ela se tornou uma ciência definida com curso universitário e formação específica e com cursos de pós-graduação em nossas plagas. Até então, o papel dos administradores foi ocupado por profissionais formados em outras disciplinas e que, em geral, quase sempre desconheciam os mais elementares princípios administrativos. Não se trata de uma crítica, mas de uma constatação. Esta é uma das razões pelas quais os cursos de pós-graduação focados em administração se proliferaram nos últimos tempos como meio de reduzir o imenso *gap* entre querer administrar e saber administrar por conta de médicos, advogados, engenheiros, economistas, psicólogos e uma imensa relação de profissionais que necessitam de conhecimentos administrativos para tocar seus próprios negócios ou serem bem-sucedidos em suas funções empresariais. O primeiro passo, portanto, para quem não possui formação universitária nessa área é entender claramente o significado da administração.

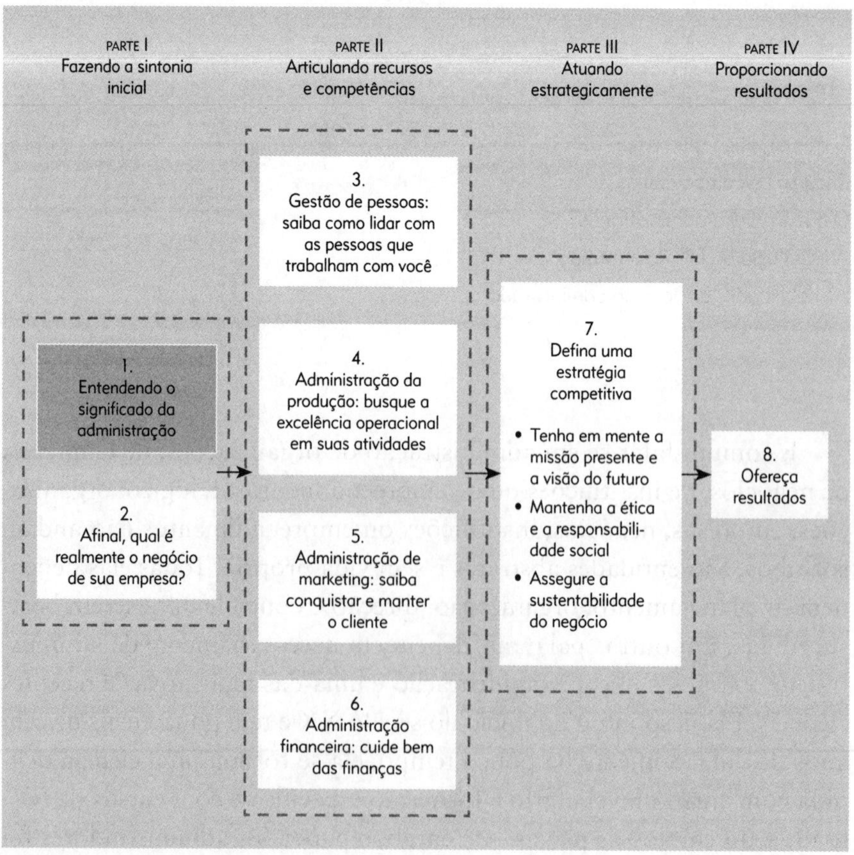


**Figura 1.1** A estrutura do livro.

## O QUE SIGNIFICA UMA EMPRESA?

Para entendermos a administração, precisamos, antes, conhecer algo sobre as organizações. Elas constituem o cenário no qual a administração acontece, o palco dentro do qual se faz a administração. Na moderna sociedade em que vivemos, quase todo o processo produtivo é realizado dentro do que chamaremos de organizações. Aliás, vivemos em uma sociedade composta de organizações. O homem moderno passa a maior parte de seu tempo dentro de organizações, das quais depende para nascer, viver, aprender, trabalhar, ganhar seu salário, comer, curar suas doenças, obter todos os produtos e serviços de que necessita. Uma das razões que explicam a enorme variedade e diversidade de organizações no mundo atual é o fato de que a organização é o mais eficiente meio de satisfazer um grande número de necessidades humanas. Em virtude de suas limitações físicas, biológicas e psicológicas, o ser humano busca, por meio da cooperação com seus semelhantes, a conjugação de esforços para atingir objetivos que sozinho não teria condições de atingir ou, se tivesse condições de atingi-los individualmente com suas próprias forças e recursos, talvez levasse muito mais tempo e consumisse muito mais esforços. As organizações surgem dessa necessidade primária de cooperação. Afinal, a união faz a força. Toda organização é composta de duas ou mais pessoas que interagem entre si por meio de relações recíprocas para atingir objetivos comuns[1].

Em geral, as organizações não colocam seus objetivos ou propósitos dentro de si mesmas, pois nenhuma organização existe apenas por existir, mas para atingir certos objetivos para os quais foi constituída. Os objetivos organizacionais estão sempre colocados fora das organizações, isto é, no ambiente em que estão inseridas, na sociedade maior que as envolve e que condiciona fortemente o seu comportamento. Um dos principais objetivos das organizações é produzir algo necessário à sociedade, seja um produto, seja um serviço. Se a sociedade absorve e aceita o que é produzido, porque necessita de determinados produtos para satisfazer suas necessidades, então a organização está prestando uma função social. Para ser

---

1 BARNARD, C. I. *As funções do executivo*. São Paulo: Atlas, 1961.

bem-sucedida, a primeira exigência feita a uma organização é que ela satisfaça alguma necessidade da sociedade em que está inserida[2].

## Conceito de organizações

As organizações são "unidades sociais (ou agrupamentos humanos) intencionalmente construídas e reconstruídas, a fim de atingir objetivos específicos"[3]. Isto significa que as organizações são propositada e planejadamente construídas e elaboradas para atingir determinados objetivos, e também são reconstruídas e reelaboradas, isto é, reestruturadas e redefinidas, na medida em que os objetivos são atingidos ou na medida em que se descobrem meios melhores para atingi-los com menores custos, esforço e tempo. Uma organização nunca constitui uma unidade pronta e acabada, mas um organismo social vivo e sujeito a constantes mudanças e transformações no caminho do seu desenvolvimento e busca da excelência.

**Box 1.1** A inovação mais importante do século

As inovações sempre aconteceram ao longo de toda a história da humanidade. E isso vem acontecendo desde quando os nossos ancestrais descobriram o fogo, poliram a pedra e inventaram a roda, mas foi no século XX que aconteceram as maiores inovações. Elas não ocorreram no campo das tecnologias físicas ou em produtos sofisticados, estes foram apenas os resultados ou consequências de inovações muito mais complexas e que, quase sempre, escapam à nossa percepção. As inovações mais importantes e mais abrangentes aconteceram no mundo das inovações sociais e foram estas que deram oportunidade ao surgimento das demais inovações.

As inovações sociais, como a invenção das eleições livres, do governo representativo, da propriedade privada, do dinheiro como mecanismo de troca e dos sistemas modernos de ensino, é que criaram as condições para o surgimento de outras inovações. Inovações sociais desse tipo mudaram muito mais a sociedade que a invenção do telefone, do telégrafo, do trem, do automóvel, do avião, do computador ou do celular. A invenção das empresas de capital aberto contribuiu muito mais para as inovações e para o Vale do Silício do que a criação do microprocessador e do computador pessoal. Sem a invenção do capital de investimento, muitas das mais importantes inovações técnicas de hoje não teriam sequer sido inventadas. Sem a invenção da universidade de pesquisas, muitas das cabeças mais brilhantes jamais teriam aplicado suas inteligências para criar inovações úteis à sociedade, tampouco haveria ganhadores do Prêmio Nobel.

---

2 CHIAVENATO, I. *Administração*: teoria, processo e prática. 4. ed. Rio de Janeiro: Elsevier/Campus, 2006.

3 PARSONS, T. *Structure and process in modern societies*. Glencoe: The Free Press, 1962, p. 17.

A mais poderosa de todas as ferramentas modernas é a organização humana, a organização administrada. Inovações como o avião a jato da Boeing e da Airbus, o serviço telefônico universal, o computador de bolso da Hewlett-Packard jamais existiriam sem a invenção dessa criação notável, que atualmente é encontrada por toda parte, mas antes rara, à qual chamamos de organização eficiente. A invenção social da pesquisa industrial e do laboratório de desenvolvimento – da qual Thomas Edison foi o pioneiro e que foi rapidamente adotada pela General Electric, Dupont e outras empresas pioneiras – representou uma contribuição mais importante do que a invenção da lâmpada ou das fibras têxteis. Na primeira década do século XX, Henry Ford contribuiu fortemente para as invenções, não pelo seu famoso Modelo T, mas por colocar em prática uma maneira inteiramente nova de organização – a produção em massa e a linha de montagem. Logo depois, a invenção da administração descentralizada feita na década de 1920 por Alfred Sloan Jr. na General Motors exerceu um efeito mais profundo sobre a sociedade – embora menos visível – do que a própria invenção do automóvel.

Logo que fundaram a HP, Hewlett e Packard convergiram sua atenção em como organizar a empresa e não na fabricação de produtos inovadores capazes de fazer sucesso no mercado. Bill Hewlett dizia que "nosso produto mais importante é nosso processo de engenharia". Pelo contrário, a Apple focalizou primordialmente uma única e grande inovação – o computador pessoal Macintosh e, posteriormente o iPod, o iPhone e o iPad – e conseguiu enorme sucesso no mercado graças à força das redes sociais, outra inovação social que lhe proporcionou a esplêndida oportunidade para o sucesso de suas inovações técnicas.

A 3M continua se saindo bem não porque possui uma única grande inovação, como a lixa ou o adesivo, mas porque criou inovações incomuns em sua própria administração, como a ideia de permitir que todos os funcionários da empresa tivessem 15% de seu tempo livre para fazer o que bem quisessem – o tempo de "cabular o trabalho" institucionalizado. Isso fez surgir na 3M um mecanismo gerador de inovações, em lugar de fazer a empresa depender apenas de uma única inovação. A criatividade faz com que a cada semana a 3M lance uma inovação, um novo e diferente produto no mercado. O mesmo faz a Disney. Mentalidade administrativa e cultura organizacional são coisas muito sérias. Elas constituem o elemento inovador em si e não os produtos inovadores que elas conseguem lançar continuamente no mercado. Estes são o resultado ou o efeito das inovações sociais oferecidas à sociedade.

Fonte: adaptado de Collins (1997, p. 64-5).

As organizações apresentam algumas características interessantes, a saber:

1. Elas são sistemas sociais em constante intercâmbio com o ambiente exterior (p. ex., mercado, sociedade, comunidade, clientes, fornecedores, concorrentes). Assim, elas são também sistemas abertos em interação

com o mundo exterior, recebendo dele insumos (entradas) que são processados e transformados sob diversas maneiras (processamento ou conversão) e exportando os resultados na forma de produtos ou serviços (saídas). Os sistemas abertos trocam matéria e energia com o meio ambiente e são fundamentalmente adaptáveis, pois, para sobreviver, precisam reajustar-se continuamente às condições mutáveis e dinâmicas do seu meio ambiente. Como o ambiente está em constante mudança, a adaptabilidade organizacional exige uma constante mudança interna para que a organização permaneça viável.

2. As organizações podem assumir uma enorme diversidade de formas, tamanhos, tipos de atividades, objetivos, propósitos etc. Podem ser empresas, indústrias, exércitos, igrejas, entidades filantrópicas, hospitais, escolas e universidades, lojas, *shopping centers*, supermercados, redes de rádio ou TV, repartições públicas, restaurantes, postos de gasolina etc.

3. As organizações podem ser lucrativas, não lucrativas, governamentais, privadas, não governamentais (ONGs), nacionais, multinacionais, mundiais etc. Elas variam quanto a propriedade, abrangência, ramo de atividade etc.

4. Em seu interior, as organizações podem ser desdobradas em três níveis, cada qual com seu papel específico, a saber:

a) *Nível institucional ou estratégico*: é o nível mais elevado e mais periférico da organização. Nele estão o presidente e os diretores do negócio. Neste nível, são tomadas as decisões globais, em virtude do contato direto com o meio ambiente que circunda a organização e recebe todos os impactos das mudanças e pressões ambientais. Sua atuação é global e seu horizonte é dimensionado no longo prazo no sentido de alcançar sustentabilidade do negócio. Está preocupado com a eficácia no alcance de objetivos e na oferta de resultados.

b) *Nível intermediário ou tático ou gerencial*: é o nível do meio do campo e é composto dos executivos que cuidam das diversas áreas, das unidades ou dos departamentos da organização. Nele estão os gerentes que cuidam da mediação interna entre o nível institucional e o nível operacional. Sua atuação é dimensionada no médio prazo, geralmente acompanhando o exercício fiscal ou anual da organização. Na verdade, os gerentes recebem decisões ou orientações do nível institucional e transformam-nas em planos para que o nível operacional possa executá-los da melhor maneira possível. Por ser um nível mediador, precisa amortecer os impactos das influências ambientais recebidas pelo nível institucional e oferecer ao nível operacional a estabilidade e regularidade que são necessárias para a continuidade das operações cotidianas do negócio.

c) *Nível operacional*: é o nível mais baixo e mais internalizado da organização, no qual as operações são executadas cotidianamente. Em geral, é denominado nível técnico por estar focado na tecnologia utilizada pela organização. Nele estão os supervisores que cuidam para que as tarefas do dia a dia sejam executadas pelas pessoas. Está dimensionado para o curto prazo em termos de semanas ou meses, ou seja, para o imediato, e com foco nas tarefas e operações cotidianas da organização. Está preocupado com a eficiência nas atividades no sentido de fazer o melhor trabalho possível (Figura 1.2).

Os três níveis organizacionais precisam trabalhar em uníssono e em total integração para que o conjunto todo possa apresentar articulação e flexibilidade ao mesmo tempo.

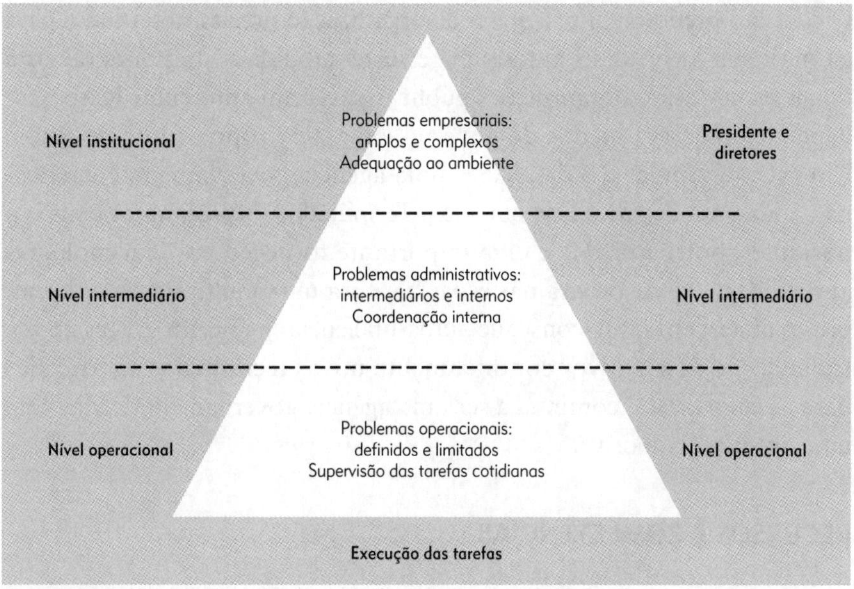


**Figura 1.2** Os três níveis organizacionais.
Fonte: Chiavenato (2006).

Contudo, as organizações não andam sozinhas. E nem encontram o sucesso por acaso ou por si mesmas. Elas precisam ser conduzidas. Em outras palavras, precisam ser administradas. Daí, a estreita relação entre as organizações e a administração. Aquelas precisam ser administradas, enquanto a administração somente acontece nas organizações. Uma depende da outra em uma estreita simbiose.

### Conceito de empresas

As empresas constituem um tipo específico de organização e apresentam todas as suas características mais marcantes. As empresas são organizações sociais compostas de pessoas e de recursos para alcançar determinados objetivos. Dentre tais objetivos avulta o lucro. No fundo, a empresa é uma organização lucrativa. Seus proprietários ou acionistas investem capital de risco em troca de futuros lucros em decorrência do sucesso nos negócios. O lucro define o grau de sucesso financeiro da empresa.

Modernamente se discute o conceito de lucro nas organizações não lucrativas. O lucro é um emergente sistêmico, ou seja, o diferencial entre os insumos que ingressam e os resultados que a organização apresenta. O conceito predominante é que toda organização precisa obter lucro para garantir sua identidade, autonomia e sustentabilidade do ponto de vista financeiro. Mesmo organizações públicas deveriam apresentar lucro para depender cada vez menos do governo e ter sua própria fonte de renda. Um exemplo ímpar é o da NASA, uma agência governamental americana criada para enviar o homem à lua. Terminados os programas mais importantes, hoje, a NASA é uma importante fornecedora de tecnologias aprendidas com os programas espaciais para uma multiplicidade de empresas americanas. Ela consegue autossuficiência financeira graças ao seu trabalho de desenvolver continuamente novas tecnologias sofisticadas para as empresas. E continua a ser uma agência governamental. Mas com uma autonomia incrível.

## RECURSOS E COMPETÊNCIAS

O maior segredo do administrador é saber lidar com recursos e competências de sua organização. O primeiro passo é conhecer exatamente o que a organização possui em termos de recursos e de competências para operar e ser bem-sucedida em suas atividades. Os recursos e competências devem ser visualizados como os principais meios para se alcançar os objetivos pretendidos.

Os principais recursos organizacionais podem ser classificados da seguinte maneira:

1. *Recursos financeiros*: envolvem capital, volume de dinheiro que corre através do ciclo financeiro da organização, fluxos de investimentos etc.
2. *Recursos materiais*: envolvem prédios, edifícios, máquinas, instalações etc.
3. *Recursos operacionais*: envolvem matérias-primas, materiais, componentes etc.
4. *Recursos tecnológicos*: envolvem máquinas, equipamentos, ferramentas etc., que recebem a denominação de *hardware*.
5. *Recursos informacionais*: envolvem o sistema integrado de informação da organização, ou seja, o *software*.

Os recursos fazem parte dos ativos tangíveis da organização. Parece óbvio que os recursos devem ser articulados e integrados no sentido de serem aplicados de maneira sistêmica e holística. Neste sentido, eles não podem ser tratados como silos ou compartimentos estanques, mas como vasos comunicantes intimamente relacionados entre si.

Além disso, o que antigamente se chamava recursos humanos, hoje são tratados de maneira diferente e altamente privilegiada. Pessoas não são mais consideradas como um recurso – algo estático, inerte e passivo e que precisa ser administrado –, mas como parceiros do negócio. São os colaboradores que cuidam dos recursos da organização, tomam decisões, atendem o cliente, dão vida, dinamismo e emoção ao negócio.

Enquanto os recursos são estáticos e inertes – pois não têm vida própria e precisam ser manejados e aplicados por pessoas –, as competências constituem a alma do negócio, a inteligência e força impulsionadora dos recursos. E onde estão as competências de uma organização? Nos seus recursos? Não! A tecnologia da informação até pode ajudar, mas as competências estão principalmente nas pessoas. As competências constituem o principal dos ativos intangíveis da organização. Uma maneira simplificada de visualizar as competências consiste em desdobrá-las da seguinte maneira:

1. *Competências organizacionais*: também denominadas *core competences*, são aquelas que personalizam a organização e refletem aquilo que ela é capaz de fazer e que nenhuma outra organização consegue rapidamente copiar ou imitar. São competências essenciais singulares e exclusivas que a organização precisa construir e utilizar intensamente para ocupar uma posição no mercado.
2. *Competências funcionais*: são as competências que cada área ou unidade organizacional – departamentos ou divisões – deve possuir para assegurar as competências organizacionais. Assim, um departamento financeiro deve possuir competências próprias de sua área e compatíveis com as competências organizacionais. Um departamento de marketing, por outro lado, deve possuir suas competências funcionais específicas e, provavelmente, diferentes do departamento financeiro. O mesmo acontece com o departamento de produção/operações.
3. *Competências gerenciais*: são as competências administrativas que cada executivo da organização – desde o presidente até o supervisor – deve possuir para assegurar que sua organização desenvolva suas competências organizacionais. Em geral, são competências comportamentais que incluem liderança, comunicação, motivação, visão sistêmica, foco em objetivos e resultados etc.
4. *Competências individuais*: são as competências que cada pessoa da organização deve possuir para colaborar e contribuir no sentido de que a organização mantenha e aumente suas competências organizacionais. As competências individuais dependem da atividade específica de cada organização. Em geral envolvem capacidade de aprender, espírito de equipe, iniciativa própria e empreendedorismo, comunicabilidade, foco em metas a alcançar, solidariedade, melhoria contínua, criação de valor etc. (Figura 1.3)

Saber lidar com competências e, por meio delas, aplicar adequadamente os recursos organizacionais para alcançar metas e objetivos é a base do sucesso do administrador.

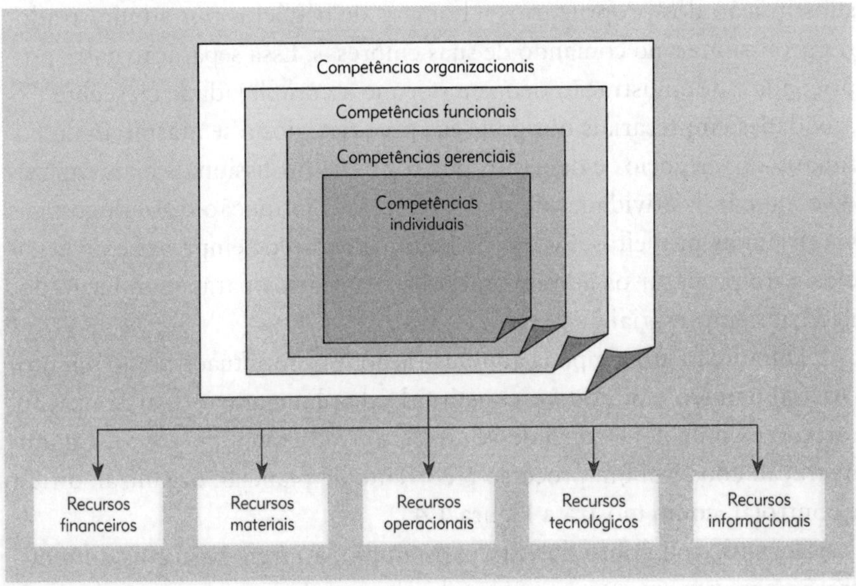


Figura 1.3. Os recursos e competências de uma organização.

## O QUE SIGNIFICA ADMINISTRAÇÃO?

O que significa administração? A palavra administração deriva do latim (*ad*, direção para, tendência; *minister*, comparativo de inferioridade; o sufixo *ter* significa subordinação ou obediência, isto é, aquele que realiza uma função abaixo do comando de outrem, aquele que presta um serviço a outro) e significa subordinação e serviço. Em sua origem, a palavra administração significa a função que se desenvolve sob o comando de outro, um serviço que se presta a outro ou, ainda, uma atividade que se recebe por delegação de outrem[4].

### A separação entre propriedade e administração

Uma das grandes transformações que aconteceu após a Revolução Industrial, a qual se processou a partir do século XVIII, foi a gradativa

4 CHIAVENATO, I. *Introdução à teoria geral da administração*. 7. ed. Rio de Janeiro: Elsevier/Campus, 2004.

substituição dos proprietários e homens de negócios por administradores profissionais no comando de suas empresas. Essa separação entre propriedade e administração ocorreu porque a complexidade crescente das atividades empresariais obrigou seus proprietários a se afastarem do cotidiano dos negócios e deixá-los por conta de profissionais mais capazes de conduzir as atividades de suas empresas. Em função disso, logo mais surgiriam as primeiras escolas de administração de empresas e de negócios para preparar os administradores necessários para a condução dos negócios empresariais.

Durante muito tempo, a administração foi conceituada como um processo dinâmico e interativo constituído de planejamento, organização, direção e controle. Dentro desse conceito tradicional e estreito, a administração constitui um processo recorrente de planejar, organizar, dirigir e controlar, como mostra a Figura 1.4.

Segundo um ponto de vista mais amplo, a tarefa básica da administração consiste em interpretar os objetivos globais propostos pela organização e transformá-los em ação organizacional global por meio de planejamento, organização, direção e controle de todos os esforços realizados

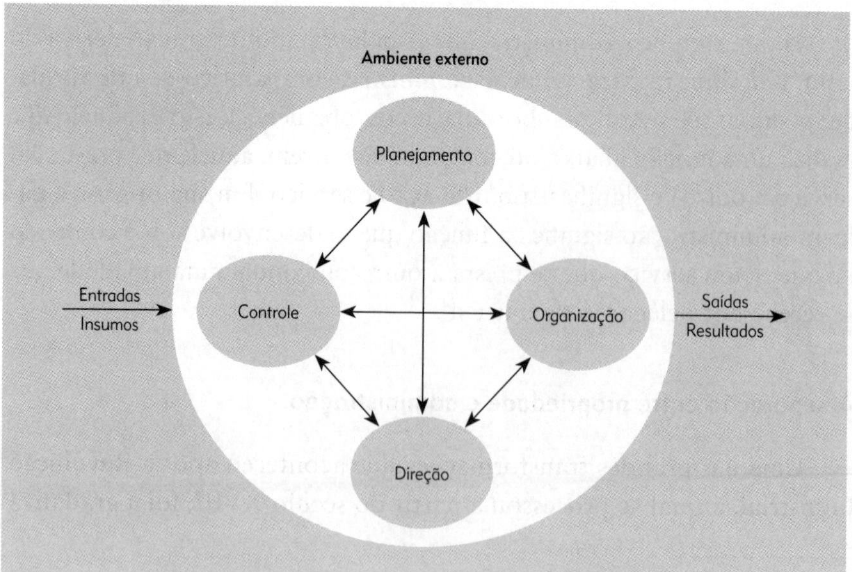


**Figura 1.4** O processo administrativo: o conjunto de funções administrativas.

em todas as áreas e em todos os níveis da empresa a fim de atingir tais objetivos da melhor maneira possível. Assim, a administração é o processo de planejar, organizar, dirigir e controlar a aplicação das competências e o uso dos recursos organizacionais para alcançar determinados objetivos de maneira eficiente e eficaz (Figura 1.5).

Assim, a administração basicamente funciona como um processo de planejar, organizar, dirigir e controlar.

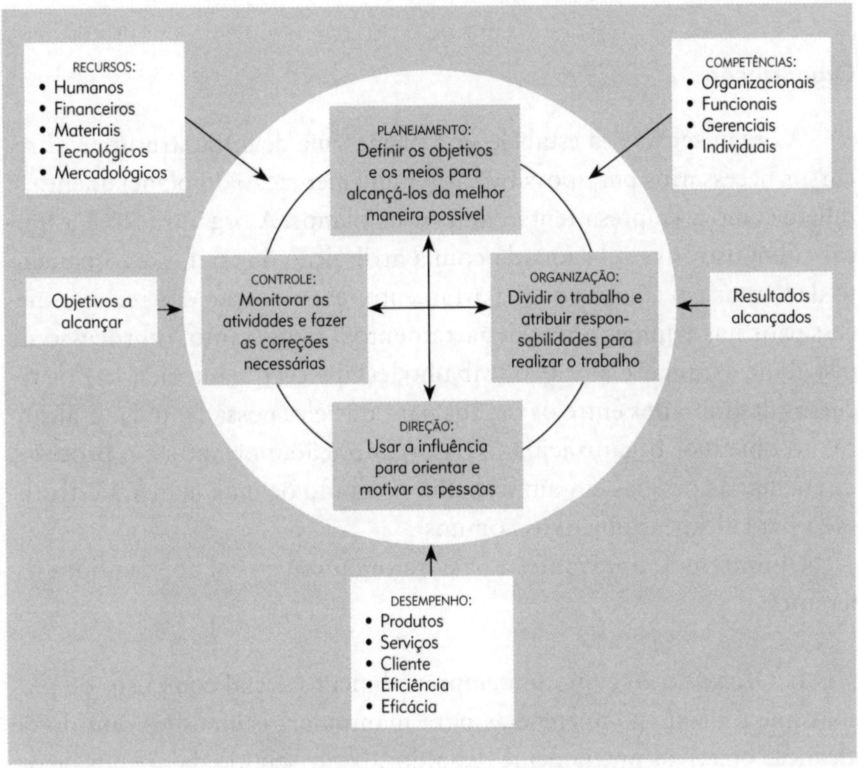


**Figura 1.5** Processo administrativo para transformar objetivos em resultados.

## Planejamento

O planejamento define o que a organização pretende fazer no futuro e como deverá fazê-lo. Por essa razão, o planejamento constitui a primeira função administrativa e define objetivos para o futuro, bem como decide sobre os recursos e competências necessários para alcançá-los adequadamente. Graças ao planejamento, o administrador se orienta por meio dos objetivos visados e das ações necessárias para alcançá-los, baseando-se em algum método, plano, meio ou lógica, não ao acaso. O planejamento produz planos que se baseiam em objetivos e nos melhores procedimentos para alcançá-los adequadamente. Assim, planejar envolve solução de problemas e tomada de decisões quanto a alternativas para o futuro. O planejamento, portanto, é o processo de estabelecer objetivos e o curso de ação adequado para alcançá-los[5].

## Organização

A organização visa estabelecer a plataforma de infraestrutura e os recursos necessários para possibilitar a implementação do planejamento, e reflete como a empresa tenta cumprir os planos. A organização é a função administrativa relacionada com a atribuição de tarefas, agrupamento de tarefas em equipes ou departamentos e a alocação dos recursos necessários nas equipes e nos departamentos. É, portanto, o processo de distribuir, arranjar e alocar o trabalho, estabelecer a autoridade e os recursos desdobrados entre os órgãos para que eles possam ajudar a alcançar os objetivos organizacionais. A organização, portanto, é o processo de engajar as pessoas em um trabalho conjunto de uma maneira estruturada para alcançar objetivos comuns[5].

Utilizaremos, doravante, a palavra organização em dois sentidos diferentes:

1. *Organização* como um empreendimento social composto de pessoas que utilizam competências para manipular recursos no sentido de alcançar objetivos previamente definidos. Neste sentido, falaremos de organizações sociais como empresas, empreendimentos etc.
2. *Organização* como a função administrativa de coordenar uma organização, ou seja, construir e manter uma estrutura formal ou informal de relacionamentos entre órgãos e pessoas. Assim, organizar significa for-

---

[5] CHIAVENATO, I. *Administração nos novos tempos*. 2. ed. Rio de Janeiro: Elsevier/Campus, 2004.

matar ou estruturar uma organização. Nesse sentido, a organização funciona como uma plataforma ou infraestrutura para direcionar os contatos e relacionamentos dentro de uma organização. Aqui, a organização vem depois do planejamento e antecipa-se à direção e ao controle, como funções administrativas tradicionais.

### Direção

A direção representa a colocação em marcha daquilo que foi planejado e organizado. Para tanto, a direção é a função administrativa que envolve o uso de influência para ativar e motivar as pessoas a alcançar os objetivos organizacionais. Ela envolve relacionamento, interação, influenciação, liderança, comunicação e motivação das pessoas para que elas desempenhem as tarefas essenciais ao negócio. A direção, portanto, é o processo de influenciar e orientar as atividades relacionadas com as tarefas dos diversos membros da equipe ou da organização como um todo[6].

### Controle

O controle representa o acompanhamento, a monitoração e a avaliação do desempenho organizacional para verificar se as coisas estão acontecendo de acordo com o que foi planejado, organizado e dirigido. Controle é a função administrativa relacionada com a monitoração das atividades a fim de manter a organização no caminho adequado para o alcance dos objetivos e permitir as correções necessárias para atenuar ou corrigir os desvios. O controle, portanto, é o processo de assegurar que as atividades atuais estejam em conformidade com as atividades planejadas[6].

No conjunto, as quatro funções administrativas – planejamento, organização, direção e controle – formam o processo administrativo. Isso significa que, basicamente, o administrador deve saber planejar, organizar, dirigir e controlar as atividades da empresa – ou da unidade ou departa-

---

[6] CHIAVENATO, I. *Administração nos novos tempos*. 2. ed. Rio de Janeiro: Elsevier/Campus, 2004.

mento ou, ainda, da equipe – a fim de alcançar os objetivos previamente estabelecidos. O ideal seria que o administrador alcançasse igual balanço em todas essas quatro funções. Todavia, alguns administradores são excelentes planejadores; outros, muito bons organizadores; há também aqueles que sabem dirigir bem; e os que são ótimos controladores. Afinal, nada é perfeito neste mundo. Além disso, cada função administrativa depende do nível de atuação do administrador, como mostra a Figura 1.6.

**Quadro 1.1** O processo administrativo nos três níveis organizacionais

| Níveis de atuação | Planejamento | Organização | Direção | Controle |
|---|---|---|---|---|
| Institucional | Planejamento estratégico<br>Determinação dos objetivos organizacionais | Desenho da estrutura organizacional | Direção geral<br>Políticas e diretrizes de pessoal | Controles globais e avaliação do desempenho organizacional |
| Intermediário | Planejamento e alocação de recursos | Desenho departamental<br>Estrutura dos órgãos e equipes<br>Regras e procedimentos | Gerência e recursos<br>Liderança e motivação | Controles táticos e avaliação do desempenho departamental |
| Operacional | Planos operacionais de ação cotidiana | Desenho de cargos e tarefas<br>Métodos e processos de operação | Supervisão de primeira linha | Controles operacionais e avaliação do desempenho individual |

Fonte: Chiavenato (2006, p. 168).

Em cada nível organizacional, as atividades do administrador são diferentes. Na medida em que sobe na hierarquia, o administrador tem uma função gradativamente mais ampla e abrangente, enquanto as atividades físicas e concretas são substituídas por aspectos mais abstratos, conceituais e virtuais.

No nível operacional, o administrador elabora planos operacionais focados no dia a dia da empresa, desenha cargos e tarefas por meio de métodos e processos de operação, dirige através da supervisão de pessoas e equipes e aplica controles operacionais para avaliação do desempenho individual ou grupal dos subordinados.

No nível intermediário, o administrador elabora planos táticos e decide sobre alocação de recursos (financeiros, materiais e humanos) em sua área ou unidade, desenha o perfil departamental, estrutura órgãos e equipes e fixa regras e procedimentos de trabalho, dirige as pessoas através de liderança e motivação e utiliza controles para avaliar o desempenho departamental.

No nível institucional, o administrador elabora o planejamento estratégico para alcançar objetivos organizacionais, define a estrutura organizacional da empresa, cuida da direção global e das políticas gerais do negócio e define os controles globais e a avaliação do desempenho global da empresa. Neste nível, há o relacionamento não somente com os *shareholders* (conselho de administração que representa os acionistas e investidores), mas com os *stakeholders*, isto é, os públicos estratégicos ou partes interessadas que se relacionam direta ou indiretamente com a organização.

**Box 1.2** *Stakeholders*

São os públicos que participam direta ou indiretamente da organização. Podem estar dentro da organização (como os dirigentes, gerentes, executivos e funcionários em geral), ao lado (como os *shareholders*, isto é, proprietários, acionistas, investidores ou fornecedores de capital) ou fora dela (como clientes, usuários, consumidores, fornecedores de materiais ou de serviços, outras organizações com as quais a organização mantém relacionamentos, a comunidade onde a organização tem suas instalações físicas, o governo, órgãos regulamentadores e a própria sociedade). Na verdade, os *shareholders* também precisam receber algum retorno da organização, pois de alguma maneira colaboram para o sucesso organizacional. A satisfação dos *shareholders* deve ser compatível com sua importância ou relevância ou, ainda, com sua capacidade de trazer benefícios ou restrições para a organização.

## Novos conceitos de administração

Embora vista por quase todos os autores de uma maneira simplista e reducionista, como um processo cíclico e repetitivo de decisões e ações, a administração constitui um sistema complexo, ou seja, uma conjugação de inúmeras variáveis convergindo sempre para o alcance final de objetivos e resultados. Assim, a administração não é simplesmente um processo linear de decisões e ações para planejar, organizar, dirigir e controlar, mas algo que vai muito além. Ela constitui uma complicada atividade de integração, conjunção, arranjo, foco e impulso. O administrador precisa reunir uma gama de diferentes recursos e competências para transformá-los em resultados concretos. Na verdade, a administração é a melhor maneira de alcançar resultados por meio da atividade coletiva. Significa simplesmente fazer acontecer por meio das pessoas em um conjunto planejado e organizado (Figura 1.6).

## O estado da arte da administração

A administração passou recentemente por uma drástica reformulação e ampliação. Administrar, hoje, não significa apenas supervisionar pessoas,

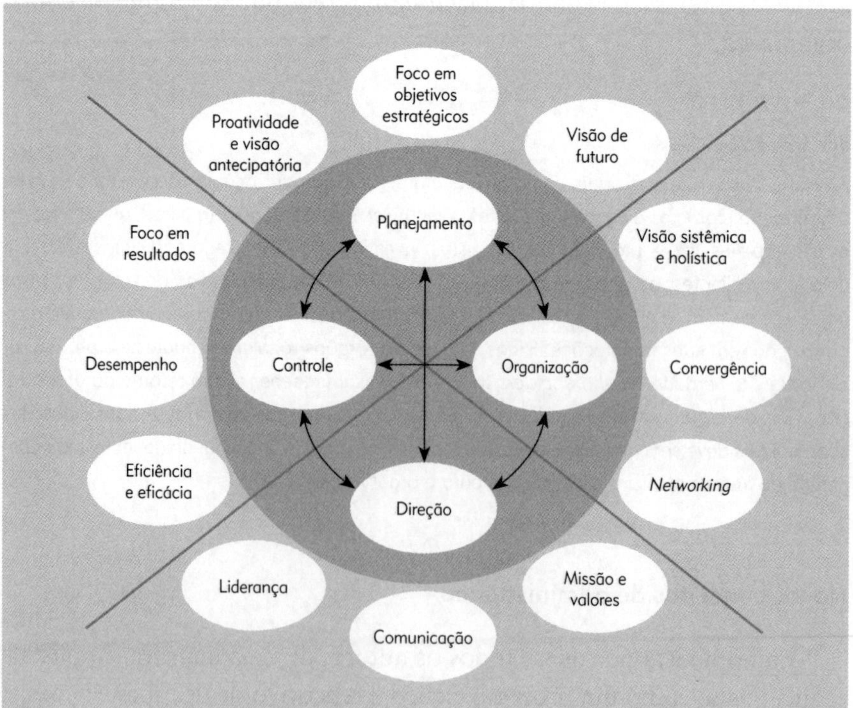


**Figura 1.6** A rosácea da administração: a reunião de competências necessárias.
Fonte: Chiavenato (2006, p. 168).

tomar conta de departamentos ou cuidar das finanças de um negócio. E nem simplesmente se restringe mais ao planejar, organizar, dirigir e controlar atividades. Ela é muito mais que isso. Na verdade, administrar significa conduzir toda uma organização em direção a objetivos previamente definidos para obter resultados concretos e alcançar sucesso e sustentabilidade ao longo do tempo. Isso não é feito apenas por uma única pessoa, mas por um conjunto integrado e coeso de pessoas interligadas por objetivos comuns. Isso não é realizado por um único líder, mas por uma liderança de lideranças dentro da organização que aglutina mentes e corações. Administração tem a ver com esforço conjunto e conjugado, com articulação de recursos e de competências no sentido de focar objetivos claros e definidos a serem alcançados. Administração tem a ver com sinergia, ou seja, esforços que se ajudam mutuamente de modo que o resultado seja muito maior que a soma das partes envolvidas. Somar é fácil, o desafio está em obter e alavancar resultados superiores. Para tanto, é preciso multiplicar.

## Os caminhos da administração

Apesar de ser uma ciência recente, a administração já deu mostras suficientes do que é capaz de fazer. Sem exagero algum, foi a administração que permitiu o espantoso desenvolvimento da humanidade no decorrer do século XX e provocou o espetacular aumento da qualidade de vida das pessoas em muitos países que se tornaram o primeiro mundo. Foi ela que permitiu transformar as invenções científicas – na área médica, química, física, farmacêutica, tecnológica etc. – em produtos e serviços disponíveis para a maioria da população. A administração consegue transformar a contribuição das várias ciências em parte de nossa vida cotidiana. Um conjunto de cientistas dos mais variados ramos – físicos, astrofísicos, engenheiros de todo tipo, matemáticos, astrônomos, biólogos, químicos, médicos, geômetras, estatísticos etc. – por meio de uma organização administrada como a NASA conseguiu enviar o homem à Lua.

Da mesma forma, artistas, coadjuvantes, cenaristas, roteiristas, músicos, diretores, produtores, cenógrafos, engenheiros de áudio e de vídeo, sonoplastas, decoradores, modeladores, técnicos dos mais variados ramos de atividade, escritores, diretores somente conseguem inventar e produzir um filme por meio de companhias cinematográficas e da administração de um enorme contingente de diferentes equipes e profissões em uma atividade convergente e integrada, mas de vida curta. Cada filme é um projeto único, uma equipe, um negócio em si. A produção de um filme tem um início, meio e fim antes de ser lançado no mercado. Cada filme exige a convergência de uma infinidade de especialidades e tecnologias. Preste bem atenção: estamos caminhando para um mundo novo em que as empresas vão se parecer, mais cedo ou mais tarde, com aquilo que a indústria cinematográfica atual faz. A administração está na ponta desse caminho.

## A INFLUÊNCIA DA ERA DA INFORMAÇÃO

Administrar tem tudo a ver com a atividade organizada, seja para alcançar objetivos da atividade das pessoas, da produção de produtos ou operações de serviços, do marketing ou das finanças em uma empresa. Todavia, a administração está passando por mudanças incríveis em função da gradativa passagem da Era Industrial para a Era da Informação. Como a indústria não vai desaparecer – assim como a agricultura não desapareceu com a supremacia da Era Industrial sobre a Era Agrícola –, o certo é que passaremos a conviver com dois mundos organizacionais distintos em contínua disputa, mas sempre interdependentes um do outro: o mundo físico e concreto das empresas típicas da Era Industrial e o mundo virtual e abstrato das empresas típicas da Era da Informação. Empresas de tijolo e concreto ao lado de empresas virtuais que não requerem tempo ou espaço. Empresas que oferecem produtos concretos ou serviços físicos ao lado de empresas que oferecem informação, conhecimento, entretenimento, relacionamento (Quadro 1.2).

### Onde é necessária a administração?

Afinal, quem precisa de administração? As organizações em geral? As empresas? Os departamentos ou áreas de uma empresa? As unidades estratégicas de negócios? As equipes de trabalho? Na verdade, a administração é necessária em todos os níveis e em todos os tipos de atividade organizada: indústrias, comércio em geral, bancos, financeiras, supermercados, igrejas, hospitais, escolas e universidades, governo federal, estados,

**Quadro 1.2** As características da Era Industrial e da Era da Informação

| Era Industrial | Era da Informação |
|---|---|
| – Fábrica – empresa física e tangível<br>– Empresa de cimento e concreto<br>– Máquinas e equipamentos<br>– Estabilidade e permanência<br>– Necessidade de manter o *status quo*<br>– Mão de obra braçal – trabalho muscular<br>– Emprego único, tradicional e presencial<br>– Trabalho individual, isolado e solitário<br>– Gerência tradicional e autocrática<br>– Impor ordens e comandos<br>– Impor obediência cega a regras e regulamentos<br>– Especialização e foco em uma única atividade<br>– Ênfase no capital financeiro | – Empresa virtual e em rede<br>– Empresa de *bites* e *bytes*<br>– Computadores e terminais<br>– Instabilidade e mudança<br>– Necessidade de mudar e inovar<br>– Conhecimento – trabalho cerebral<br>– Atividade compartilhada, virtual e engajada<br>– Trabalho em equipe, participativo e solidário<br>– Liderança, *coaching* e *mentoring*<br>– Conquistar a colaboração<br>– Conduzir o empreendedorismo e o intraempreendimento<br>– Flexibilidade, multifuncionalidade e polivalência |

Fonte: Chiavenato (2006).

municípios, partidos políticos, organizações não governamentais, exército, comunidades filantrópicas, clubes esportivos etc. A administração é fundamental onde quer que as pessoas trabalhem em conjunto para alcançar um objetivo comum. Mais que isso, a administração é necessária em todos os tipos de organização para fazer com que as coisas realmente aconteçam de maneira adequada.

**Box 1.3** A universalidade da administração

Pense bem: a administração é encontrada onde haja um grupo de pessoas em uma atividade organizada tentando atingir metas comuns. Pode-se concluir que todo cidadão é administrado em quase todos os seus comportamentos (no trânsito, na empresa, nas compras, na sua igreja, na sua universidade) ou, então, está administrando os outros. Em função disso, a melhoria no conhecimento da administração certamente produzirá uma vida mais confortável e de melhor qualidade, além de melhorar incrivelmente as atividades das pessoas envolvidas e o seu padrão de vida.

## AS HABILIDADES BÁSICAS DO ADMINISTRADOR

Diferentemente das demais profissões, o sucesso do administrador depende mais do seu desempenho e da maneira como lida com pessoas e situações do que de seus traços particulares de personalidade. Depende daquilo que ele consegue fazer, não daquilo que ele é. Esse desempenho é o resultado de certas habilidades que o administrador deve possuir e utilizar. Uma habilidade é a capacidade de transformar conhecimento em ação e que resulta em um desempenho desejado. Como a administração é uma ciência social básica, o administrador precisa lidar com pessoas, fato que incorpora boa dose de subjetividade e talento para influenciar o comportamento dos outros, o que não ocorre com as ciências exatas. Para Katz, existem três tipos de habilidades importantes para o desempenho administrativo bem-sucedido[7]:

- *Habilidades técnicas:* são particularmente indispensáveis no nível operacional e envolvem o uso de conhecimento especializado e facilidade na execução de técnicas relacionadas com o trabalho e com os procedimentos de realização. É o caso de habilidades em contabilidade, em programação de computador, engenharia etc. As habilidades técnicas estão relacionadas com o fazer, isto é, com o trabalho com processos materiais ou objetos físicos e concretos. É relativamente fácil trabalhar com objetos concretos e com números porque eles são estáticos e inertes, não contestam nem resistem à ação do administrador.
- *Habilidades humanas:* são particularmente indispensáveis no nível intermediário e estão relacionadas ao trabalho com pessoas e referem-se à facilidade de relacionamento interpessoal e grupal. Envolvem a capacidade de comunicar, motivar, coordenar, liderar e resolver conflitos pessoais ou grupais. As habilidades humanas estão relacionadas com a interação com as pessoas. O desenvolvimento de equipes, o encorajamento da participação, sem medos ou receios, e o envolvimento das pessoas são aspectos típicos de habilidades humanas, como saber trabalhar com pessoas e por meio delas.
- *Habilidades conceituais:* são particularmente indispensáveis no nível institucional e envolvem a visão da organização ou da unidade organizacional como um todo, a facilidade em trabalhar com ideias e conceitos, teorias e abstrações. O administrador com habilidades conceituais

---

[7] KATZ, R. L. Skills of an effective administrator. *Harvard Business Review*, jan.-feb. 1955, p. 33-42.

está apto a compreender as várias funções da organização, complementá-las entre si, como a organização se relaciona com seu ambiente e avaliar como as mudanças em uma parte da organização afetam o restante dela. As habilidades conceituais estão relacionadas com o pensar, o raciocinar, o diagnóstico das situações e a formulação de alternativas de solução dos problemas, bem como com a inovação. Representam as capacidades cognitivas mais sofisticadas do administrador e que lhe permitem planejar o futuro, interpretar a missão, desenvolver a visão e perceber oportunidades ambientais onde ninguém não enxerga nada. Na medida em que um administrador faz carreira e ascende na organização, precisa, cada vez mais, desenvolver as suas habilidades conceituais para não limitar a sua empregabilidade. Empregabilidade significa a capacidade de uma pessoa em conquistar e manter indefinidamente um emprego. Conquistar um emprego pode até ser fácil, o mais difícil é mantê-lo no longo prazo. Isso vai depender de uma constante atualização e aprendizado de conhecimentos, habilidades e competências individuais (Figura 1.7).

A combinação dessas habilidades varia na medida em que o administrador ascende na escala hierárquica da empresa. Na medida em que passa dos níveis inferiores a níveis mais elevados, diminui a necessidade de habilidades técnicas, enquanto aumenta a necessidade de habilidades

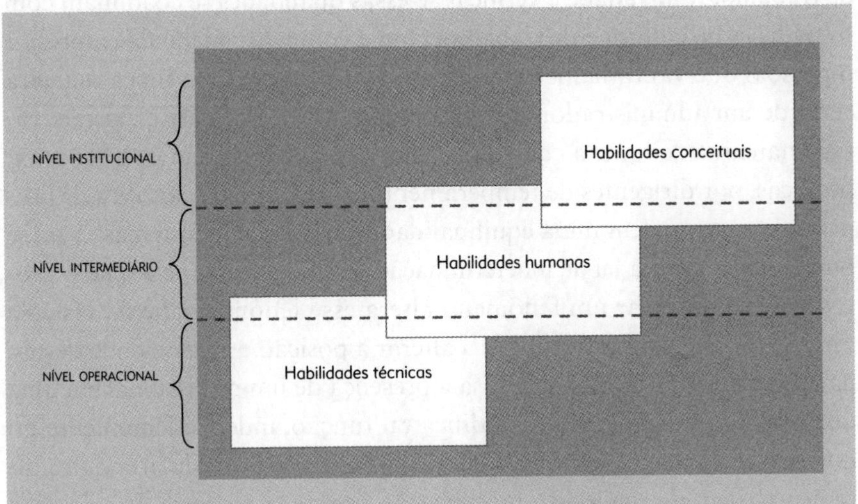


**Figura 1.7** As habilidades essenciais ao administrador.

conceituais. No nível operacional, os supervisores precisam de considerável habilidade técnica para lidar com os subordinados imediatos que realizam atividades operacionais relacionadas com as tarefas e operações cotidianas. Nos níveis mais elevados, o administrador não precisa necessariamente conhecer em detalhes e minúcias as tarefas executadas no nível operacional. Embora possa variar a proporção das habilidades técnicas e conceituais necessárias aos diferentes níveis da organização, o denominador comum aparentemente crucial em todos os níveis é a habilidade conceitual, ou seja, saber transformar conceitos em realidade concreta dentro da empresa.

## O nível de influenciação do administrador

Ao falar do "administrador profissional", Levitt lembra que, enquanto um químico ou um físico são considerados profissionais porque passaram em um teste de conhecimentos acerca de suas profissões, o mesmo não acontece com o administrador, cujo conhecimento é apenas um dos múltiplos aspectos na avaliação de sua capacitação profissional. Ele não é apenas analisado pelas empresas por seus conhecimentos tecnológicos de Administração, mas, principalmente, por seu modo de agir, suas atitudes, conhecimentos, habilidades, competências, personalidade e filosofia de trabalho. A finalidade é verificar se essas qualidades se coadunam com os padrões de cultura e de trabalho, com a competitividade da empresa e o pessoal que vai trabalhar com ele, pois não existe uma única maneira certa de um administrador agir ou conduzir. Pelo contrário, existem várias maneiras de levar a cabo as tarefas nas empresas, em condições específicas, por dirigentes de temperamentos diversos e modos de agir próprios. É o que se denomina equifinalidade em Teoria de Sistemas. Aliás, é oportuno lembrar a lei de indeterminação de Heisenberg, pela qual o processo de se observar um fenômeno altera esse fenômeno. Se na Física a observação dos átomos equivale a alterar a posição e a velocidade destes, na administração de uma empresa a presença de um profissional em uma determinada função afeta e modifica tal função, independentemente do que seja realizado. A presença de outro profissional produziria outra alteração. Além do mais, se a modificação ocorre, a maneira de agir deve ser – e acaba sendo – diferente.

## Os papéis do administrador

As habilidades necessárias ao administrador têm um fundamento. O administrador assume vários e diferentes papéis em suas atividades. Em uma pesquisa abrangente, Mintzberg identificou três categorias de papéis (Quadro 1.3), a saber[8]:

1. *Papéis interpessoais*: representam as relações com outras pessoas e estão relacionados com as habilidades humanas. Indicam como o administrador interage com as pessoas e influencia seus subordinados. Daí, a necessidade de liderança e motivação.
2. *Papéis informacionais*: descrevem as atividades para manter e desenvolver uma rede de informações. Um administrador no nível institucional passa, em média, 75% de seu tempo trocando informações com outras pessoas dentro e fora da organização. Indicam como o administrador intercambia e processa a informação. Daí, a necessidade de comunicação.
3. *Papéis decisórios*: envolvem eventos e situações em que o administrador deve fazer uma escolha ou opção. Estes papéis requerem tanto habilidades humanas como conceituais. Indicam como o administrador utiliza a informação em suas decisões. Daí, a necessidade de tomar decisões.

**Quadro 1.3** As três categorias de papéis administrativos

| Papéis interpessoais | Papéis informacionais | Papéis decisórios |
|---|---|---|
| COMO O ADMINISTRADOR INTERAGE:<br>• Representação<br>• Liderança<br>• Ligação | COMO O ADMINISTRADOR INTERCAMBIA E PROCESSA A INFORMAÇÃO:<br>• Monitoração<br>• Disseminação<br>• Porta-voz | COMO O ADMINISTRADOR UTILIZA A INFORMAÇÃO NAS SUAS DECISÕES:<br>• Empreendedor<br>• Solução de conflitos<br>• Alocação de recursos<br>• Negociação |

8 MINTZBERG, H. *The nature of managerial work*. Nova York: Harper & Row, 1973, p. 92-3.

Papel significa um conjunto de expectativas da empresa a respeito do comportamento de uma pessoa. Cada papel representa atividades que o administrador conduz para cumprir as funções administrativas. Essas três categorias de papéis podem ser desdobradas em dez papéis específicos, como no Quadro 1.4.

**Quadro 1.4** Os dez papéis do administrador

| Categoria | Papel | Atividade |
|---|---|---|
| Interpessoal | Representação | Assume deveres cerimoniais e simbólicos, representa a organização, acompanha visitantes, assina documentos legais. |
| | Liderança | Dirige e motiva pessoas, treina, aconselha, orienta e comunica-se com os subordinados. |
| | Ligação | Mantém redes de comunicação dentro e fora da organização, usa malotes, telefonemas e reuniões. |
| Informacional | Monitoração | Manda e recebe informação, lê revistas e relatórios, mantém contatos pessoais. |
| | Disseminação | Envia informação para os membros de outras organizações, memorandos e relatórios, faz telefonemas e contatos. |
| | Porta-voz | Transmite informações para pessoas de fora, por meio de conversas, relatórios e memorandos. |
| Decisorial | Empreendimento | Inicia projetos, identifica novas ideias, assume riscos, delega responsabilidades de ideias para outros. |
| | Solução de conflitos | Toma ação corretiva em disputas ou crises, resolve conflitos entre subordinados, adapta o grupo a crises e a mudanças. |
| | Alocação de recursos | Decide a quem atribuir recursos. Programa, orça e estabelece prioridades. |
| | Negociação | Representa os interesses da organização em negociações com sindicatos, em vendas, compras ou financiamentos. |

Fonte: Mintzberg (1973, p. 93).

## Eficiência e eficácia administrativas

O administrador deve buscar aumentar a eficiência de sua equipe. Eficiência tem a ver com a maneira pela qual o trabalho é modelado e executado. Assim, refere-se aos métodos e processos de trabalho, fluxo do trabalho, recursos disponíveis, tecnologia, capacitação das pessoas etc.

A eficiência cuida dos meios e dos métodos utilizados. Modelagem do trabalho, racionalização, simplificação, enxugamento, reorganização, reengenharia têm tudo a ver com a eficiência. A redução de custos ou de tempos visa aumentar a eficiência, bem como a melhoria de métodos e processos. A melhoria contínua ou, em maior amplitude, a qualidade total também se traduz em aumento da eficiência, mas o administrador não pode ficar restrito somente à eficiência, pois ela está intimamente ligada à execução do trabalho. Ele precisa também ter um olho voltado para a eficácia. Esta se refere aos objetivos, resultados ou fins. A administração precisa também focar alvos, metas e objetivos de curto, médio ou longo prazo que precisam ser alcançados, senão ela morre na praia. Em outras palavras, o administrador precisa incentivar simultaneamente a eficiência e a eficácia de sua equipe. Todavia, eficiência e eficácia nem sempre convivem juntas. A equipe pode ser eficiente em alguns aspectos e não conseguir ser eficaz ou, pelo contrário, ser pouco eficiente e alcançar eficácia, embora esta fosse melhor se acompanhada de eficiência. Quando a equipe apresenta eficiência e eficácia, ela alcança excelência. E a excelência significa a capacidade de fazer um melhor trabalho e satisfazer expectativas e oferecer resultados além dos esperados.

Administrar é muito mais que uma mera função de supervisão de pessoas, de lidar com recursos e de tocar atividades. Quando tudo muda e as regras são engolfadas pela mudança, trata-se não apenas de manter a situação, mas de inovar e renovar continuamente a organização. O papel do administrador em épocas de mudança e instabilidade se centra muito mais na inovação – novos produtos, serviços, processos e formatos de negócio – do que na manutenção do *status quo* organizacional. Isso significa que eficiência e eficácia precisam repousar em mudanças e inovações: fazer melhor e também alcançar objetivos por meio de uma maneira inteiramente diferente.

Quanto ao seu próprio comportamento, o administrador precisa, continuamente, fazer o balanço entre meios e fins, entre atividades e objetivos, entre processos e resultados. Em outras palavras, precisa fazer com que haja eficiência e eficácia na ação empresarial. O administrador é continuamente solicitado a ser eficaz em uma variedade de situações, mas a sua eficácia é medida na proporção em que é capaz de transformar seu estilo de gestão de maneira apropriada em situações de mudanças e transformações. Assim, a tarefa mais importante do administrador não é ser apenas eficiente, mas ser eficaz. A eficácia administrativa é avaliada em termos de produto (resultado) em vez de insumo, ou seja, mais por aquilo que o administrador alcança em resultados que por aquilo que ele faz. É resultado, não insumo. A eficácia gerencial não é um aspecto da personalidade do administrador, mas é função da correta manipulação da situação em que se encontra. Não é propriamente o que o administrador faz, mas o que ele entrega em termos de resultado final. As diferenças entre o administrador eficiente e o administrador eficaz estão no Quadro 1.5.

**Quadro 1.5** As diferenças entre o administrador eficiente e o administrador eficaz

| Administrador eficiente | Administrador eficaz |
|---|---|
| – Faz as coisas de maneira correta. | – Faz as coisas certas. |
| – Preocupa-se com o método, com os meios. | – Preocupa-se com os objetivos, com os fins. |
| – Resolve os problemas. | – Produz alternativas criativas e inovadoras. |
| – Cuida e mantém os recursos. | – Otimiza a utilização dos recursos. |
| – Cumpre seus deveres. | – Melhora os resultados. |
| – Reduz os custos. | – Aumenta os lucros. |
| – Olha para o imediato. | – Olha para o futuro. |

Para ser eficaz, o administrador deve reunir quatro habilidades gerenciais básicas[9]:

**a)** Sensitividade situacional: é a sensibilidade para perceber a situação em seu contexto geral. Significa ser sensível às situações enfrentadas para perceber seu contexto, suas características, oportunidades, forças e potencialidades, bem como ameaças, fragilidades e necessidades. Significa ver e perceber aspectos que nem sempre são percebidos por outros.

**b)** Capacidade de diagnóstico situacional: é a habilidade para analisar e diagnosticar situações. Envolve visão sistêmica e global da situação, necessária para localizar as forças que jogam na situação.

**c)** Flexibilidade de estilo: é a habilidade de se ajustar e adequar às forças em jogo, desde que devidamente analisadas e diagnosticadas. Não se trata de aderir passivamente às características da situação, mas adotar o estilo de gestão mais adequado para lidar com cada situação específica.

---

[9] REDDIN, W. J. *Managerial effectiveness*. Nova York: McGraw-Hill, 1971.

**d)** Destreza de gerência situacional: é a habilidade de gestão situacional, ou seja, a capacidade de mudar a situação que deve ser modificada ou transformada. Essa destreza significa saber lidar adequadamente com as diferentes situações encontradas.

A Figura 1.8 dá uma ideia dessas quatro habilidades gerenciais básicas.

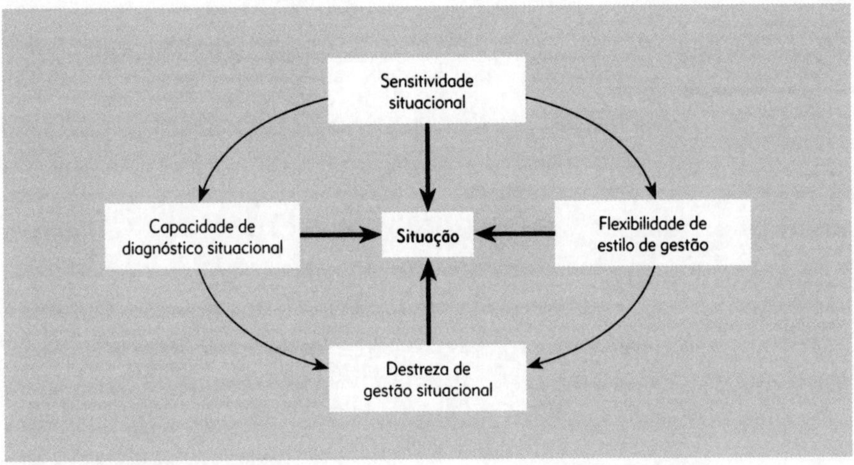


**Figura 1.8** Habilidades gerenciais básicas.

Em resumo, entender a Administração é o primeiro passo para poder aplicar e utilizar plenamente toda a enorme potencialidade dessa ciência em prol da empresa, dos acionistas, da sociedade, dos clientes, dos fornecedores e das pessoas que nela trabalham. Significa atender às necessidades e expectativas de todos os *stakeholders* envolvidos no negócio.

CAPÍTULO 2

# Segundo passo
# Afinal, qual é realmente o negócio da sua empresa?

**Tópicos**

Identificando o negócio da empresa
Visualize sua empresa como um sistema
O contexto do sistema empresarial

Vivemos em um mundo em constante transição e mudança. Essa afirmação não é nova e nem recente. O mundo vem mudando a cada instante desde que foi criado há milhões e milhões de anos. Heráclito – o filósofo grego da mudança – dizia, há mais de 2.400 anos, que a mudança é a única constante do mundo em que vivemos. Tudo está em contínua mudança. Tudo está sempre mudando. Um rio que miramos pela segunda vez já não é mais o mesmo de outrora, pois suas águas já não são as mesmas. Isso também acontece com as pessoas, pois a cada dia vivem novas situações, aprendem, experimentam, conhecem e tornam-se diferentes e mais velhas. Basta comparar uma pessoa adulta com uma criança e avaliar a transformação que acontece nelas à medida que o tempo passa.

Mas, por que se fala tanto em mudança? Porque, somente há algumas décadas, a velocidade e a profundidade da mudança começaram a aumentar cada vez mais até chegar ao que nos defrontamos nos dias de hoje. Um impressionante volume de novos produtos e serviços, novas tecnologias, novos hábitos e costumes, novas necessidades e um imenso e amplo caudal de novas oportunidades e desafios surgem pela frente a cada momento. A obsolescência cada vez mais rápida de produtos e serviços é apenas um sinal disso. A renovação e a revitalização tornam-se fundamentalmente necessárias para evitar a acomodação, o conservantismo e a crescente desatualização daquilo que se faz. E isso tem tudo a ver com o negócio da empresa. A empresa não vive em um mundo estático e estacionário. O mercado não fica esperando que a empresa acorde e faça o que ele requer. Assim, não faz mais sentido manter um negócio sempre da mesma maneira tal como ele foi criado e iniciado originalmente no passado. Se tudo ao redor muda, precisamos, ao menos, acompanhar o ritmo da mudança externa. O ideal seria acompanharmos o ritmo da mudança ou, se possível, anteciparmo-nos à mudança e a criarmos, e não sermos levado por aquelas provocadas e incentivadas pelos outros.

Dentro de toda essa transformação, o segundo passo deste livro é identificar claramente qual é o negócio da empresa. Em um mundo inconstante, dinâmico e mutável, o segredo está em identificarmos qual é realmente o nosso negócio. Ele não pode ser rígido e imutável, mas também não pode ser tão maleável a ponto de não ter consistência.

## IDENTIFICANDO O NEGÓCIO DA EMPRESA

É fundamental identificar qual é realmente o negócio da sua empresa. Muitas corporações perseguem tradicionalmente a ideia de que o seu negócio é o produto ou serviço que oferecem ao mercado. Errado! Essa é uma abordagem estreita, míope e confinada. O produto ou serviço deve servir a uma finalidade maior que ele próprio. Quando a empresa focaliza exclusivamente o produto ou serviço que produz, ela está perdendo mercado e dinheiro.

Para identificar o negócio da empresa, é preciso olhar de fora, não olhar de dentro. É preciso ter empatia e ficar no lugar do cliente para se ter uma noção do negócio. Drucker diz que nada mais parece tão óbvio como saber qual é o negócio de uma empresa. Afinal de contas, uma si-

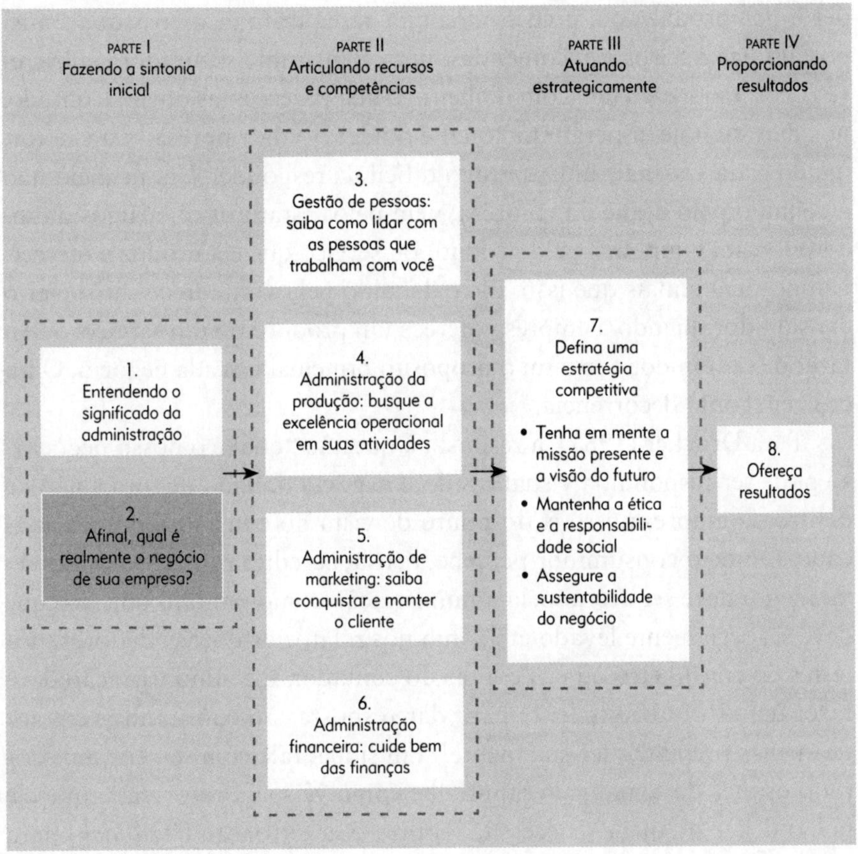


**Figura 2.1** A estrutura do livro.

**Box 2.1** O negócio é o bem-estar bem das pessoas

A Natura começou fabricando produtos cosméticos de origem natural. Depois verificou que seu negócio não era apenas o de cosméticos. Passou a oferecer produtos de beleza. Agora, o negócio da Natura é o bem-estar bem pessoal da mulher e do homem para que possam sentir-se bem consigo. Qual é a razão dessa aparente mudança de negócio? Simples, os produtos da Natura são os meios adequados para alcançar o fim principal: possibilitar que as pessoas se sintam bem com elas mesmas. Isso é o mais importante. O produto serve para atender a essa finalidade. Ele funciona como um meio para o cliente alcançar algo e não como um fim em si próprio. Trata-se do produto sob o ponto de vista do cliente que o compra e utiliza, não sob o ponto de vista de quem o produz.

derúrgica produz aço; uma companhia aérea trata de aviões que transportam passageiros e encomendas; uma companhia seguradora subscreve riscos; um banco lida com dinheiro. Nada parece mais óbvio. Contudo, nos dias de hoje, a pergunta "qual é o negócio da empresa" está se tornando cada vez mais uma questão difícil de responder. Um negócio não é definido pelo nome da empresa, nem pelos estatutos ou artigos da incorporação, tampouco pelo produto ou serviço que ela produz e oferece. Um negócio é mais que isso. Ele é definido pela vontade de satisfazer o consumidor quando a empresa oferece um produto ou um serviço. Satisfazer o consumidor constitui o propósito principal de cada negócio. O lucro vem como decorrência.

Para Drucker (1987), a resposta à questão "qual é o nosso negócio" só pode ser respondida visualizando o negócio do lado de fora e não de dentro da empresa, isto é, do ponto de vista do consumidor e do mercado. O que o consumidor percebe, pensa, acredita e quer em um dado momento deve ser aceito pela administração como um fato objetivo que deve ser seriamente levado em conta nos relatórios dos vendedores, nos testes do engenheiro ou nas contas do contador. E a administração deve fazer um esforço consciente para dar respostas ao consumidor em vez de apenas pretender ler sua mente[1]. Em suma, fale com seu consumidor todo os dias da semana. Pergunte-lhe como vê a sua empresa, o que ele pensa dela e do que ele necessita. Utilize essa retroação (*feedback*) para melhor definir a missão de seu negócio e sintonizar o que sua empresa deve fazer.

Assim, para começar, você precisa saber responder exatamente e com precisão às seguintes perguntas:

1. Qual é realmente o negócio da minha empresa?
2. Quem é o meu cliente? Quais são suas necessidades e expectativas?
3. O que é de valor para o meu cliente? Como agregar-lhe valor?

Vamos tentar elucidar as três perguntas.

---

[1] DRUCKER, P. F. *Management*: tasks, responsibilities, practices. Nova York: Free Press, 1987.

## Qual é realmente o negócio da minha empresa?

A melhor maneira de elucidar esta pergunta é tentando avaliar para que servem os produtos ou serviços oferecidos por sua empresa. Qual é a finalidade dos produtos ou serviços para o cliente que os adquire? Assim, se a empresa produz sabonetes, ela certamente oferece higiene pessoal. Mas isso todos os sabonetes o fazem. Se for assim, você estará apenas colocando mais um produto homogêneo e uniforme no mercado e que não vai se destacar dos demais. Você vai aderir à uniformidade e vai faltar competitividade. Que tal incluir (agregar valor ao produto ou serviço) um perfume especial? Você estará oferecendo um sabonete perfumado, algo mais que um simples sabonete ou higiene pessoal. Mas muitas empresas também o fazem. Então, que tal incluir (agregar outro valor adicional) uma vitamina que faz bem à pele? Você estará oferecendo um sabonete que cuida da pele, ou seja, que produz beleza. Você já está no nível do embelezamento. Agora, se você inclui uma marca conhecida e valorizada, você estará oferecendo um produto muito especial e totalmente diferenciado dos demais. Mas isso tudo impõe um custo adicional no produto e leva algum tempo para a percepção do mercado. Você precisa calcular até quanto vale a pena agregar outros valores ao produto ou serviço. Fazer um cálculo da relação entre custo/benefício. Se houver equilíbrio entre ambos, talvez não seja um bom negócio, contudo, se o benefício ultrapassa o custo, aí vale a pena tentar. O importante é fazer do produto ou serviço que você oferece um meio para satisfazer e encantar o cliente e, ao mesmo tempo, diferenciá-lo para que o cliente o perceba e o prefira aos demais ofertados no mercado.

Assim, saia da esfera limitada ao produto/serviço e passe a visualizar o negócio que ele irá atender. O produto/serviço deixa de ser o foco principal e passa a ser o meio capaz de atender ao negócio. Tudo é uma questão de foco. Pense no algo a mais e por menos.

## Quem é o meu cliente?

Conhecer o cliente é fundamental, porém não basta apenas saber quem compra ou está disposto a comprar seus produtos ou serviços. É preciso mais: saber como é o seu cliente e como ele decide comprar aquilo que você quer vender. Você precisa conhecer exatamente o alvo a ser acertado para não ficar atirando a esmo. Esse alvo é o cliente. É indispensável saber onde ele está e quais são suas características (idade, sexo, condição socioeconômica, endereço, como pode ser localizado, qual é a mídia adequada para influenciá-lo), mas é mais importante ainda conhecer suas necessidades, expectativas e padrões de comportamento. Muitas empresas gastam rios de dinheiro em pesquisas de mercado e pesquisas de comportamento do consumidor para saber exatamente o que o cliente quer, como ele pensa, decide e compra quando se trata de um produto. Entretanto, quando se trata de serviço (médico, odontológico, legal, bancário, financeiro, contábil etc.), é preciso saber exatamente como o cliente decide procurar um médico, um dentista, um advogado ou um contador. Você precisa se colocar sempre no lugar do seu cliente e tentar pensar como ele pensa. Melhore a empatia. Saia da toca e assuma o papel de seu cliente. Use-o como o seu paramento. Aja como você acha que ele agiria frente ao seu produto ou serviço.

**Box 2.2** A sofisticação do negócio

Quando era estudante na Yale University, Frederick Smith fez como trabalho de classe um plano de negócio (*business plan*) de uma empresa de frete aéreo cuja finalidade era trabalhar na virada da noite (*overnight*) para entregar encomendas logo na manhã do dia seguinte. Sua tese era a de que uma empresa de entrega de encomenda deveria ter aviões próprios para ser mais competitiva em relação aos fornecedores de frete já existentes, que tinham horários limitados por alterações nas programações das linhas aéreas de passageiros e por custos adicionais. Smith tirou uma nota baixa no trabalho acadêmico e acabou desistindo do curso, mas não desistiu da ideia. Conseguiu o suporte de financiamento necessário e criou a Federal Express, a conhecidíssima FedEx. Inicialmente, o negócio da FedEx era rapidez na entrega. A encomenda postada em um dia deveria ser entregue antes das 10 horas do dia seguinte. Depois, com a adoção de um sofisticado sistema de informação, achou que o seu negócio não era somente velocidade, mas segurança. Era a certeza absoluta de que a encomenda seria entregue no local e prazo definidos. Agora, Smith está mudando a configuração da empresa e o seu negócio passou a ser a tranquilidade. A FedEx não vende apenas serviços de *courier*, ela vende muito mais que isso: absoluta tranquilidade ao cliente. Toda a logística da empresa está centrada nisso, e por trás disso está a total confiabilidade nas operações. Corre no sangue de toda a empresa a vontade férrea de seguir os horários programados e nunca decepcionar o cliente. Tempo é dinheiro.

**Box 2.3** Sistemas de relacionamento com clientes

As empresas estão utilizando sistemas avançados de gestão para envolver cada vez mais o cliente no seu negócio. O *customer relationship management* (CRM) é um sistema de gestão que traz o cliente para dentro da organização. Na verdade, é um conjunto de processos apoiados por tecnologias da informação e utilizados para incrementar as relações da organização com seus clientes e no sentido de reter e conquistar clientela. Trata-se de monitorar suas compras e suas escolhas, não apenas de relacionamento. A fidelização do cliente é um dos vários motivos que estão por trás disso. Um deles é que, quando uma empresa perde um cliente, ela vai gastar 6, 7, 8 ou mais vezes para conquistar um novo cliente, para repô-lo no lugar daquele perdido. É mais barato manter o cliente fiel que ficar sempre tentando conquistar clientes potenciais. O CRM coloca o consumidor no epicentro da equação do negócio.

## O que é de valor para o meu cliente?

Outra pergunta fundamental é saber o que o cliente valoriza em um produto ou serviço. Em outras palavras, quais são as características de um produto ou serviço que o cliente mais leva em conta na hora da decisão de comprar ou pagar?

Essa é a direção certa para onde sua empresa deve seguir: oferecer ao cliente aquilo que ele realmente valoriza e quer receber em troca do dinheiro que está disposto a pagar. Um cliente pode preferir preço baixo; outro, a qualidade, a marca sofisticada, a durabilidade, a facilidade de manejo, o financiamento da compra etc. Como proporcionar aquilo que é de valor para o cliente? Como saber o quê? O melhor a fazer é perguntar-lhe. Ouvir o cliente. Aprender com ele. Entretanto, isso requer continuidade. Gostos, percepções, necessidades, preferências e aspirações do cliente mudam à medida que ele é influenciado pelo mundo da informação. Isso requer ajustes continuados no conceito do negócio da empresa para se manter sempre atualizado. E deve-se manter ainda outro olho no que a concorrência está fazendo para conquistar o seu cliente. Como dizia Giuseppe de Lampeduza em seu livro *Il Gattopardo*, “há que sempre mudar para permanecer sempre igual”. Trazendo isso para o negócio da empresa: há que se mudar constantemente para permanecer sempre na mesma posição – em primeiro lugar na cabeça do cliente. É como tentar surfar indefinidamente na crista da onda. Isso exige flexibilidade, destreza, criatividade e mudança.

**Box 2.4** A dinâmica do negócio

A história da IBM – uma das empresas mais conhecidas do mundo – mostra estágios interessantes de negócio. Ela começou como fabricante de máquinas de leitura e de cartões perfurados desde a invenção de Hollerith. Seu negócio estava em processamento de dados. Logo depois começou a fabricar relógios de ponto e máquinas de escrever e, em seguida, máquinas elétricas de escrever. Seu negócio passou a ser equipamentos de escritório. Quando a IBM se tornou o fabricante mais importante de computadores do mundo, ela fincou o pé novamente no negócio de processamento de dados por meio de *mainframes*. Fez uma longa incursão pelos PCs, cuja área foi vendida à chinesa Lenovo. Logo depois resolveu mudar e o seu negócio passou a ser a oferta de soluções criativas e inovadoras de informação para seus clientes. E como ficaram os computadores? Apenas como meios para que isso pudesse acontecer. Hoje, a IBM mudou novamente: é uma empresa cujo negócio virtual está nas soluções *on demand* através da utilização intensiva da internet. Tudo dentro dela está focado em oferecer soluções sob medida para cada cliente. E até quando isso vai durar? Até o momento em que ela verificar que o seu negócio deverá mudar novamente à medida que mudam as aspirações e expectativas dos clientes e a configuração de seu mercado. E logicamente os seus produtos seguirão na mesma direção.

No negócio da medicina e da farmácia, o valor maior para o cliente é a saúde ou a qualidade de vida. No negócio de seguros, é a segurança e a tranquilidade. Mas nem sempre é tão fácil assim conhecer o valor que o cliente procura. Ao comprar um carro chique, ele pode buscar o prestígio ou o conforto. São dois valores igualmente importantes para ele. Ou pode ainda buscar o prazer de dirigir um carrão potente e veloz para lustrar o seu ego. Contudo, quase sempre, o cliente busca a relação custo/benefício, ou seja, até onde decide que vale a pena gastar em função daquilo que quer receber em troca do produto que compra.

**Box 2.5** Qual é o foco do cliente?

Levitt alega jocosamente que o cliente não quer a furadeira; ele quer o furo. Ele somente decide comprar a furadeira quando o vizinho não dispõe de uma para lhe emprestar ou quando a necessidade do furo é imperiosa. Feito o furo, o cliente guarda a furadeira que passa a não ter função ou importância. O cliente também não quer o avião; ele quer chegar ao seu destino com segurança e rapidez. Nessa comparação rápida e simplória, é possível detectar como algumas empresas estão mirando o foco do negócio no lugar errado.

## VISUALIZE SUA EMPRESA COMO UM SISTEMA

As empresas são organizações sociais. Como todos os organismos vivos, as organizações funcionam como sistemas. Um sistema é um conjunto integrado de partes inter-relacionadas que existem para atingir um determinado objetivo ou cumprir um determinado propósito. Cada parte do sistema pode ser um órgão, departamento ou subsistema. Em outras palavras, todo sistema é constituído de vários subsistemas, cada qual especializado em uma determinada atividade. Por outro lado, todo sistema faz parte integrante de um sistema maior (o suprassistema ou macrossistema). Dependendo da focalização que se quer utilizar, uma empresa pode ser considerada um sistema, composto de vários departamentos (subsistemas), que faz parte de um sistema maior (macrossistema), o qual é a própria sociedade da qual faz parte. Assim, todo sistema pode ser considerado um subsistema de um sistema maior ou um macrossistema constituído de vários sistemas de acordo com o interesse da focalização.

Os principais componentes de um sistema são[2]:

1. *Entradas (*inputs*) ou insumos:* constituem tudo o que ingressa em um sistema para permitir que ele funcione. As entradas podem ser energia, informação, matérias-primas, ou seja, todo e qualquer recurso que alimente o sistema. As entradas vêm do ambiente externo.
2. *Saídas (*outputs*) ou resultados*: constituem aquilo que o sistema produz e devolve ao ambiente externo.
3. *Processamento (*throughput*) ou transformação*: é o trabalho que o sistema (ou seus subsistemas) realiza com as entradas para poder proporcionar as saídas. É o próprio funcionamento interno do sistema.
4. *Retroação (*feedback*) ou realimentação*: é a influência que as saídas do sistema exercem sobre as suas entradas no sentido de ajustá-las ou regulá-las ao funcionamento do sistema. Existem dois tipos de retroação:
    a) Retroação positiva (que acelera ou aumenta as entradas para ajustá-las, quando estão maiores);

---

[2] CHIAVENATO, I. *Introdução à teoria geral da administração*. 7. ed. Rio de Janeiro: Elsevier/Campus, 2004.

**b)** Retroação negativa (que retarda ou diminui as entradas para ajustá-las às saídas, quando estas são menores).

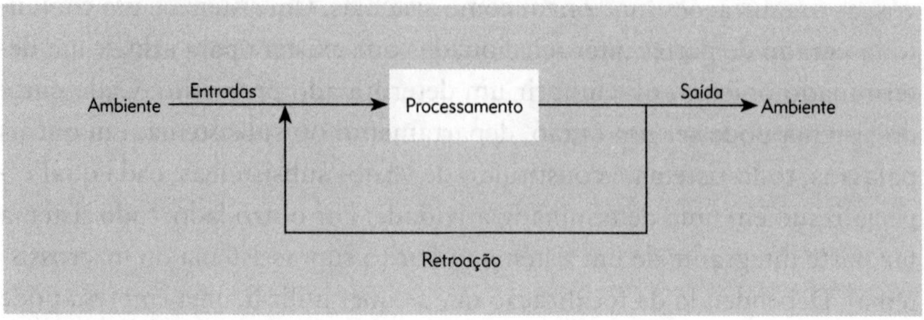


**Figura 2.2** O sistema e seus componentes.

Os sistemas podem ser classificados em sistemas fechados ou abertos[3]:

1. *Sistemas fechados* – também chamados de sistemas mecânicos – funcionam em relações predeterminadas de entradas/saídas (causa e efeito). Determinadas entradas produzem determinadas saídas, é o caso das máquinas e equipamentos: um certo volume de entradas de matérias-primas produz uma certa saída de produtos acabados; determinada voltagem de entrada produz uma saída de tantas rotações por minuto no motor. Por isso, os sistemas fechados ou mecânicos são denominados determinísticos, pois suas relações de entradas/saídas podem ser equacionadas matematicamente. Ademais, nos sistemas fechados, existem poucas entradas e poucas saídas, que são bem conhecidas e determinadas. Todos os mecanismos tecnológicos (como o computador, a máquina, o motor etc.) são sistemas fechados. Outro aspecto importante nos sistemas fechados é que eles alcançam seus objetivos de uma única e exclusiva maneira. A tecnologia procura fazer com que essa seja a melhor forma possível.

2. *Sistemas abertos* – também chamados de sistemas orgânicos – são bem mais complexos. Eles funcionam dentro de relações de entradas/

3 CHIAVENATO, I. *Introdução à teoria geral da administração*. 7. ed. Rio de Janeiro: Elsevier/ Campus, 2004.

saídas (relações de causa e efeito) desconhecidas e indeterminadas e mantêm um intercâmbio intenso, complexo e indeterminado com o meio ambiente. Nos sistemas abertos, existe uma infinidade de entradas e saídas indeterminadas e que não são bem conhecidas, o que provoca a complexidade e a dificuldade de mapear o sistema. Por isso, os sistemas abertos ou orgânicos são também denominados probabilísticos, pois as relações de entradas/saídas estão sujeitas à probabilidade e não à certeza. Todos os sistemas vivos (os organismos, o ser humano, as organizações sociais, a empresa etc.) são sistemas abertos. Outro aspecto importante dos sistemas abertos é que eles podem alcançar seus objetivos por uma multiplicidade de maneiras diferentes. É o que os biólogos denominam equifinalidade, a capacidade de chegar aos resultados finais de maneiras variadas e diferentes.

Em todo sistema, as saídas de cada subsistema constituem as entradas de outros subsistemas, de modo que cada subsistema se torna dependente dos demais. Isso significa que as entradas de um subsistema dependem das saídas de outros subsistemas, e assim por diante. Essas inter-relações de saídas/entradas entre as partes são as comunicações ou interdependências que ocorrem dentro do sistema. Em todo o sistema, há uma complexa rede de comunicações entre os subsistemas: as interdependências entre os subsistemas fazem com que o sistema sempre funcione como uma totalidade. Quanto mais intensa a rede de comunicações, tanto mais coeso será o sistema, a ponto de seu funcionamento total ser maior que a soma de suas partes. É o que se denomina sinergia. A sinergia é um efeito multiplicador em que as partes (ou subsistemas) se auxiliam mutuamente para que o resultado global seja muito maior que a soma das partes. É o que se denomina entropia. A entropia é um efeito de perda das inter-relações entre as partes, fazendo com que o resultado global seja muito menor que a soma das partes[4].

Na realidade, as empresas são sistemas abertos em constante e complexo intercâmbio com o seu ambiente externo. As empresas obtêm recursos do ambiente externo por meio de suas entradas, processam e

---

4 CHIAVENATO, I. *Introdução à teoria geral da administração*. 7. ed. Rio de Janeiro: Elsevier/Campus, 2004.

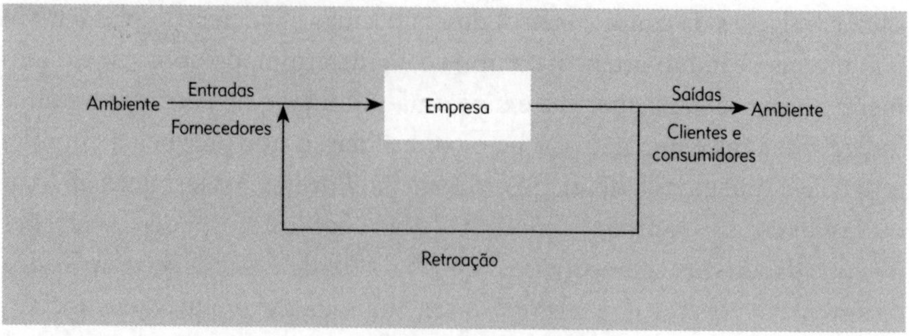


**Figura 2.3** A empresa e suas interdependências com o ambiente.

transformam esses recursos internamente e devolvem, através de suas saídas, o resultado desse processamento e transformação ao ambiente. A relação entradas/saídas fornece a indicação da eficiência ao sistema. Isso significa que, quanto maior o volume de saídas para determinado volume de entradas, mais eficiente será o sistema. Por outro lado, a eficácia do sistema reside na relação entre suas saídas e o alcance dos objetivos que o sistema almeja alcançar, o que significa que, quanto mais suas saídas ou resultados alcancem os objetivos propostos, mais eficaz será o sistema.

## O CONTEXTO DO SISTEMA EMPRESARIAL

Contudo, nenhum sistema vive no vácuo. Ele se insere em um contexto ao qual se dá o nome de ambiente. Mas, o que é o ambiente para uma empresa? Na verdade, o ambiente constitui o contexto dentro do qual uma empresa vive, opera e sobrevive. Pode-se visualizar dois estratos ambientais, um mais amplo e outro mais específico. O primeiro é chamado macroambiente e é povoado por outras empresas que recebem dele os mesmos impactos, influências, pressões ou desafios. O macroambiente é constituído por variáveis, a saber:

1. *Econômicas*: envolvem a conjuntura econômica do país ou da região, estágio de desenvolvimento econômico, juros, câmbio etc.
2. *Políticas*: envolvem as decisões de âmbito federal, estadual e municipal, as correntes políticas no Congresso etc.

3. *Legais*: envolvem a legislação e as normas legais que definem os negócios e a atuação das empresas.
4. *Sociais*: envolvem aspectos sociais como situação do povo, poder aquisitivo, preferências de compra etc.
5. *Tecnológicas*: envolvem o desenvolvimento tecnológico, pesquisa e desenvolvimento, grau de inovação tecnológica etc.
6. *Culturais*: envolvem nível de educação, nível cultural, respeito às leis e às regras sociais, aspectos relacionados com família etc.
7. *Demográficas*: envolvem distribuição etária, distribuição geográfica da população, crescimento populacional etc.
8. *Ecológicas*: envolvem o cuidado com a preservação do meio ambiente, normas de ocupação ambiental, respeito ao ambiente etc.

Todas essas variáveis provocam influências umas sobre as outras, formando um dinâmico campo de forças que provoca mudanças e transformações no macroambiente.

O segundo estrato é o ambiente de tarefa da empresa, constituindo seu ambiente mais próximo e imediato. Na realidade, cada empresa possui o seu próprio ambiente de tarefa, o qual é constituído de:

1. *Fornecedores de entradas*: empresas ou pessoas que fornecem insumos para a operação da empresa. Envolvem fornecedores de matérias-primas, serviços, créditos e financiamentos, tecnologia etc.
2. *Tomadores de saída*: clientes, usuários ou consumidores que adquirem os produtos/serviços oferecidos pela empresa.
3. *Concorrentes*: empresas ou pessoas que competem e disputam as mesmas entradas ou saídas da empresa. Envolvem concorrentes quanto a entradas ou insumos – matérias-primas, serviços, créditos e financiamentos, tecnologia –, como também concorrentes quanto a tomadores de saída – clientes, usuários ou consumidores.
4. *Agências reguladoras*: empresas ou organizações que controlam as atividades da empresa, como sindicatos, órgãos governamentais, associações de empresas, associações de proteção aos consumidores etc.

A Figura 2.4 dá uma ideia da empresa em seu nicho no ambiente de tarefa e o envolvimento do macroambiente.

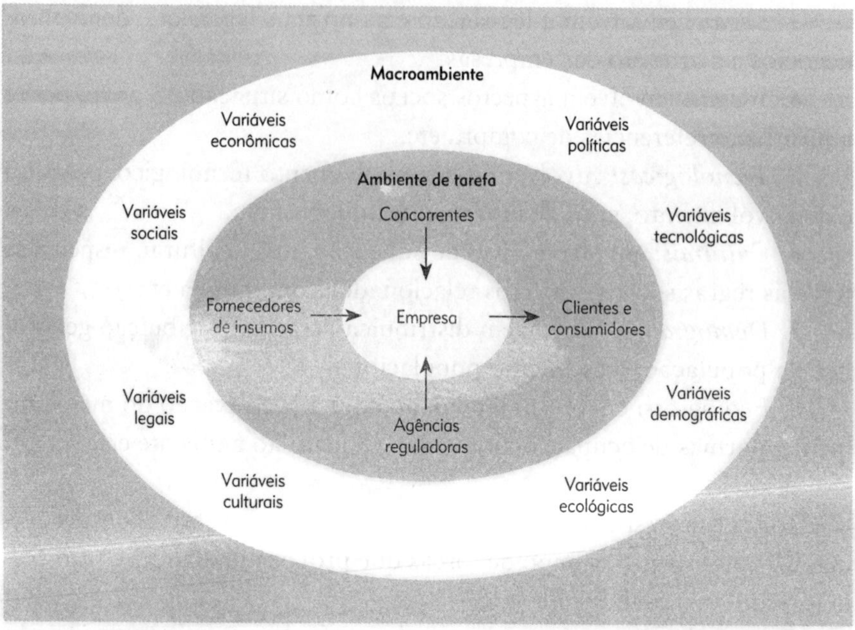


**Figura 2.4** O ambiente das empresas.
Fonte: Chiavenato (2004).

De modo geral, o ambiente oferece, de um lado, favorabilidades e oportunidades à empresa que precisam ser aproveitadas antes que os concorrentes o façam. Por outro lado, o ambiente também impõe mudanças, transformações, pressões, impactos, ameaças e desafios à empresa que precisam ser contornados ou neutralizados. São diferentes forças ambientais que podem atuar em vários sentidos. Tanto podem ajudar e favorecer, como podem prejudicar e ameaçar a viabilidade da empresa. Daí a necessidade do jogo de cintura. Para sobreviver e crescer, a empresa precisa necessariamente desenvolver sua visão periférica. Em outras palavras, o administrador precisa ter um olho dentro da empresa e outro lá fora, no ambiente que a circunda. Precisa ter um foco endógeno e um foco exógeno. Brincadeira? Não, mas uma dura realidade. Da mesma maneira que as espécies vivas sobrevivem em um contexto ambiental, também as empresas fazem exatamente o mesmo em seu habitat. Lembra-se de Charles Darwin? Na seleção das espécies, não são as mais fortes nem as mais inteligentes que sobrevivem às mudanças ambientais, mas as mais adaptáveis. Existe um darwinismo organizacional: não sobrevivem as empresas maiores e mais fortes, nem as mais inteligentes, mas aquelas que sabem adaptar-se e ajustar-se às mudanças que ocorrem no ambiente. Pensou nos dinossauros? É esse o contexto das empresas.

Por outro lado, a empresa precisa saber que seu negócio não está restrito e limitado ao seu P/S. Ela pode fazer muito mais que isso. Pagnoncelli e Vasconcellos Filho oferecem um pequeno poema de autor desconhecido que explica em poucas palavras o que uma empresa pode fazer[5]:

> Não me ofereça coisas.
> Não me ofereça sapatos.
> Ofereça-me comodidade para meus pés e o prazer de caminhar.
> Não me ofereça casa.
> Ofereça-me segurança, conforto e um lugar que prime pela limpeza e felicidade.
> Não me ofereça livros.
> Ofereça-me horas de prazer e o benefício do conhecimento.
> Não me ofereça discos.
> Ofereça-me lazer e a sonoridade da música.
> Não me ofereça ferramentas.
> Ofereça-me o benefício e o prazer de fazer coisas bonitas.
> Não me ofereça móveis.
> Ofereça-me o conforto e tranquilidade de um ambiente aconchegante.
> Não me ofereça coisas.
> Ofereça-me ideias, emoções, ambiência, sentimentos e benefícios.
> Por favor, não me ofereça coisas.

(Autor desconhecido)

---

5 PAGNONCELLI, D.; VASCONCELLOS FILHO, P. *Sucesso empresarial planejado*. Rio de Janeiro: Qualitymark, 1992, p. 73.

PARTE II

# Articulando recursos e competências

Feita a sintonia inicial de que se tratou na Parte I deste livro – entendendo exatamente o que a administração pode fazer, uma vez definido com precisão qual é o negócio da empresa –, torna-se mais fácil começar a tecer a malha interna da organização para dotá-la dos elementos endógenos indispensáveis ao seu sucesso. Tendo em mente as possibilidades ampliadas de administrar o negócio da empresa, chega o momento de articular internamente os recursos e as competências disponíveis para sua plena utilização. Por recursos entende-se os ativos tangíveis de que a empresa dispõe como capital – edifícios, tecnologia, máquinas, equipamentos, instalações –, ou seja, todo o arsenal de coisas e artefatos de que a empresa necessita para funcionar.

Todos os recursos empresariais, sem exceção, são importantes para o funcionamento da empresa e para o alcance de seus objetivos. A falta ou a criticidade de qualquer um dos recursos empresariais impossibilita ou dificulta as operações da empresa. Por outro lado, nem todos os recursos são necessariamente propriedade da empresa. Em outras palavras, do custo/benefício as empresas podem utilizar recursos próprios ou de terceiros no sentido de buscar quem faça melhor e mais barato e também reduzir o capital empatado.

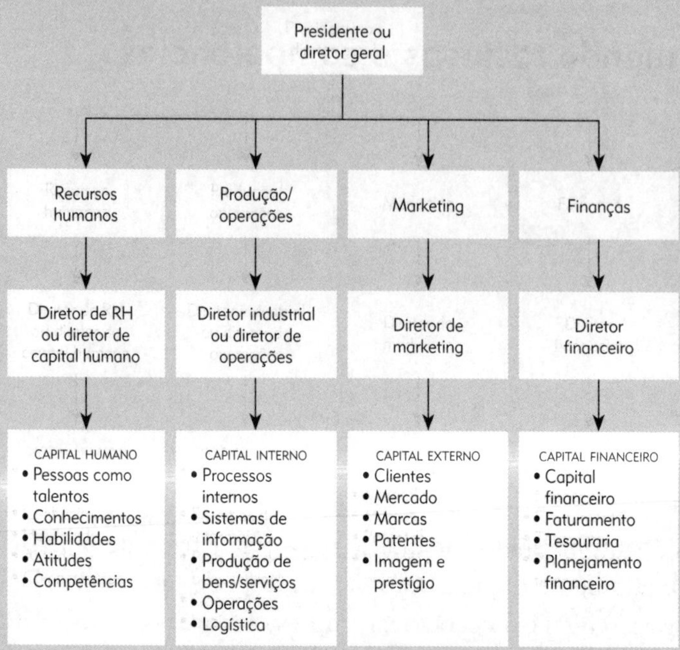


**Figura II.1** As principais áreas da empresa.

Contudo, todo esse arsenal físico e material é estático, inerte e sem vida própria. Ele funciona apenas como retaguarda, base de apoio ou plataforma para as operações da empresa. É preciso saber movimentá-lo e aplicá-lo por meio da ação das pessoas e de suas competências. As competências funcionam como o elemento dinâmico e impulsionador dos recursos empresariais. Constituem a área viva e inteligente do negócio. Mas onde estão as competências? Quase sempre, na cabeça das pessoas. São as pessoas que proporcionam a vida, a ação dinâmica, o conhecimento e a inteligência para o negócio.

Assim, o administrador precisa atuar com competências e recursos em quatro frentes distintas, mas intimamente relacionadas entre si, a saber: pessoas, produção/operações, marketing e finanças. É o que veremos ao longo desta segunda parte.

## MAS, O QUE É UMA EMPRESA, AFINAL?[1]

De fato, as empresas são constituídas de recursos, os quais representam o aspecto material, concreto e visível de sua organização. Sua infraestrutura é constituída de prédios, máquinas, equipamentos, instalações, materiais e matérias-primas. Tudo isso, entretanto, é estático e sem vida própria. Sabemos que as empresas são organismos vivos: elas nascem, crescem, desenvolvem-se, passam por transformações contínuas e até morrem. Mais do que isso, as empresas são inteligentes, pois são dotadas de pessoas que vivem, sentem, pensam e agem racionalmente. A inteligência da empresa decorre das pessoas que nela trabalham. Tão importantes quanto os recursos disponíveis são as maneiras pelas quais eles são utilizados pelas pessoas. De nada valem os recursos se não forem adequadamente utilizados, aplicados e geridos pelas pessoas. A empresa precisa identificar, localizar, desenvolver e aplicar suas competências essenciais. Esse é um dos principais papéis do administrador. Saber aplicar bem o que tem na empresa à sua disposição.

Na verdade, significa tratar dos recursos e competências necessários e fundamentais para a obtenção de resultados ampliados. No que tange às competências, será abordada a gestão de pessoas como item inicial de todo o processo. Mais adiante – e ainda dentro desta segunda parte do livro –, serão abordados separadamente os recursos organizacionais, ou seja, as áreas de produção/operações, de marketing e de finanças. Embora de início possa parecer um processo linear e sequencial, na verdade, competências e recursos precisam ser utilizados de modo sistêmico, integrado, abrangente e simultâneo.

Esta segunda parte do livro obedece às perspectivas envolvidas em um processo contínuo e equilibrado denominado *Balanced Scorecard*, como mostra a Figura II.3, a seguir. Tal sequência significa que é preciso, antes, investir em pessoas e construir suas competências (perspectiva das pessoas) para poder desenvolver e melhorar processos internos de trabalho (perspectiva dos processos internos) que atendam melhor aos clientes (perspectiva dos clientes) e permitam ampliar os aspectos financeiros (perspectiva financeira) e, consequentemente, aumentar os resultados do negócio.

---

[1] CHIAVENATO, I. *Administração da produção*: uma abordagem introdutória. Rio de Janeiro: Elsevier/Campus, 2005a.

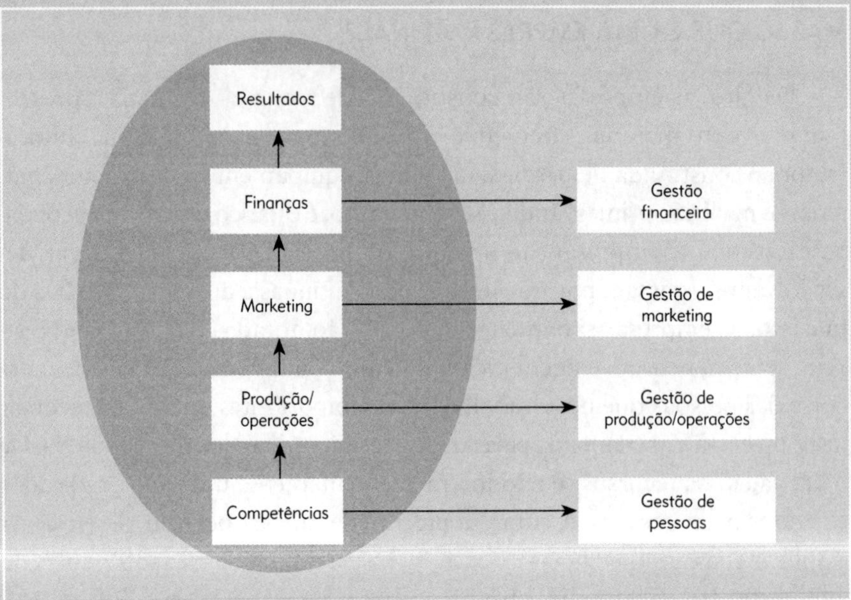


**Figura II.2** Articulando recursos e competências.

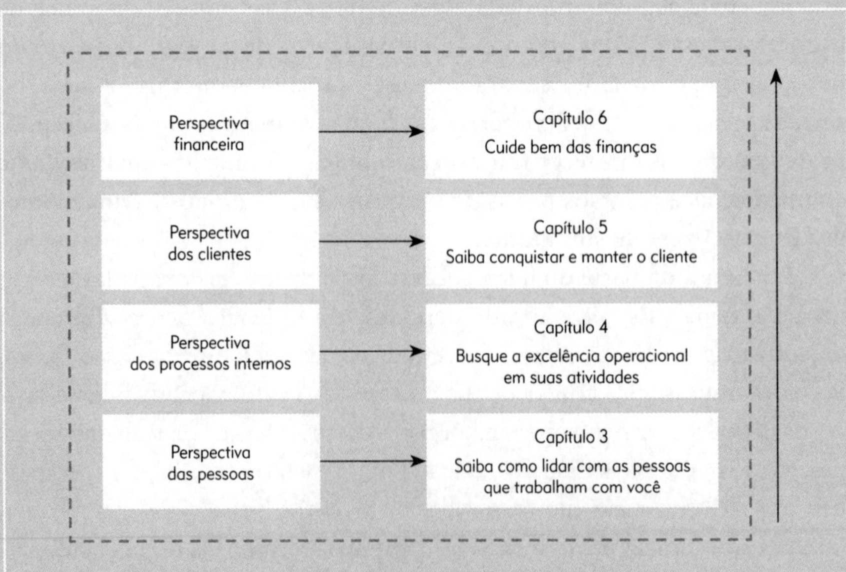


**Figura II.3** A articulação interna de competências e recursos da organização.

CAPÍTULO 3

# Terceiro passo
# Gestão de pessoas: saiba como lidar com as pessoas que trabalham com você

**Tópicos**

Forme uma equipe de trabalho
Atraia e escolha as pessoas certas
Aplique as pessoas e obtenha o máximo delas
Prepare e desenvolva as pessoas
Recompense as pessoas
Mantenha e retenha os talentos
Avalie os talentos
Obtenha o máximo da sua equipe
Melhore seu estilo de gestão

Dizem que a administração é basicamente uma ciência social. Essa alegação tem lá suas razões. É que a administração tem a ver com organizações. A relação entre administração e organizações (como entidades sociais ou legais) é muito estreita. A administração existe de maneira adequada ou inadequada em organizações. Toda organização requer uma boa administração para ser bem-sucedida. E toda administração requer uma organização para poder fazer acontecer as coisas por meio do esforço conjunto. Ambas se completam e interagem mutuamente.

E o que é uma organização? Os sociólogos organizacionais conceituam a organização como um conjunto articulado e coordenado de pessoas que atuam juntas no sentido de alcançar um objetivo comum. Assim, a organização é uma entidade, uma individualidade, pois não existem duas iguais. Cada organização é única e possui características próprias, sua personalidade, sua cultura, seus valores, sua estrutura organizacional. Cada organização tem seus produtos, seus serviços, sua atuação em determinado mercado e seus desafios, enfrentando diferentes concorrentes. Cada organização funciona como um complexo conjunto de atividades organizadas para alcançar vantagens competitivas e garantir sua sustentabilidade.

Durante toda a Era Industrial – que predominou desde a Revolução Industrial até os idos de 1990 –, a empresa era conceituada como um conjunto integrado de recursos utilizados para alcançar objetivos empresariais. Nesse sentido, aportavam recursos materiais (como máquinas, instalações, edifícios, fábricas, escritórios), recursos financeiros (capital financeiro), tecnologia (equipamentos, circuitos e redes integradas) e até recursos humanos (pessoas entendidas como recursos empresariais). As empresas eram conhecidas por seus edifícios ou fábricas como instituições físicas e concretas que ocupavam determinado lugar ou endereço visível. Hoje, não é mais assim. Na Era da Informação, que estamos vivendo, o conceito de empresa mudou radicalmente. A empresa passou a ser conceituada como um conjunto integrado e sempre atualizado de competências, sempre prontas e disponíveis para serem aplicadas a qualquer oportunidade na medida em que esta surja, antes que o concorrente o faça. E onde estão as competências? A tecnologia sempre ajuda, mas ela é totalmente estática, dependente e submissa da decisão e da ação humana. As competências estão quase todas localizadas nas pessoas que atuam em todos os níveis da empresa. Elas constituem a base racional e inteligente da ação empresarial. Elas não são recursos, mas talentos. E os demais recursos, onde foram parar? Eles deixaram de ser o DNA da empresa e passaram a ser a retaguarda, a base, a plataforma sobre a qual atuam as competências. A empresa pode ter recursos financeiros, materiais e tecnológicos, mas estes precisam do fator humano para serem utilizados e transformados na cadeia produtiva. Isso tem um significado importante que a maioria das empresas está percebendo: as pessoas constituem o ativo mais importante de sua empresa. E isso não deve ser um simples discurso, mas sim encarado como uma realidade prática e indefectível. São elas que trazem conhecimentos, experiências, habilidades, julgamento, atitudes e competências capazes de fazer de sua empresa o melhor que existe.

Assim, o terceiro passo deste livro está em saber lidar com as pessoas que trabalham com você. Queira ou não, delas dependerá o sucesso do seu negócio. Por melhor que você seja, sem elas você ficará com as mãos completamente atadas. É preciso saber como lidar com elas, transformá-las em talentos capazes de garantir o êxito do negócio. O caminho para o seu sucesso está nesse rumo.

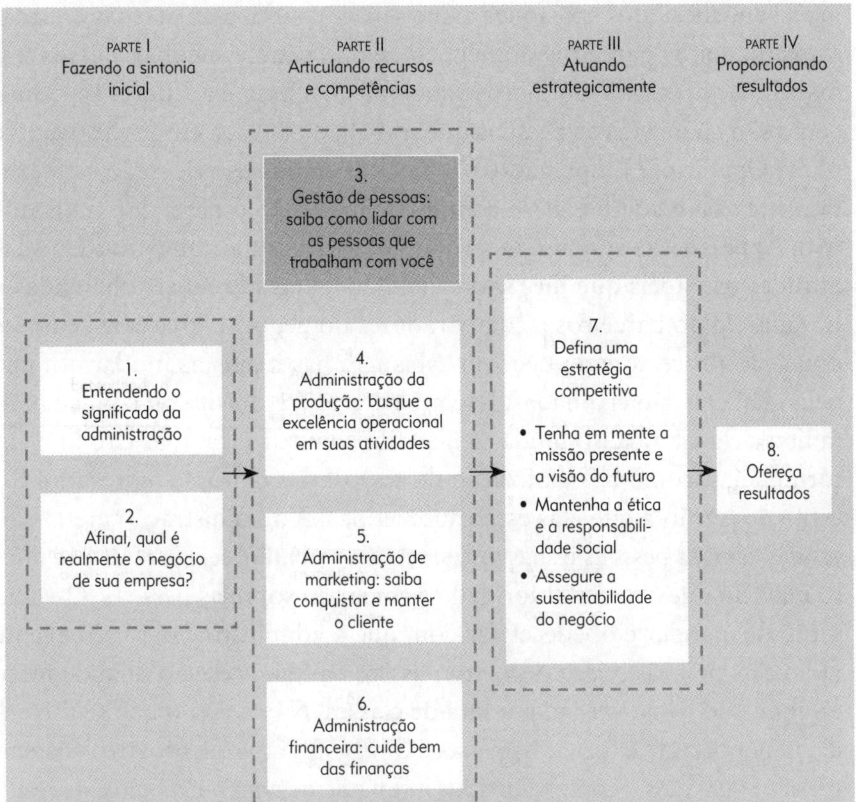


**Figura 3.1** A estrutura do livro.

## Onde estão as competências?

Você já viu uma competência? Ela é totalmente invisível e intangível. Aliás, boa parte do que acontece na administração está se tornando assim. A abstração está tomando conta da administração. Em outras palavras, a administração está envolvendo cada vez mais conceitos, teorias, ideias, modelos e aspectos invisíveis. Lidamos em todo momento com conceitos abstratos e intangíveis como mercado, eficiência, eficácia, produtividade, qualidade. Quem já viu a estratégia? E a competitividade? E tudo isso acontece graças às pessoas. São elas que atuam no mercado, provocam eficiência e eficácia nas suas ações, promovem produtividade e qualidade nos produtos e serviços. Pessoas somente representam custos quando são mal aproveitadas e mal conduzidas. Os administradores mais bem-sucedidos são aqueles que sabem conduzir as pessoas e torná-las verdadeiras parceiras do negócio, e não simplesmente recursos humanos, empregados ou meros funcionários. Essa é a diferença. Aliás, como são chamadas as pessoas que trabalham em sua empresa? Mão de obra? Operários? Empregados? Se você as chama assim, então será exatamente assim como elas se comportarão. E não espere algo mais que isso. As pessoas costumam incorporar em seu comportamento e em suas atitudes os papéis que lhes são solicitados. Elas devem ser chamadas e tratadas como parceiros e colaboradores do negócio. Precisam sentir-se donas do processo e do negócio. Mas não basta apenas mudar o nome pelo qual elas são chamadas. Isso até pareceria esquisito ou cômico para muitas delas. É preciso mudar a maneira como são tratadas e todo o entorno delas, como a organização do trabalho, a cultura empresarial e o estilo de gestão a que elas estão submetidas. A administração afeta profundamente as pessoas e suas vidas, seja no trabalho, seja fora dele; é muito mais do que exercer autoridade e comando sobre as pessoas. O velho estilo de mandar e obedecer faz com que a administração seja o agente ativo e as pessoas sejam o sujeito passivo em uma relação dual de força e submissão. Uma verdadeira luta de classes. Não é isso o que se pretende. O importante é tornar as pessoas os agentes ativos e proativos na empresa e engajados e comprometidos intimamente com o negócio e os resultados a alcançar. Por isso, não se fala mais em administrar as pessoas, mas sim em administrar com as pessoas os demais recursos da organização.

O tradicional conceito de recursos humanos está ficando ultrapassado. Os tempos são outros.

A excelência em administração começa com as pessoas. O primeiro passo para o sucesso do administrador – não importa em que tipo de empresa esteja atuando, em que nível hierárquico esteja situado ou quais sejam seus objetivos profissionais – é saber cercar-se de pessoas competentes. Para tanto, o administrador precisa: saber formar e desenvolver uma equipe de trabalho, atraindo e retendo as pessoas certas, treinando e preparando as pessoas para um trabalho cada vez melhor; aplicar adequadamente as competências e habilidades das pessoas; reconhecer o bom trabalho e recompensar as pessoas a fim de reforçar continuamente o desempenho excelente; avaliar e proporcionar retroação a elas; reter talentos na organização; e, sobretudo, saber comunicar, liderar, conduzir e entusiasmar. É isso que veremos adiante.

## FORME UMA EQUIPE DE TRABALHO

Embora a empresa seja dotada de prédios, instalações, máquinas, equipamentos, tecnologia e uma variedade de recursos físicos, na verdade esses elementos concretos sozinhos não a fazem funcionar nem atingir seus objetivos. Todos os recursos físicos e financeiros que a empresa reúne precisam ser ativados para que consigam operar e proporcionar resultados. E isso é feito pelas pessoas. São elas que dão vida, inteligência, racionalidade, emoção e ação para a empresa. São elas que garantem a dinâmica, a competitividade e a sustentabilidade do negócio. Nenhuma empresa pode funcionar sem as pessoas. Mais que isso, são as pessoas que proporcionam a excelência, a qualidade, a produtividade e o sucesso da empresa, que fazem o negócio andar e decolar. Daí sua importância vital para o sucesso organizacional. Além disso, convém não esquecer que o cliente avalia a sua empresa e o seu produto/serviço pelas pessoas que o servem e o atendem[2]. Muitas empresas estão deixando de investir diretamente no cliente para investir nas pessoas que o atendem. Sem dúvida, o cliente ficará muito mais satisfeito.

---

[2] CHIAVENATO, I. *Empreendedorismo*: dando asas ao espírito empreendedor. 3. ed. São Paulo: Saraiva, 2008, p. 157.

## Pessoas e talentos: qual é a diferença?

Com quem você pode contar para tocar seu negócio, sua unidade estratégica ou seu departamento? Obviamente, você conta com capital, máquinas, instalações, equipamentos. Sem eles você não faz muita coisa, mas, embora ajudem muito, essas coisas são estáticas, inertes e sem vida própria. Na verdade, você precisa contar com pessoas talentosas. Se possível, melhores que você para que possam contribuir com algo que faça a diferença. Assim, não basta apenas ter pessoas. É preciso ter talentos. E qual é a diferença entre pessoas e talentos? Talentos são pessoas valiosas dotadas de competências. Você precisa transformar suas pessoas em talentos em sua empresa. Isso requer investimentos, mas, não investimentos financeiros, e sim investimentos pessoais em educação e orientação para construir conhecimento, habilidades, atitudes e competências. As competências individuais mais importantes são essas. A partir delas, as pessoas se transformam em talentos. Essas coisas não se compram. Elas são construídas ao longo do tempo pelas pessoas e com a sua ajuda pessoal e intransferível como líder, *coach* e mentor desse desenvolvimento pessoal. E, note bem, não são facilmente imitadas ou copiadas por outras empresas. Constituem o seu capital humano, a sua principal vantagem competitiva. Veja o caminho na Figura 3.2.

Investir em pessoas significa construir competências por meio delas, isto é, transformar pessoas simples e mortais em verdadeiros talentos. Parece incrível, mas isso é perfeitamente possível e necessário para que as empresas aumentem suas competências essenciais. Tudo isso faz parte de um mutirão de construções. Construir competências exige conhecimento como ponto de partida. E conhecimento exige aprendizagem, mas o conhecimento precisa ser aplicado na prática cotidiana. E aí vem a habilidade: a capacidade de transformar o conhecimento em resultado concreto. A utilização do conhecimento, isto é, a habilidade, exige julgamento da pessoa tanto para analisar criticamente a situação quanto para decidir o que deve ser feito e definir prioridades. Entretanto tudo isso exige atitude empreendedora para fazer as coisas acontecerem na empresa. A Figura 3.2, a seguir, é autoexplicativa.

O administrador nunca trabalha sozinho, não é ele quem executa as tarefas cotidianas, muito menos o responsável único pelo sucesso do ne-

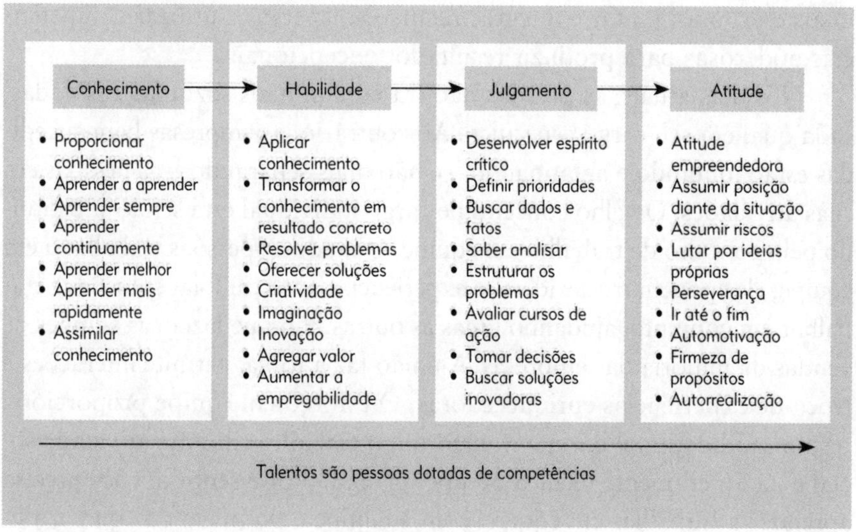


**Figura 3.2** Os passos gradativos para a construção de talentos.
Fonte: Chiavenato (2009a).

gócio. A administração é uma ciência social. Ela consiste basicamente em alcançar objetivos do negócio por meio das pessoas. Esse é o lado humano da administração: fazer acontecer as coisas por meio das pessoas. Há um velho ditado que diz que "toda vitória não é patrocínio de um só e que não se constrói sozinho uma conquista". Há outro ditado que diz que "a união faz a força". E ainda outro que diz que "uma andorinha somente não faz o verão". A verve popular tem lá suas razões. O mesmo acontece na administração. Ela não é apenas um esforço individual e isolado de uma só pessoa, seja o presidente, o diretor, o gerente ou o supervisor. Ela depende dos esforços coordenados, conjugados e integrados de uma numerosa equipe de pessoas. Administração requer colaboração, cooperação, participação e solidariedade de um conjunto integrado de pessoas para que possa surtir seus efeitos sistêmicos. Quanto maior e mais forte essa poderosa rede interna de colaboração, cooperação e integração, tanto melhores os resultados do negócio. E quanto mais essa colaboração for espontânea, participativa e vívida, tanto maior e intensa será a cadeia de valor que se agrega, aglutina e multiplica. A administração constitui uma poderosa maneira de interligar e convergir esforços individuais e grupais, juntar e integrar recursos dispersos e utilizar competências poderosas para produzir resultados excepcionais.

Nos dias atuais, as pessoas não trabalham mais sozinhas e isoladas, cada qual em seu cargo específico. Ao contrário, as empresas bem-sucedidas estão juntando e aglutinando – e não mais separando – as pessoas em suas atividades. O velho conceito de cargo individual está sendo substituído pelo conceito de trabalho em equipe. Quando as pessoas trabalham em equipe, elas podem trocar ideias e experiências, intercambiar soluções e trabalhar em conjunto, ajudando umas às outras. É o que fazem as equipes de vendas da maioria das empresas. A união faz a força, permite interações e troca de experiências enriquecedoras. O esforço em equipe proporciona responsabilidade solidária e transforma o trabalho em uma atividade social e não meramente técnica ou operacional. Nesse sentido, você precisa aprender a trabalhar em equipe, com a equipe e por meio da equipe, a lidar com diferentes pontos de vista, a confiar nas pessoas, a delegar atribuições e responsabilidades, a permitir que as pessoas ousem, inovem, falhem e aprendam solidamente com os erros para evitá-los no futuro[3].

## Juntando aliados poderosos e não fazendo inimigos internos

Pense bem: quais são seus principais aliados no seu negócio? Em outras palavras, com quem você vai precisar contar para alcançar os objetivos de sua empresa? Deixe de lado convicções pessoais, políticas, culturais e analise essa pergunta com total isenção de ânimo: quem vai ajudá-lo a ser bem-sucedido em suas atividades como administrador de um negócio ou de uma empresa? Seus principais aliados podem estar – e estão – bem próximos de você. E talvez você os venha tratando como verdadeiros inimigos, ou como fontes de custos. Ou possivelmente como males necessários. Na verdade, você depende basicamente das pessoas que trabalham com você e que participam de sua equipe de trabalho. Elas podem ser visualizadas como um problema ou uma solução para sua empresa, dependendo da maneira como você esteja encarando a situação. Podem ser o seu problema se você não souber lidar com elas nem

---

[3] CHIAVENATO, I. *Empreendedorismo*: dando asas ao espírito empreendedor. 3. ed. São Paulo: Saraiva, 2008, p. 157-8.

extrair delas o que podem realmente oferecer. Mas podem ser a sua solução quando você aprender a lidar com elas e a obter delas o máximo desempenho possível.

## Nunca aceite a mediocridade

É importante esclarecer papéis e metas quando se trabalha em equipe. O que cada um deve fazer, como deve fazer e que metas alcançar. Se todos os membros da equipe fazem a mesma coisa, a equipe fica pobre e limitada. Torna-se um conjunto de mentes uniformes e padronizadas pensando e agindo da mesma maneira. É preciso que cada membro tenha o seu papel definido para que a equipe funcione como uma constelação de diferentes competências em direção a metas e objetivos. Tudo é uma questão de comunicação. Todavia, o mais importante é criar uma mentalidade de excelência na equipe. Fazer sempre cada vez melhor. Buscar a melhoria contínua é o caminho para a excelência, um caminho sem fim. Para tanto, o administrador deve esclarecer, cobrar e recompensar o desempenho excelente ou o resultado além do esperado.

## A diferença entre um grupo de trabalho e uma equipe de trabalho

Há uma enorme diferença entre um grupo de trabalho e uma equipe de trabalho. O grupo de trabalho se caracteriza por uma coleção de pessoas que fazem em conjunto uma determinada atividade. Obviamente, ao trabalhar, um grupo interage entre si, mas os relacionamentos entre os componentes são superficiais e mecânicos. São simples relações, não interações. Cada pessoa tem sua atividade e sua responsabilidade individualizada. Um grupo é um somatório de esforços, enquanto uma equipe é uma sinergia multiplicadora de esforços. Na equipe, a responsabilidade é solidária e cada membro deve ajudar os colegas a alcançar objetivos definidos. Essa é a diferença fundamental.

### Você precisa criar um clima de excelência em sua equipe

Um bom início é fazer com que as pessoas se sintam responsáveis por:

- Executar seu trabalho com excelência, perfeição e paixão.
- Melhorar continuamente seu trabalho no sentido de aperfeiçoá-lo.
- Fazer do trabalho um meio para alcançar metas e objetivos.
- Aumentar as metas e objetivos de maneira contínua.
- Focar o cliente, interno ou externo, para satisfazer suas demandas.
- Trabalhar em conjunto com os colegas – trabalho grupal e em equipe.
- Ajudar e colaborar com a equipe no sentido de alcançar objetivos.
- Focar a missão e a visão de futuro da empresa.
- Agregar valor ao trabalho, à empresa, ao cliente e a si próprias.
- Oferecer resultados concretos e tangíveis.

Você pode e deve conseguir dotar sua equipe de todas essas características, depende apenas da maneira como você a orienta e lidera; de como se comunica com ela, ensina-a a trabalhar dentro de padrões de excelência e camaradagem e delega atribuições e responsabilidades gradativamente ampliadas. E não deixe por menos.

## ATRAIA E ESCOLHA AS PESSOAS CERTAS

Atrair e escolher as pessoas certas implica localizar, recrutar e selecionar os candidatos que farão parte de sua equipe ou de sua empresa. O recrutamento pode ser interno (através de promoções ou transferências internas) ou externo (através do mercado de candidatos). Esteja sempre atento para localizar as pessoas que podem ajudá-lo a alcançar o sucesso no seu trabalho. Procure cercar-se de talentos e não de mediocridades. Forme sua empresa ou sua equipe com pessoas que você julga serem melhores que você para que tragam resultados significativos ao seu trabalho. Lembre-se, não é você quem realiza as atividades, mas sim os membros de sua equipe. Você deve ser o líder, não um simples executor. O resultado do seu trabalho será alcançado pelas pessoas que formam sua equipe.

### A guerra por talentos

Está ficando cada vez mais difícil encontrar pessoas capacitadas no mercado. O problema reside na gradativa distância entre a velocidade do desenvolvimento do conhecimento e da tecnologia e a velocidade da formação profissional das pessoas. Esse *gap* tende a aumentar significativamente em razão dessa cruel assimetria. Por essa e outras razões existe uma verdadeira guerra por talentos entre as empresas. Escolher os melhores talentos é fundamental para conseguir uma equipe altamente eficaz e capaz de garantir o sucesso do negócio. Exige muita atenção, pois os talentos que você tem em sua empresa podem estar sendo cobiçados por outras. O segredo está não somente em conquistá-los, mas também em retê-los. Andrew Carnegie, um dos maiores e mais bem-sucedidos empreendedores industriais do mundo, tem gravado em seu túmulo a seguinte inscrição:

> Aqui jaz um homem
> que soube recrutar
> em sua empresa
> pessoas melhores que ele próprio.

## Recrutamento e seleção de talentos

A formação de uma equipe de trabalho passa, necessariamente, pelo recrutamento e seleção de talentos. O recrutamento envolve um conjunto de ações no sentido de atrair talentos e comunicar-lhes as oportunidades de trabalho na sua equipe. Envolve, portanto, comunicação aberta e convite para dialogar e negociar. Os candidatos podem ser atraídos por meio de agências especializadas, anúncios em jornais ou revistas, indicação de colaboradores, cartazes na empresa e até pelo site de sua empresa e da internet. Faça do recrutamento uma atividade contínua e permanente por meio de uma política de portas abertas. Esteja sempre pronto a acolher candidatos potenciais, mesmo que não tenha nenhuma oferta de trabalho a apresentar. Guarde os currículos em um banco de dados ou banco de talentos para futuras necessidades, e mantenha algum tipo de relacionamento com eles para não deixar o assunto no arquivo morto ou morrer na praia. O recrutamento deve ser uma atividade atrativa e convidativa. É um investimento que traz excelentes retornos.

A seleção, por outro lado, envolve um conjunto de ações no sentido de escolher os candidatos mais adequados e ajustados, dentre aqueles que se apresentam, às posições a serem preenchidas. A seleção pode envolver provas de conhecimento ou de capacidade exigidos pela tarefa a executar, avaliação da experiência profissional prévia, bem como entrevistas para aquilatar características e atitudes pessoais dos candidatos. Cada vez mais, o administrador está deixando de delegar a escolha dos membros de sua equipe a terceiros e está se envolvendo mais no processo seletivo. Saber entrevistar candidatos passou a ser uma competência gerencial. A razão dessa preocupação é simples: os candidatos de agora poderão ser os dirigentes de amanhã. Além disso, a equipe é o principal instrumento de trabalho do administrador. Se ele não souber escolher seus parceiros de equipe, ele não terá sucesso em seu trabalho, a menos que tenha muita sorte. A sorte é necessária, mas insuficiente para a ação administrativa eficaz (Tabela 3.1).

Ao escolher o candidato para participar de sua equipe, faça o possível para que ele se adapte facilmente à nova situação: dê-lhe muita informação e orientação, proporcione a colaboração espontânea dos colegas, constante acompanhamento e avaliação de seu desempenho e, sobretu-

**Tabela 3.1** Tabela comparativa de candidatos em relação às competências exigidas

| CANDIDATOS | APRESENTAÇÃO PESSOAL | ATITUDE | COMUNICABILIDADE | EXPERIÊNCIA ANTERIOR | CONHECIMENTO | HABILIDADES | RELACIONAMENTO HUMANO |
|---|---|---|---|---|---|---|---|
| Antonio Pereira | | | | | | | |
| Abelardo Figueiredo | | | | | | | |
| Candidato X | | | | | | | |
| Candidato Y | | | | | | | |
| Candidato Z | | | | | | | |
| Waldemar Oliveira | | | | | | | |
| Notas de 0 a 10 | | | | | | | |

do, retroação para que ele saiba como está indo. A integração do novo funcionário é vital para o seu futuro profissional na empresa.

Quando um novo colaborador ingressa na empresa, ele precisa ser bem recebido não só pelo administrador, mas principalmente por toda a sua equipe. Em muitos casos, a própria equipe cuida da integração do novo membro. Uma boa integração produz não somente redução de custos, mas resultados incríveis:

1. Facilita o ajustamento do novo colaborador de forma mais ágil. Ele pode chegar à produtividade esperada mais rapidamente do que quando desconhece a cultura interna, o que se espera dele, quais os valores mais importantes etc.
2. Reduz a possibilidade de não ter o devido sucesso no trabalho.
3. Facilita a coesão da equipe, tornando-a mais produtiva.
4. Cria um clima de trabalho mais agradável e alegre.

## APLIQUE AS PESSOAS E OBTENHA O MÁXIMO DELAS

Na atividade empresarial, tudo precisa ser planejado e organizado para que seja possível alcançar resultados excepcionais. Você precisa modelar o trabalho de sua equipe, ou seja, definir o que cada pessoa da equipe deverá fazer, quais suas tarefas e atividades, metas (de curto prazo) e objetivos (de longo prazo) a alcançar, como autoavaliar seu desempenho e integrar suas atividades com as demais atividades da empresa. Tudo isso requer planejamento e organização do trabalho da equipe por meio da definição conjunta e consensual de metas e objetivos, atribuição de atividades e responsabilidades individuais e grupais, alocação de recursos, sistemas de informação e coordenação e, sobretudo, liderança por parte do administrador.

### Como planejar e organizar o trabalho da equipe

1. Faça um mapeamento do trabalho global a ser realizado pela equipe. Compartilhe com a equipe o mapeamento de todas as atividades a serem executadas. Procure não omitir nada que seja importante e relevante. Esse é o ponto de partida.

2. Defina os objetivos globais a serem alcançados pela equipe. Discuta e compartilhe com ela como poderão ser atingidos da melhor maneira possível.

3. Faça com a equipe uma distribuição do trabalho global a ser realizado e atribua responsabilidades individuais pelas tarefas e responsabilidades grupais pelo alcance dos objetivos da equipe. Não esqueça de que nada é definitivo e que os membros da equipe poderão intercambiar atribuições entre si para que, gradativamente, adquiram experiência em todas as várias atividades da equipe.

4. Planeje o trabalho da equipe e de cada um de seus participantes de maneira integrada e solidária. Proporcione participação, colaboração e reciprocidade entre eles. Faça com que o trabalho da equipe seja uma construção a partir dela, e não propriedade sua.

5. Ajude cada participante na condução de suas atividades. Dê apoio, aconselhamento, orientação, treinamento, motivação e retroação (*feedback*). Ofereça todos os recursos fundamentais para que a equipe possa ter à sua disposição todos os elementos indispensáveis.

6. Avalie constantemente o desempenho da equipe e de cada participante. Faça reuniões periódicas com a equipe para discutir o andamento das atividades, o que está sendo feito, o progresso alcançado e as medidas corretivas necessárias. Ouça sempre o que os participantes têm a dizer. Peça ideias e sugestões.

7. Recompense a equipe e cada participante pelos resultados alcançados. Faça a equipe marcar gols e festejar o alcance de metas, e proporcione reforço motivacional para sempre manter o entusiasmo e o moral elevado.

8. Mantenha sempre as luzes acesas e a emoção viva. Faça com que o trabalho da equipe seja agradável e torne sua empresa o melhor lugar para se trabalhar.

## PREPARE E DESENVOLVA AS PESSOAS

As pessoas não adivinham o que devem fazer ou realizar. Elas precisam saber antecipadamente o que, como, quando e para que fazer. Para tanto, devem estar suficientemente orientadas e preparadas para seu trabalho e municiadas com as devidas competências individuais para tanto. Você precisa preparar e desenvolver as pessoas, isto é, treinar e capacitar as pessoas para que elas possam exercer suas atividades da melhor maneira possível e oferecer resultados satisfatórios. Para isso existe o treinamento. No entanto, ele não deve ser esporádico ou eventual. Trata-se de uma ação contínua e incessante. Você precisa dedicar algumas horas diárias (e não mensais ou anuais) para treinar, ensinar, explicar, capacitar e desenvolver sua equipe. Faça isso por meio de reuniões periódicas, trocas de ideias e experiências entre os membros da equipe, leituras dirigidas, sessões de melhoria da qualidade, discussões a respeito de objetivos a alcançar e dos desafios enfrentados. Se necessário, utilize também meios externos para isso, como cursos, seminários, palestras, conferências, consultores externos etc. O treinamento e desenvolvimento, o chamado T&D, está focado principalmente na mudança individual e organizacional. As grandes empresas tratam o desenvolvimento das pessoas por meios sistêmicos e integrados (como universidade corporativa, conceito de organização de aprendizagem, gestão do conhecimento corporativo etc.) para poder acompanhar as rápidas e incessantes mudanças que ocorrem no ambiente externo, no conhecimento e na tecnologia. É necessário conjugar a mudança individual com a mudança organizacional necessária para sintonizar a empresa com a realidade do mercado que muda a cada instante (Quadro 3.1).

**Quadro 3.1** Treinamento tradicional *versus* organização de aprendizagem

| AMBIENTE TRADICIONAL DE TREINAMENTO | AMBIENTE DE ORGANIZAÇÃO DE APRENDIZAGEM |
| --- | --- |
| • Aprendizado impulsionado pelo instrutor<br>• Abordagem programada e prescritiva<br>• Transmissão baseada em classe<br>• Programas e conteúdo como base<br>• Presença do aluno como determinante da capacidade<br>• Oferecido de uma só maneira para todos<br>• Baseado na análise genérica de necessidades de treinamento | • Aprendizado autodirigido<br>• Abordagem de autosserviço<br>• Modos diversos de transmissão<br>• Competências como base<br>• Demonstração de competência com determinante da capacidade<br>• Apenas alvos entre a competência atual e a competência requerida<br>• Baseada em avaliação individual da competência |

Fonte: adaptado de Greenwood et al. (1993, p. 8).

## O papel da aprendizagem[4]

A aprendizagem é fundamental em todo programa de T&D. Significa mudança ou alteração permanente no comportamento em função da experiência passada de cada indivíduo. Algumas mudanças comportamentais podem ser observadas nas pessoas à medida que elas se desenvolvem da infância até a maturidade. A aprendizagem afeta poderosamente a maneira como a pessoa pensa, sente e age, bem como suas crenças, valores e objetivos pessoais. Tudo isso é aprendido na vida em sociedade. Em todo o decorrer de suas vidas, as pessoas vivem aprendendo e modificando continuamente seu comportamento. A mudança comportamental representa a incorporação no comportamento de algo que é aprendido e desejado pela pessoa. Falar inglês, nadar, andar de bicicleta, tocar piano são comportamentos aprendidos e que melhoram gradativamente à medida que ocorre a prática constante e o exercício reiterado daquilo que foi aprendido. O reforço da prática e do exercício repetido melhora o comportamento e o torna mais eficaz e eficiente. Se essas atividades não forem praticadas no cotidiano, ocorre o esquecimento. O esquecimento cancela gradativamente o que se aprendeu. Assim, aprendizagem é um conceito relacionado a prática, reforço, retenção e esquecimento. O reforço, por meio de recompensa (estímulo positivo) ou de punição (estímulo negativo), é fundamental na aprendizagem. Pense nisso.

O treinamento se baseia na aprendizagem e visa alcançar vários objetivos específicos, como transmitir informações, desenvolver habilidades, mudar e desenvolver atitudes pessoais e desenvolver conceitos e modelos para ajudar as pessoas a pensar de maneira sistêmica e global, como mostra a Figura 3.3.

O treinamento constitui um processo sequencial e articulado que começa com o diagnóstico das necessidades de treinamento, projeto e programação de conteúdo para remover a carência de treinamento, implementação do projeto por meio de ações (aulas práticas, exercícios, leituras, discussões, simulações etc.) e avaliação dos resultados para verificar se o projeto ou programação conseguiu eliminar a carência de treinamento (Figura 3.4).

---

4 CHIAVENATO, I. *Recursos humanos*: o capital humano das organizações. 9. ed. Rio de Janeiro: Elsevier/Campus, 2009b.

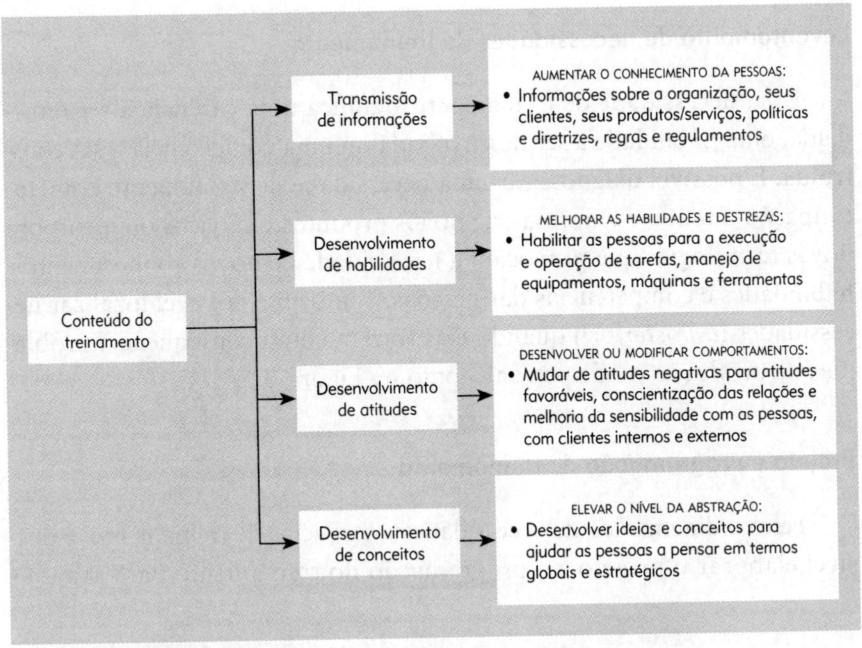


**Figura 3.3** Os tipos de mudanças comportamentais por meio do treinamento.
Fonte: Chiavenato (2009a, p. 295).

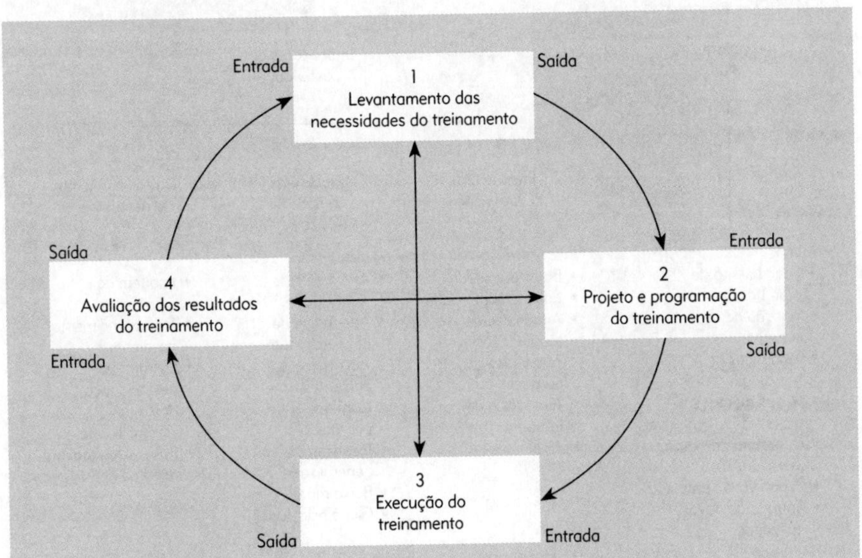


**Figura 3.4** O ciclo do treinamento.
Fonte: Chiavenato (2009b).

## Levantamento de necessidades de treinamento

Uma necessidade de treinamento significa uma carência a ser remediada, uma habilidade a ser desenvolvida ou uma competência a ser construída. É possível diagnosticar uma necessidade de treinamento com antecipação quando a empresa cria novos produtos e serviços ou incorpora novas tecnologias que provocam a necessidade de novos conhecimentos, habilidades e competências das pessoas. Também é possível localizar necessidades (*a posteriori*) quando elas trazem como consequência problemas de produção ou de pessoal, como na Figura 3.5.

## Projeto e programação de treinamento

Feito o diagnóstico de necessidades e carências de treinamento, é possível elaborar o projeto e a programação do treinamento para saná-las

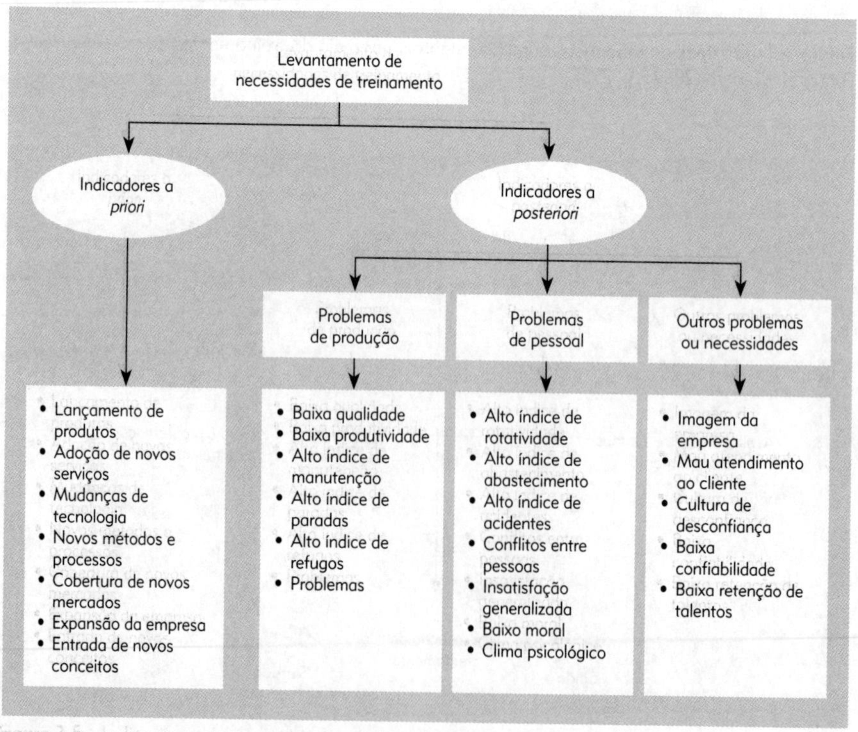


**Figura 3.5** Indicadores de necessidades de treinamento.
Fonte: Chiavenato (2009b).

da melhor maneira possível. Em outras palavras, o programa de treinamento deve ser feito sob medida para eliminar as carências e necessidades diagnosticadas e deve especificar:

1. Quem deve ser treinado: treinandos ou aprendizes.
2. Em que treinar: conteúdo ou assunto básico do treinamento.
3. Onde treinar: no próprio local de trabalho, fora dele mas na empresa (sala de treinamento) ou fora dele e da empresa.
4. Quem vai treinar: o líder, a própria equipe, o instrutor de treinamento, alguma organização externa.
5. Como treinar: treinamento convencional.
6. Material de treinamento: manuais, sites.

### Execução do treinamento

O projeto e a programação de treinamento podem ser executados pelo órgão de gestão de pessoas, pelo administrador, pela equipe, pelo próprio colaborador ou por alguma organização externa (*outsourcing*), dependendo de sua complexidade.

O treinamento – como tudo o que se refere à gestão de pessoas – é uma responsabilidade de linha (do administrador) e uma função de *staff* (do órgão de gestão de pessoas).

### Avaliação dos resultados do treinamento

O treinamento deve ser avaliado em função do seu objetivo básico: eliminar carências de conhecimento, habilidades e competências.

O importante é manter as pessoas devidamente capacitadas e preparadas para atender às necessidades e aos objetivos da empresa. E isso não tem fim. É uma tarefa contínua e permanente.

### Treinar, treinar, treinar

Em muitas atividades – como na música e nos esportes, por exemplo –, o treinamento é simplesmente fundamental para o sucesso da empreitada. No futebol, os atletas passam meses treinando intensivamente para cada jogo de 90 minutos. Nas orquestras, os músicos ensaiam durante meses para cada apresentação pública de 1 ou 2 horas. Nas empresas, isso se torna difícil através dos meios tradicionais de treinamento – como sala de aula –, mas possível dentro do conceito de organização de aprendizagem: a empresa cria meios para que as pessoas possam aprender constantemente e sempre dentro do próprio trabalho. O líder ajuda, os colegas ajudam, a informação que permeia a organização também ajuda, a maneira de lidar com o conhecimento corporativo igualmente. Tudo isso graças à tecnologia da informação. A TI está se tornando um instrumento indispensável para que as pessoas aprendam continuamente em seu trabalho. Pense em como a TI, internet e a intranet poderiam ajudar a disseminar o conhecimento necessário para aumentar a vantagem competitiva de sua empresa.

## RECOMPENSE AS PESSOAS

Se uma pessoa investe em determinada atividade e não obtém retorno suficiente, sua tendência natural é abandonar a atividade e partir para outra iniciativa que lhe traga melhores resultados. Da mesma maneira, as pessoas trabalham nas empresas e esforçam-se no sentido de também alcançar resultados e retornos individuais. O segredo está em juntar o alcance de objetivos empresariais de tal forma que contribuam também para o alcance de objetivos individuais ou grupais. À medida que se alcançam os resultados do negócio, é preciso abrir espaço para que as pessoas que os conseguiram também alcancem resultados individuais. Isso se chama reciprocidade. Assim, juntar expectativas organizacionais e individuais passa a ser imprescindível para o sucesso do negócio. O alinhamento de objetivos individuais com objetivos organizacionais é fundamental para o sucesso de ambos. Quando uma empresa se concentra unicamente em seus próprios objetivos organizacionais e impede o alcance de objetivos das pessoas envolvidas, a consequência é a gradativa alienação ou afastamento das pessoas. Com isso, os objetivos organizacionais "vão para o brejo". O segredo está em alinhar os objetivos das pessoas com os objetivos estratégicos da empresa. Isso produz foco e motivação. A recompensa deve ser entendida como o retorno de um investimento pessoal que exige esforço, dedicação, atenção, perseverança e fibra por parte das pessoas. Deve ser imediata e não protelada para um futuro remoto, como o final do ano.

Procure sempre reconhecer e motivar o trabalho da equipe. Utilize recompensas financeiras – como prêmios em dinheiro, disputas por prêmios (eletrodomésticos, viagens com a família), participação nos resultados diretos alcançados e no alcance de objetivos previamente estabelecidos. Utilize também recompensas não financeiras, tais como: reconhecimento público pelo desempenho excelente, condecorações, férias adicionais ou antecipadas, viagens de férias com a família, fotos do melhor colaborador, uma geladeira ou algo assim, tapinhas nas costas etc. Não se esqueça de que o dinheiro pode comprar a satisfação de muitas necessidades humanas. A remuneração é um importante motivador quando ela é diretamente relacionada com a conquista de metas e resultados e funciona como reforço positivo e imediato do bom desempenho. Cobre firme, mas dê algo em troca, algo que realmente faça a diferença entre um excelente desempenho e um desempenho medíocre. Procure definir sistemas de recompensa com base nos desempenhos individual e grupal. Interligue desempenho individual e grupal com objetivos a alcançar e transforme tudo isso em um sistema de recompensas[5].

Contudo, desempenho é meio, caminho, viagem. Mire mais acima e veja o fim, a chegada, o resultado. Assim, encontre meios também para recompensar o alcance de metas e objetivos previamente definidos. Faça disso uma verdadeira administração por objetivos. Então, além de recompensas ao desempenho no caminho, crie também um programa de incentivos em sua empresa para recompensar o alcance de objetivos e a oferta de resultados. À medida que pessoas ou equipes ultrapassam objetivos definidos, o excedente deve oferecer um quinhão, uma partilha a favor de quem ajudou a alcançá-los. A empresa não deve apropriar-se totalmente desse excedente, mas conceder uma porcentagem dele aos vitoriosos que ajudaram a conquistá-lo.

## MANTENHA E RETENHA OS TALENTOS

Como transformar sua empresa no melhor lugar para se trabalhar? Como criar um lugar agradável e envolvente no qual a maioria dos mor-

---

[5] CHIAVENATO, I. *Gerenciando com as pessoas*: transformando o executivo em um excelente gestor de pessoas. Rio de Janeiro: Campus/Elsevier, 2005e.

tais gostaria de trabalhar? Ou, então, como transformar a sua equipe de trabalho em uma poderosa máquina de agregar valor em um contexto gostoso e amigável em que reinam camaradagem, participação, ajuda mútua, solidariedade, comunicação aberta e franca e conforto físico e psicológico?

Planejado e organizado o trabalho em uma equipe integrada, escolhidos os melhores talentos, preparados e capacitados para o trabalho e devidamente recompensados e impulsionados, o pior que poderia acontecer seria perder os talentos até então construídos com tanto esforço. Assim, torna-se vital criar um ambiente de trabalho agradável, receptivo, caloroso e impulsionador. Um clima interno agradável, gostoso e acolhedor no qual os talentos se sintam bem e em seu próprio habitat.

Deve-se considerar que, muitas vezes, mesmo quando recebem ofertas salariais melhores, as pessoas decidem permanecer na empresa quando a qualidade de vida no trabalho é elevada. Ninguém está disposto a perder essa feliz regalia por alguns reais a mais ao final de cada mês. A qualidade de vida no trabalho está entre os itens mais importantes da questão de permanência e retenção de talentos.

## AVALIE OS TALENTOS

Nunca deixe de monitorar e avaliar o que a equipe está fazendo. Avalie seu desempenho não de vez em quando, mas contínua e diariamente, sempre trocando ideias com as pessoas a respeito de seu trabalho, ouvindo o que elas têm a dizer e dando sugestões e orientações. Proporcione comunicação, orientação, retroação e incentive o autodesenvolvimento de sua equipe de trabalho. Torna-se importante distinguir os meios e os fins: a avaliação pode focar não só o desempenho – como conjugação de esforços, ajuda mútua e recíproca entre os membros, planejamento e organização, comunicação interna, tomada de decisão grupal, resolução de conflitos internos –, mas também os resultados que a equipe proporciona – contribuição aos objetivos da empresa, redução de custos, valor agregado ao produto/serviço, melhor atendimento ao cliente, aumento do volume de vendas e faturamento, aumento da lucratividade e competitividade da empresa. Tudo isso é importante e pode ser colocado em uma hierarquia de objetivos a alcançar. Algo como 5 a 6 objetivos fundamen tais à sua escolha. A avaliação da equipe deve ser a mais ampla e interligada possível com treinamento e desenvolvimento, carreira, recompensas etc., e, de preferência, deve partir da própria equipe. A autoavaliação é sempre melhor e mais objetiva que a avaliação feita por terceiros. Ao botar a mão na massa a equipe tem melhores condições de sentir os desafios e as soluções para superá-los.

## As novas competências

A avaliação de cada participante e da equipe em conjunto deve envolver necessariamente as competências individuais e grupais. Meister[6] salienta que as novas competências exigidas pelas empresas nos novos ambientes de negócios são as seguintes:

1. *Aprender a aprender*: as pessoas devem contribuir construtivamente em tudo e, para tanto, devem ter condições de aprender continuamente.
2. *Comunicação e colaboração*: antes, o bom desempenho significava executar um conjunto de tarefas repetitivas e a qualificação era restrita a cada tarefa em particular. Hoje, com a adoção de equipes, a eficiência do indivíduo está cada vez mais vinculada a habilidades de comunicação e colaboração.
3. *Raciocínio criativo e resolução de problemas*: no passado, a administração paternalista assumia a responsabilidade de solucionar problemas e aumentar a produtividade do trabalhador. Hoje, espera-se que as pessoas descubram por si próprias como melhorar e agilizar seu trabalho. Para tanto, elas precisam pensar criativamente, solucionar problemas e analisar situações, fazer perguntas e esclarecer o que não compreendem para sugerir melhorias.
4. *Conhecimento tecnológico*: no passado, conhecer tecnologia significava saber como operar máquinas ou computadores para processar textos ou análises financeiras. Hoje, a ênfase está em usar o equipamento de informação que tenha conexão com os membros da equipe ao redor do mundo, além de realizar tarefas, comunicar-se com pessoas em todo o mundo, compartilhando ideias e melhorias nos processos de trabalho.

---

[6] MEISTER, J. *Universidade corporativa*. São Paulo: Makron Books, 1999.

5. *Conhecimento de negócios globais*: hoje predomina a necessidade de pessoas treinadas em um conjunto de habilidades que levem em conta o ambiente competitivo global, mutável e volátil.
6. *Desenvolvimento da liderança*: o novo imperativo é a identificação e o desenvolvimento de pessoas capazes de conduzir a empresa do século atual. Em vez de programas externos de educação para executivos, as empresas estão elaborando programas personalizados de aprendizagem.
7. *Autogerenciamento da carreira*: como as qualificações necessárias evoluem e mudam incessantemente, as pessoas precisam assumir o compromisso de assegurar que possuem qualificações, conhecimentos e competências exigidos tanto na atividade atual como nas atividades futuras. Muitas universidades corporativas dispõem de centros virtuais de desenvolvimento de carreira para ajudar as pessoas a identificar as técnicas que precisam aprender.

As empresas estão transformando-se em organizações educadoras e desenvolvendo educação corporativa em virtude de[7]:

1. Emergência da organização não hierárquica, enxuta e flexível.
2. Advento e consolidação da economia do conhecimento.
3. Redução do prazo de validade do conhecimento.
4. Novo foco na capacidade de empregabilidade/ocupabilidade para a vida toda em lugar do emprego para a vida toda.
5. Mudança fundamental no mercado da educação global.

É bom lembrar que o que não se pode medir não se pode administrar. Embora a medição humana seja fortemente impregnada de subjetividade e imprecisão, o importante é lembrar que quando se adotam padrões, estes podem reduzir tremendamente aquela subjetividade e imprecisão.

## OBTENHA O MÁXIMO DA SUA EQUIPE

Como transformar um simples agrupamento de pessoas em uma poderosa equipe de elevado desempenho? Não é uma tarefa simples, pois

[7] MEISTER, J. *Universidade corporativa*. São Paulo: Makron Book, 1999.

depende de como formar a equipe e escolher seus membros, como planejar e organizar seu trabalho, como preparar e capacitar pessoas e dotá-las das competências necessárias, como interligar os objetivos individuais ou da equipe com os objetivos organizacionais para recompensar as pessoas e reforçar intensamente o desempenho excelente e, principalmente, como liderá-las e impulsioná-las por meio de um estilo de gestão dinâmico, aberto e participativo. Tudo isso acabamos de ver nas páginas anteriores. Tudo para que pessoas comuns se tornem construtoras de competências e ofertadoras de resultados excepcionais.

Em primeiro lugar, a equipe precisa saber exatamente quem ela é. Isso significa alcançar identidade própria como equipe por meio de uma autoavaliação e autocompreensão de suas possibilidades e valores. Em segundo lugar, a equipe precisa saber onde ela está agora e fazer uma análise situacional, um balanço do momento presente. Em terceiro lugar, é preciso saber para onde a equipe está se dirigindo, ou seja, ter uma visão de futuro, conhecer quais são os seus propósitos e os resultados esperados de sua atividade. Em quarto lugar, como chegar lá, ou seja, os objetivos a serem atingidos e qual será o plano de ação para que isso se transforme em realidade. Em quinto lugar, a equipe precisa saber o que se espera dela, quais as regras do jogo, as responsabilidades envolvidas e a confiabilidade nela depositada. Em sexto lugar, a equipe precisa saber de qual tipo de apoio e retaguarda ela necessita para levar adiante sua tarefa, qual treinamento deverá ter, quais recursos receberá, apoio de liderança e *coaching*, aprendizado e quais competências individuais e grupais precisará construir. Em sétimo lugar, a equipe precisa monitorar sua eficiência e eficácia e avaliar seu desempenho, processos de trabalho e resultados apresentados. Em oitavo lugar, a equipe deve definir qual reconhecimento e recompensas deseja alcançar em termos de remuneração, prêmios, benefícios ou participação nos resultados alcançados. A roda da equipe apresentada na Figura 3.6 dá uma ideia daquilo que a equipe precisa conhecer; e conhecer profundamente.

Tudo isso diferencia uma equipe de elevado desempenho de uma equipe comum. Na verdade, uma equipe bem-sucedida apresenta características que não se encontram em uma equipe comum.

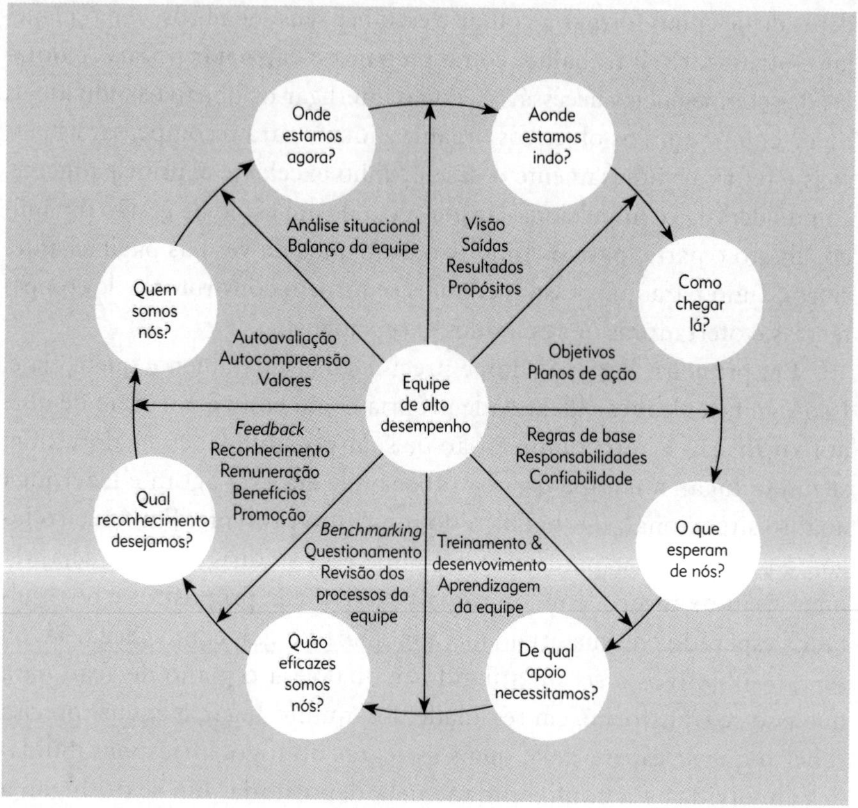


**Figura 3.6** A roda da equipe: o que a equipe precisa saber.

## O sucesso de uma equipe

As equipes bem-sucedidas apresentam as seguintes características principais:

1. Compromisso individual e grupal com objetivos compartilhados.
2. Busca de consenso na tomada de decisões grupais.
3. Comunicação aberta, intensiva e honesta entre os participantes.
4. Liderança compartilhada entre os membros da equipe.
5. Clima de cooperação, colaboração, confiança e apoio mútuo.
6. Valorização das pessoas pela sua diversidade.
7. Reconhecimento do conflito e sua resolução rápida e positiva.

## MELHORE SEU ESTILO DE GESTÃO

Não basta apenas atuar sobre a equipe e dentro dela, é preciso também atuar sobre o seu estilo de gestão em relação à equipe. Não basta olhar para os participantes da sua equipe, é preciso também olhar para si próprio. O que significa estilo de gestão? É a maneira pela qual o administrador lida com as pessoas que formam sua equipe de trabalho. Tradicionalmente, o estilo de gestão era caracterizado pela transmissão de ordens e de instruções elementares às pessoas: faça isso ou faça aquilo. Era o estilo gerencial, militar, autocrático e impositivo. Isso já se foi na Era Industrial. Na Era da Informação, o estilo de gestão está passando por fortes mudanças.

### Liderança

Os gerentes tradicionais estão se transformando em líderes, *coaches* e mentores. Qual é a diferença? Simples, antigamente o gerente tinha seu poder imposto pelo nível hierárquico que ocupava, enquanto os subordinados tinham a responsabilidade de obedecê-lo. Sua autoridade era formal e baseava-se nas ordens e no comando. Hoje, o líder tem seu poder aceito pela equipe em virtude da maneira como a conduz e como se relaciona com ela. Sua autoridade não precisa ser formalizada, simplesmente precisa ser aceita pela equipe. É uma conquista, não uma imposição. Contudo, a liderança é situacional e deve levar em conta a tarefa ou a atividade a executar, os membros da equipe e os objetivos a alcançar. Esses três aspectos da situação variam enormemente, e a liderança, para ser eficaz, precisa ajustar-se a todos eles.

Em cada situação, o líder pode ser:

1. *Autocrático*: quando a situação é crítica e medidas urgentes precisam ser imediatamente adotadas mesmo sem consulta à equipe.
2. *Vendedor*: quando a situação não é bem compreendida pelos membros da equipe, os quais precisam ser persuadidos pelo líder.
3. *Democrático*: quando o líder ouve os membros da equipe e consulta-os sobre decisões a serem tomadas.

4. *Participativo*: quando a situação requer o envolvimento e o engajamento das pessoas.
5. *Abdicrático*: quando a situação permite que o líder delegue decisões à equipe e o ajuda a implementá-las com sucesso.

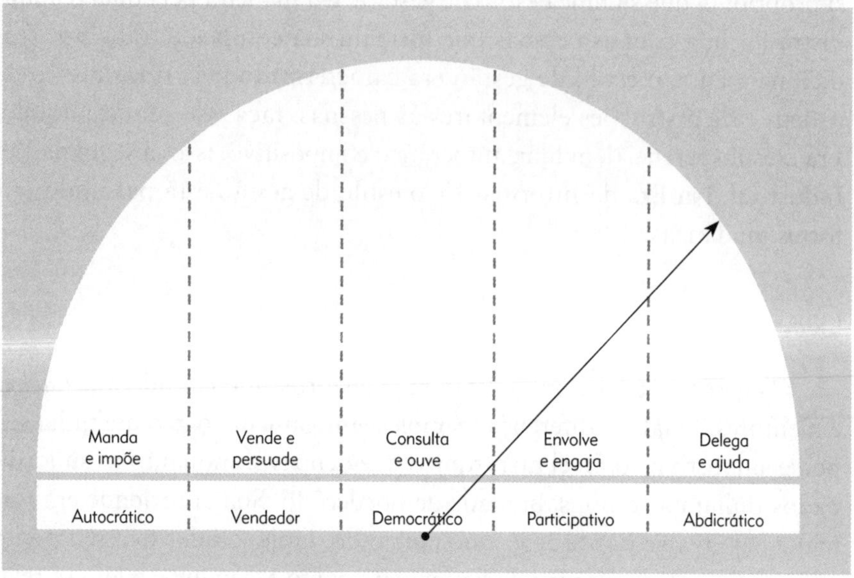


**Figura 3.7** O relógio dos vários estilos de gestão.

Para adotar um determinado estilo de gestão, o líder precisa avaliar a situação que o envolve. Para tanto, deve também levar em conta a estrutura organizacional e a cultura organizacional da empresa, avaliar a informação recebida e os objetivos que a equipe deve alcançar para adotar um estilo de gestão adequada a fim de que a equipe realize com excelência a sua tarefa por meio de processos internos. A combinação de todos esses aspectos é fundamental para o sucesso do administrador e de sua equipe (Figura 3.8).

## Você é um empreendedor, um gerente ou um líder?

Vale a pena lembrar uma distinção comumente feita entre empreendedores, gerentes e líderes. Cada um deles apresenta um perfil diferente.

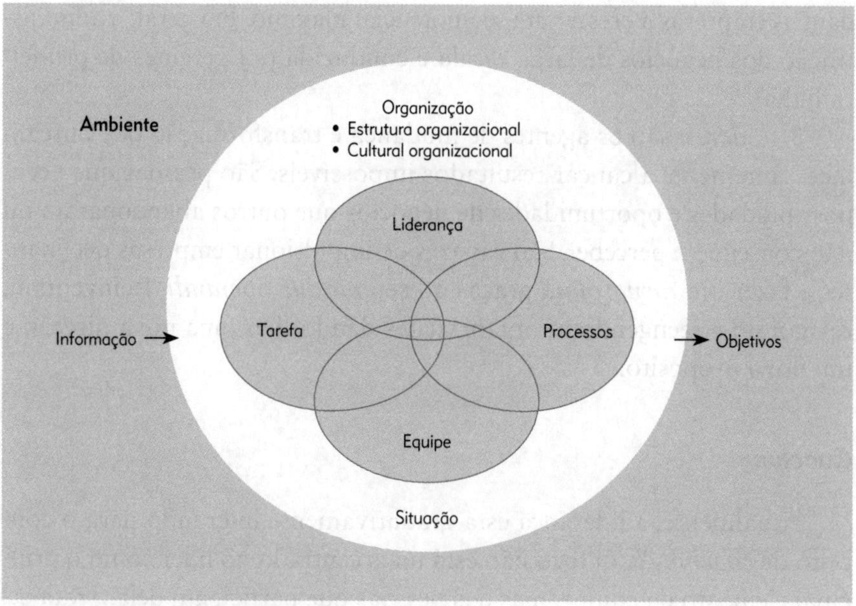


**Figura 3.8** A avaliação da situação pelo administrador.

O administrador pode atuar como um empreendedor, um gerente ou um líder. Veja só esses três tipos de executivos[8]:

1. *Empreendedores*: são os criadores de negócios, isto é, pessoas que ultrapassam barreiras para criar algo inteiramente novo e excitante, porque são dotadas de criatividade, engenhosidade, perseverança e firme determinação. Elas quebram regras, assumem riscos e botam a imaginação para funcionar. Capitaneiam o mercado com garra e confiança.

2. *Gerentes*: são os organizadores de negócios, isto é, pessoas impulsionadas por disciplina, estrutura e organização. São administradores focados em alocar recursos, alinhar elementos organizacionais, aproveitar eficiências de escala e de escopo, bem como em alcançar previsibilidade de resultados superiores de negócios. São hábeis em criar organizações eficientes e bem-sucedidas. Mais que os empreendedores, os gerentes aju-

[8] MAYO, A. J.; NOHRIA, N. *In their time*: the greatest business leaders of the Twentieth Century. Boston: Harvard Business School Press, 2005, p. xxv.

dam as empresas a crescer até seu potencial máximo. Em geral, a administração dos negócios de larga escala é conduzida por gerentes de primeira linha[9].

3. *Líderes*: são os agentes de mudança e transformação que buscam incessantemente alcançar resultados impossíveis. São pessoas que veem possibilidades e oportunidades de negócios que outros abandonaram ou não conseguem perceber. São capazes de impulsionar empresas declinantes e fazer um *turnaround* graças ao seu *modus operandi*. Reinventam, revigoram e reengendram organizações dando-lhes uma nova direção e um novo propósito.

## *Coaching*

Atualmente, a liderança está gradativamente migrando para o conceito de *coaching*[10]. O foco não está mais centrado no líder como o principal elemento da equipe, mas nas pessoas que participam dela. Trata-se, agora, de criar meios para facilitar e incentivar o aprendizado das pessoas e a conquista de novas habilidades e competências capazes de levar à excelência. Nessa nova etapa, os líderes se transformam em facilitadores e apoiadores para que os membros da equipe possam incorporar novas habilidades e competências de maneira contínua e consistente. Ao se transformar em *coach*, o líder passa a ajudar e orientar seus liderados para adquirirem uma noção clara daquilo que devem aprender e aplicar. Um verdadeiro treinador fica nos bastidores enquanto a equipe faz acontecer as coisas. A diferença básica entre o líder e o *coach* é que este não está somente preocupado em conduzir sua equipe, mas principalmente em prepará-la e municiá-la de novos conhecimentos, habilidades e competências no sentido de introduzir maior produtividade, qualidade, excelência e agregar valor. Na verdade, o *coaching* é um passo além da liderança, pois funciona como uma assessoria especial para aconselhar, orientar, ajudar e facilitar o aprendizado e o desenvolvimento dos membros da equipe.

---

9 CHANDLER Jr., A.A. *The visible hand*. MIT School Press, 1983.

10 CHIAVENATO, I. *Construção de talentos*: coaching e mentoring. 5. ed. Rio de Janeiro: Elsevier/Campus, 2002.

### *Mentoring*

Outro conceito que está ganhando terreno nas empresas é o *mentoring*. Existe uma nova relação não hierárquica entre mentor e protegido. O mentor é uma pessoa em qualquer nível ou área da empresa que possui experiência, conhecimento e competências e que se põe a ajudar outra pessoa que requer experiência, conhecimento e competências para ser bem-sucedida profissionalmente. Obviamente, o mentor escolhe seus pupilos a dedo, ou seja, avalia e escolhe os protegidos que possuem condições potenciais de desenvolvimento e sucesso em seu futuro, e passa a se reunir periodicamente com cada um deles para orientar e estimular seu desenvolvimento pessoal e profissional. Para tanto, oferece conselhos, orientação, abre as portas e caminhos para contatos importantes, define metas e objetivos a alcançar, ajuda a impulsionar sua carreira profissional e funciona como retaguarda e apoio para o sucesso do protegido[11].

### *Empowerment*

O estilo de gestão deve levar em conta ainda o *empowerment*, um conceito atual e muito utilizado nas empresas bem-sucedidas. O *empowerment* – ou fortalecimento das pessoas – constitui uma maneira de lidar com os membros da equipe no sentido de colocá-los em primeiro lugar e dar-lhes o devido apoio e retaguarda. *Empowerment* significa proporcionar poder, motivação, desenvolvimento e liderança à equipe, como mostra a Figura 3.9.

Muitas empresas e muitos líderes empresariais se sobressaíram no mundo dos negócios e passaram a ser conhecidos pelos métodos e critérios que adotaram. Quase sempre, conceitos como liderança, *coaching*, *mentoring* e *empowerment* os levaram ao sucesso graças ao desempenho de suas equipes. Boa parte dos livros de administração conta histórias do gênero e as receitas por eles adotadas. O importante é que nem sempre o sucesso empresarial foi provocado pela estrutura ou tecnologia apenas, mas pela cultura e pela maneira de lidar com as pessoas e equipes.

---

[11] CHIAVENATO, I. *Construção de talentos*: coaching e mentoring. 5. ed. Rio de Janeiro: Elsevier/Campus, 2002.

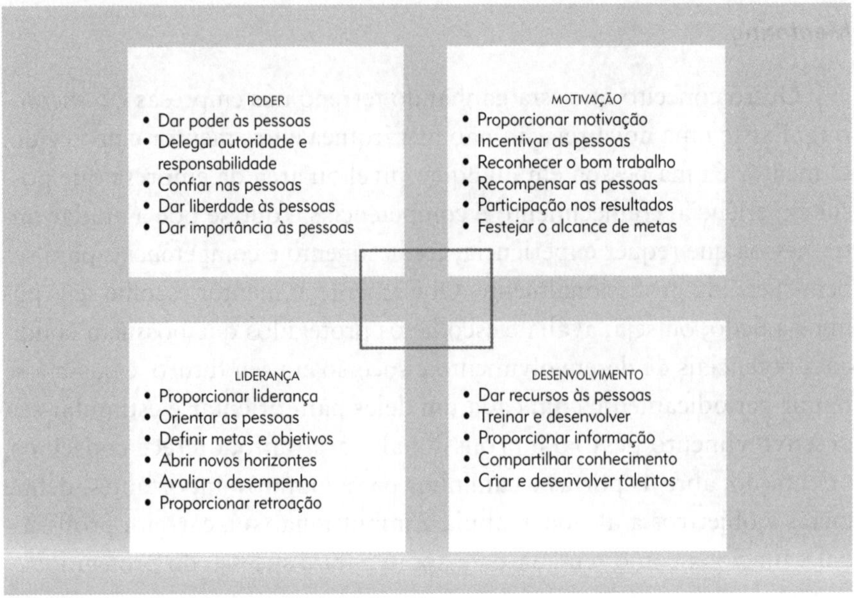


**Figura 3.9** As bases do *empowerment*.
Fonte: Chiavenato (2009a).

O *empowerment* é um estilo de gestão que põe pessoas e equipes em primeiro lugar. Dá-lhes importância, liberdade, autonomia e poder para que possam executar suas tarefas tendo em vista metas e objetivos negociados que funcionam como indicadores do desempenho. O papel do líder ou *coach* passa a ser o de assessorar, apoiar, ajudar e dar retaguarda para que as equipes e pessoas possam trabalhar da melhor maneira possível e alcançar metas e objetivos propostos. O *empowerment* deve começar a partir do estilo de gestão que a empresa utiliza tradicionalmente e abrir aos poucos as portas para a delegação e entrega gradativa de liberdade e autonomia para as pessoas e equipes; sempre acompanhado de cobrança de metas, objetivos e resultados. É um processo que pode alcançar sua plenitude mais cedo ou mais tarde dependendo da evolução de cada pessoa ou equipe envolvida. Por mais incrível que possa parecer, o *empowerment* é um gradativo deslocamento para baixo das decisões e ações operacionais que libera o administrador de assuntos menores e rotineiros e permite que se concentre naquilo que é mais importante e estratégico para sua empresa.

Assim, aprender a lidar com as pessoas – e as empresas dependem profundamente delas e de sua participação espontânea, proativa e decisiva – constitui a base do sucesso do negócio. Lembre-se, não se inventou ainda uma empresa capaz de funcionar sem as pessoas. Sem gente não há empresa. Com a ajuda das pessoas que trabalham com você é possível alcançar os múltiplos objetivos organizacionais relacionados com as áreas de produção/operações, marketing e finanças. Isso será visto no decorrer dos próximos capítulos, nos quais serão analisadas essas diferentes áreas da empresa.

CAPÍTULO 4

# Quarto passo
# Administração da produção: busque a excelência operacional em suas atividades

**Tópicos**

- O que é uma empresa?
- O que significa excelência empresarial?
- Administração da produção e operações
- Produto ou serviço
- Modelos de produção
- O sistema de produção
- Planejamento e controle da produção
- Administração de materiais
- Controles de produção

Para ser bem-sucedida, a empresa precisa apresentar elevada excelência operacional em suas atividades. Mas o que significa excelência operacional? Significa simplesmente fazer bem feito as coisas que devem ser realizadas na empresa, e fazer tudo muito bem feito da primeira vez para não haver trabalho posteriormente. A excelência operacional se traduz pela elevada produtividade e qualidade naquilo que se faz. Quase sempre ela se refere ao chão da fábrica, ao piso do escritório ou ao balcão de atendimento ao cliente. Daí o nome operacional, pois depende das operações cotidianas e rotineiras de uma empresa. Implica uma cultura de excelência dentro da empresa, por meio da qual as pessoas se sentem convencidas e comprometidas com o desempenho excelente e com o tratamento exemplar dado ao cliente. Trabalhar com a satisfação e o prazer de fazer um trabalho bem feito. Esse é o quarto passo de nossa longa jornada.

## O QUE É UMA EMPRESA?[1]

As empresas são um tipo especial de organização, funcionam como sistemas. Na verdade, constituem um tipo específico de organização. Lucrativas ou não, as empresas são organizações sociais, porque são dotadas de pessoas – seu ativo mais importante. Além disso, as empresas são sistemas abertos. Um sistema é um conjunto de elementos reciprocamente integrados para alcançar determinados objetivos. Esse conjunto de elementos reciprocamente integrados – seja divisões, departamentos, equipes ou unidades de negócios – deve funcionar de maneira tal que cada um deles deve ajudar o outro na consecução dos objetivos globais. É o que chamamos sinergia: o efeito multiplicador do sistema. A sinergia promove resultados maiores que a soma dos resultados isolados de cada um dos elementos. Ou menores, quando não há essa integração; cada elemento – ou subsistema – funciona isoladamente e o sistema maior perde sua força em razão da entropia. Na aritmética sistêmica, o resultado de 1 + 1 + 1 pode ser 4, 5 ou mais, dependendo do grau de sinergia. Ainda, pode ser menor que 3 dependendo do grau de entropia. Sinergia e entropia são características que, respectivamente, agregam resultados às empresas ou reduzem seus resultados, seja lucro ou prejuízo. Administrar significa obter resultados maximizados. Para tanto, deve-se buscar aumentar a sinergia e diminuir a entropia dos sistemas.

E como se alcança a excelência operacional? Quase sempre por meio de uma conjunção de complexos fatores que consiste em: escolher as

---

[1] CHIAVENATO, I. *Administração da produção*: uma abordagem introdutória. Rio de Janeiro: Elsevier/Campus, 2005a, p. 4-5.

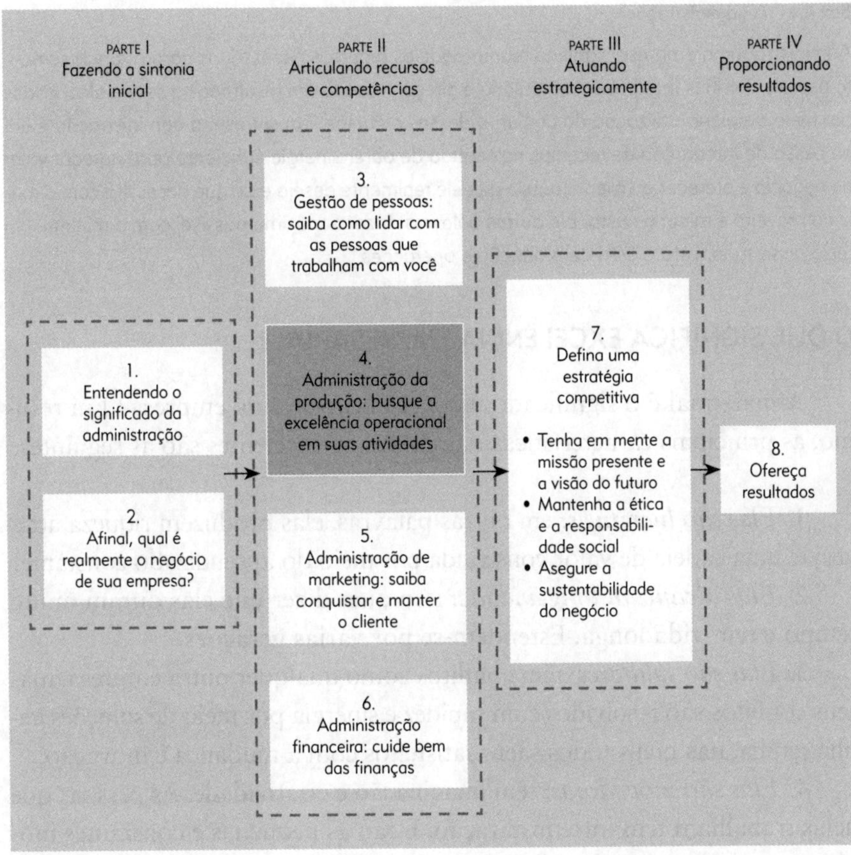


**Figura 4.1** A estrutura do livro.

pessoas certas e treiná-las adequadamente para aplicá-las nas atividades em que elas são melhores, incentivá-las, ensinar-lhes métodos adequados de trabalho, torná-las comprometidas com o bom trabalho e avaliá-las e dar-lhes retroação adequada. Com tudo isso, as pessoas cuidarão dos recursos da empresa e promoverão resultados incríveis. Em geral, a excelência operacional depende de uma cultura corporativa que favoreça e impulsione o desempenho excelente, além, obviamente, de pessoas qualificadas, de liderança eficaz por parte dos gerentes e líderes e de incentivos organizacionais para tanto. E, além de tudo, recursos empresariais adequados.

**Box 4.1** A administração[2]

Administrar uma empresa significa reunir todos os recursos necessários para o funcionamento desta e dar-lhes integração necessária e direção focada em resultados a serem alcançados por meio da plena utilização do conjunto desses recursos. Em síntese, a administração é um processo de integração de recursos no sentido de obter sinergia suficiente para agregar valor ao negócio e oferecer ao cliente aquilo que ele realmente deseja e de que necessita com o máximo proveito e mínimo custo. Em outras palavras, fazer o máximo possível com o mínimo. No meio disso tudo, está a área de produção e operações.

## O QUE SIGNIFICA EXCELÊNCIA EMPRESARIAL?

Afinal, qual é o significado da excelência de uma empresa? Em resumo, as principais características das empresas excelentes são as seguintes:

1. *Elas são lucrativas:* em outras palavras, elas produzem riqueza através de uma cadeia de valor construída por meio do aprendizado constante.
2. *Elas alcançam longevidade:* isso quer dizer que elas duram muito tempo e têm vida longa. Estendem-se por várias gerações.
3. *Elas são salutares:* têm conflitos como qualquer outra empresa, mas seus conflitos são resolvidos com rapidez e sinergia por meio de soluções ganha-ganha, nas quais todos saem satisfeitos com a mudança e inovação.
4. *Elas são inovadoras:* têm imaginação e criatividade. As pessoas que nelas trabalham têm forte inspiração. E são as pequenas e constantes inovações – e não as espetaculares e únicas – que proporcionam a continuidade do negócio e o avanço em relação às demais empresas.
5. *Elas são flexíveis:* têm elevada adaptabilidade e jogo de cintura, pois sabem mudar e transformar-se. Muitas delas se reinventam constantemente.
6. *Elas são admiradas:* porque inspiram as empresas e são visitadas e imitadas pelas outras. Dão verdadeiras lições pedagógicas para o mundo empresarial.
7. *Elas têm identidade própria:* possuem uma cultura organizacional especial que proporciona participação intensa das pessoas e impressionante calor humano.

---

[2] CHIAVENATO, I. *Administração da produção*: uma abordagem introdutória. Rio de Janeiro: Elsevier/Campus, 2005a, p. 10.

8. *Elas são o melhor lugar para trabalhar:* apresentam elevada qualidade de vida no trabalho e são procuradas pelos candidatos. Algumas delas recebem espontaneamente um volume incrível de currículos de pessoas que nelas querem ingressar.

9. *Elas produzem retornos para todos os stakeholders envolvidos e não apenas para os* shareholders *que proporcionam o capital financeiro.* São empresas que proporcionam benefícios para todos os agentes que direta ou indiretamente colaboraram para o seu sucesso.

10. *Elas têm um aguçado senso de oportunidade e aproveitam todas as facilidades possíveis.* Elas sabem farejar e localizar as oportunidades, mesmo antes que elas surjam. Não basta estar no lugar e na hora certos, é preciso criar as oportunidades.

11. *Elas sabem reconhecer e incentivar o talento humano.* Localizam os melhores, fazem com que as pessoas trabalhem com foco em metas ligadas ao crescimento do negócio e praticam a meritocracia, isto é, recompensam o cumprimento de metas e premiam e festejam a contribuição das pessoas ao sucesso da empresa.

## As características das empresas de elevado desempenho

Pesquisas sugerem que a maioria das empresas de elevado desempenho compartilham certos aspectos comuns em uma hierarquia de cinco capacidades que não resultam da pura sorte.[3]

1. Todas elas possuem uma acuidade institucional, um *insight* para discernir com consistência os impulsionadores importantes do valor presente e futuro no mercado. Possuem uma habilidade para sentir e responder aos maiores desafios do mercado.

2. São mestras da ação e têm habilidade de transportar seus *insights* únicos sobre os impulsionadores do valor corrente e futuro em modelos operacionais diferenciados e em modelos próprios de negócios.

3. Elas sabem que suas competências essenciais são críticas para impulsionar valor presente e futuro. Focalizam sua maestria nessas competências essenciais e são inovadoras nas áreas de suas competências essenciais.

---

[3] BREENE, T. Redefining high performance. *Outlook Journal*, oct. 2003. Disponível em: http://www.accenture.com/Global/Research_and_Insights/By_Subject/High_Performance_Business/RedefiningHighPerformance.htm.

4. Elas não são obcecadas em fazer internamente. Quando elas determinam que uma atividade não é essencial ou que o desenvolvimento de uma atividade fundamental necessita ser acelerada, elas inteligentemente terceirizam ou buscam alianças e oportunidades de parceria com quem faça melhor e mais barato.
5. Elas compartilham algumas características culturais de mentalidade que predispõem ao elevado desempenho. Esse fator crítico – uma espécie de código genético do elevado desempenho – é difícil de replicar e, muitas vezes, difícil de medir. Mas elas imprimem em cada aspecto da organização de elevado desempenho o seu modelo operacional e sua cultura organizacional.

A procura pela excelência é um caminho sem fim, uma busca incessante e permanente. A excelência envolve uma conjunção de eficiência e eficácia que produz resultados multiplicados e não simplesmente somados. A excelência faz uma empresa disparar em relação às outras em termos de velocidade e superação. Exige esforços gigantescos mas que valem a pena, pois trazem retornos muito maiores. Quando a busca pela excelência ultrapassa o âmbito operacional e expande-se para todos os demais níveis e áreas da empresa, ela pode assumir outras denominações, como qualidade total, por exemplo.

## ADMINISTRAÇÃO DA PRODUÇÃO E OPERAÇÕES[4]

Administração da produção e operações (AP) é a área da empresa que utiliza recursos físicos e materiais, como prédios ou edifícios, instalações, máquinas, equipamentos, matérias-primas e a tecnologia indispensável para que todos esses ativos tangíveis possam ser integrados através de atividades conjuntas e coordenadas para produzir bens ou serviços. Os recursos físicos ou materiais podem estar na indústria, na fábrica ou oficina, no campo agrícola, no barco de pesca e nas instalações portuárias, na loja, na agência bancária, no prédio escolar ou na

---

[4] CHIAVENATO, I. *Administração da produção*: uma abordagem introdutória. Rio de Janeiro: Elsevier/Campus, 2005a, p. 13.

oficina de propaganda, dependendo do tipo de empresa. São esses recursos físicos e materiais que dão à empresa a possibilidade de extrair matérias-primas (quando a empresa é do ramo primário ou extrativo), transformá-las em produtos/serviços (quando a empresa é do ramo secundário ou transformador) ou prestar serviços especializados (quando a empresa é do ramo terciário ou prestadora de serviços).

Contudo, vimos que esses recursos são estáticos e inertes. Eles não têm vida própria, tampouco inteligência. Dependem da ação de pessoas. E as pessoas também não devem ser tratadas como meros recursos que exigem um tratamento padronizado. As pessoas têm diferenças individuais que devem ser respeitadas e utilizadas em prol dos objetivos organizacionais a serem alcançados. Devem ser tratadas como talentos que possuem competências para agir e lidar com os recursos da empresa, ou como parceiros do negócio. Seja nas empresas industriais, seja nas focadas em serviços, os recursos organizacionais precisam ser utilizados e aplicados pelas pessoas – por meio de suas competências pessoais – para produzir em umas (indústrias) e operar em outras (serviços). E sempre de maneira eficiente e eficaz.

Produzir significa transformar determinados insumos em produtos ou serviços. Envolve a criação de um bem ou serviço para atender a uma necessidade da sociedade. Na verdade, produção é um conjunto de atividades que proporciona a conversão de um bem tangível em outro que tenha uma utilidade maior ou mais específica. Por outro lado, operar significa utilizar recursos e competências para oferecer serviços de elevada qualidade. Tanto produção (produtos) como operações (serviços) requerem recursos e competências para gerar resultados incomuns.

## O que significa administração da produção e operações?

A administração da produção e operações (AP) é a área da administração que utiliza os recursos físicos e materiais da empresa responsáveis pelo processo produtivo por intermédio de competências essenciais. Assim, é a AP que executa a produção ou as operações básicas da empresa. É por meio dela que a empresa extrai as matérias-primas ou as processa e transforma para conceber o produto acabado ou prestar serviços especializados ao mercado.

## Objetivos da AP

A AP precisa ser planejada para atender dois objetivos simultaneamente. Os dois objetivos da AP são alcançar eficiência e eficácia no processo produtivo. Aqui se volta mais uma vez aos conceitos, importantíssimos na AP, de eficiência e eficácia vistos anteriormente[5].

1. *Eficiência*: significa utilizar adequadamente os recursos empresariais. A eficiência com os meios, tais como: métodos, procedimentos, normas, programas, processos etc., reside basicamente em fazer coisas do modo correto, isto é, da melhor maneira possível. Eficiência significa realizar um trabalho magnífico em si; utilizar métodos e procedimentos adequados de trabalho, executar corretamente a tarefa, aplicar da melhor maneira possível os recursos da empresa.
2. *Eficácia*: está ligada aos fins, isto é, aos objetivos que a empresa pretende alcançar por meio de suas operações. Reside basicamente em fazer coisas que são importantes e relevantes para os resultados, ou seja, para os objetivos. Produzir com eficácia significa executar aquelas tarefas que são importantes para o negócio.

**Quadro 4.1** Eficiência e eficácia

| Eficiência | Eficácia |
|---|---|
| Relacionada com os meios | Relacionada com os fins |
| Depende de métodos e procedimentos | Refere-se a resultados a alcançar |
| Busca a melhor aplicação dos recursos | Busca o melhor alcance dos objetivos |
| Relacionada com a execução correta da tarefa | Busca a tarefa mais importante para o resultado |
| Exemplos de eficiência:<br>• Resolver problemas<br>• Fazer as coisas corretamente<br>• Jogar futebol com arte<br>• Orar todos os dias<br>• Dirigir bem e agilmente | Exemplos de eficácia:<br>• Atingir as metas<br>• Conquistar resultados<br>• Marcar gols e ganhar a partida<br>• Ganhar o céu<br>• Chegar rapidamente ao destino |

Fonte: Chiavenato (2004, p. 14).

5 CHIAVENATO, I. *Introdução à teoria geral da administração*. 7. ed. Rio de Janeiro: Elsevier/Campus, 2004, p. 13-4.

A AP busca fazer com que o processo produtivo seja eficiente e eficaz simultaneamente. Quando juntas, eficiência e eficácia recebem o nome de excelência. Mas como tudo nas empresas é muito relativo, em alguns casos a produção chega a ser eficiente, mas não alcança a necessária eficácia. Isso acontece quando a execução das tarefas é bem feita, mas não chega a atingir as metas de produção desejadas pela empresa. Outras vezes, a produção não é eficiente, mas se torna eficaz por se traduzir em bons resultados. Isso acontece quando as tarefas são realizadas de maneira precária, mas os resultados atingidos satisfazem as metas estabelecidas pela empresa.

### O ponto de partida

De início, é importante melhorar a eficiência. Dois aspectos são importantes para melhorá-la:

1. *Racionalização*: é a técnica que procura os métodos e processos mais adequados ao trabalho. Por meio da racionalização, pode-se desenhar um processo produtivo que seja mais rápido e eficiente, com menores custos de produção, redução de estoques, redução de trabalho na produção etc.

2. *Produtividade*: é uma decorrência da eficiência. Constitui uma relação ótima entre insumos e resultados, isto é, entre custos e benefícios, recursos aplicados e volume produzido. Uma máquina é mais produtiva que outra à medida que consegue produzir maior quantidade de peças no mesmo período. Um operário é mais produtivo que outro quando produz mais no mesmo período e utilizando os mesmos recursos de produção. Aumentar a produtividade significa aumentar a produção sem aumentar o volume de recursos necessários. A produtividade pode ser elevada por meio de racionalização, novas tecnologias, mecanização, treinamento do pessoal, melhor organização do trabalho etc. É a produtividade que permite alavancar a competitividade da empresa. Uma empresa é competitiva em relação às outras quando consegue elaborar produtos de melhor qualidade, maior utilidade e com custos menores. A competitividade é a melhor arma para a empresa enfrentar seus concorrentes e sobressair-se no mercado.

### A estrutura organizacional da AP

A AP busca alcançar o máximo aproveitamento dos recursos físicos e materiais da empresa, no sentido de buscar um sistema de produção eficiente e eficaz. Ela se estrutura de acordo com o sistema de produção adotado e com a tecnologia empregada, a fim de aproveitar a proximidade tanto dos recursos naturais como dos mercados consumidores. Assim, muitas indústrias possuem fábricas espalhadas por várias regiões para economizar transporte de matérias-primas ou para aproveitar a proximidade de funcionários. Muitas empresas possuem várias lojas, filiais ou agências bancárias, por exemplo, para garantir maior contato com clientes e usuários. Por tais motivos, a AP tem uma estrutura descentralizada para aproveitar a proximidade de parceiros, do mercado ou para obter vantagens estratégicas na busca de recursos. Em geral, seus órgãos componentes estão espalhados territorialmente para aproveitar vantagens e reduzir custos.

A AP pode envolver os seguintes componentes em sua estrutura organizacional:

1) *Desenvolvimentos do produto:* é a área que cuida do planejamento e desenvolvimento do produto, suas especificações, características de embalagem, adequação ao uso do consumidor etc. Recebe o nome de engenharia do produto quando o produto é tecnicamente complexo. Em empresas – como bancos, lojas de departamentos e a maioria das empresas prestadoras de serviços –, fica subordinada à área de marketing.

2) *Engenharia industrial*: é a área que cuida do arranjo físico e *layout*, processo produtivo, tempos e movimentos (estudos de eficiência do trabalho) etc. Nas empresas do ramo terciário, essas atividades estão concentradas no órgão de organização e métodos (O&M).

3) *Planejamento e controle da produção*: cuida de planejar e controlar a produção conforme a demanda e a capacidade produtiva da empresa.

4) *Produção propriamente dita, ou simplesmente manufatura*: é a área que cuida das operações de produção e, portanto, da transformação de matérias-primas em produtos acabados. Em empresas do ramo primário, é a área que cuida da extração ou prospecção da matéria-prima. Em empresas do ramo terciário, cuida da produção dos serviços e operações ao mercado.

5) *Administração de materiais*: envolve busca, aprovisionamento e abastecimento dos materiais e matérias-primas necessários à produção dos bens ou serviços da empresa. Inclui compras, suprimentos e logística de entrada ou de saída.

**6)** *Controle de qualidade*: cuida da inspeção dos P/S produzidos e dos processos produtivos para verificar sua adequação com as especificações da engenharia de produto.

**7)** *Manutenção*: cuida da preservação dos recursos físicos da empresa, isto é, dos prédios, das instalações, das máquinas e dos equipamentos para que estejam sempre disponíveis e em perfeito funcionamento.

Em empresas menores, muitas dessas atividades ficam restritas a um ou mais órgãos ou simplesmente atribuídas a especialistas, quando não são terceirizadas.

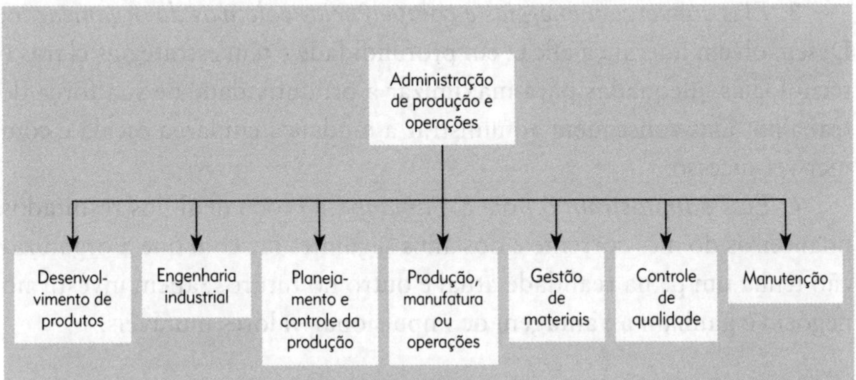


**Figura 4.2** Os principais componentes da AP.
Fonte: Chiavenato (2005a, p. 20).

## O foco na excelência[6]

O código genético das empresas de elevado desempenho se traduz em certas características culturais que lhes proporcionam habilidades superiores:

1. *Sabem antecipar e configurar mudanças nos valores dos clientes*: a centralidade no cliente é explícita no código genético das empresas de

---

[6] BREENE, T. Redefining high performance. *Outlook Journal*, oct. 2003. Disponível em: http://www.accenture.com/Global/Research_and_Insights/By_Subject/High_Performance_Business/RedefiningHighPerformance.htm.

elevado desempenho. Seu código genético cria uma cultura de intimidade com o cliente ao mesmo tempo reativa e ativa.

2. *Acelerado* insight *para ação*: as companhias de elevado desempenho são negócios derivados do *insight* para clientes. Seu mix de *insights* combina alta qualidade no *hard* de informação e no *soft* de inteligência escolhida e interpretada. Na execução, elas possuem boa estrutura de tomada de decisão, uma tendência para a ação e forte sentido de *timing*. Para elas, tempo é dinheiro. A autoridade para executar é bem distribuída. Elas abraçam o que se chama de tensão deliberada com forte ênfase na experimentação e na aprendizagem contínua por meio da experiência.

3. *Elas convergem energias e competências coletivas da organização*. Desenvolvem liderança eficaz em profundidade e têm estratégias claras e tecnologias adequadas para maximizar a produtividade de sua força de trabalho. Elas conseguem administrar a mudança em larga escala e com incrível sucesso.

4. *Elas administram o hoje e o amanhã*. O foco dual nos resultados financeiros do mês corrente e dos anos seguintes faz com que a organização tenha um pé na realidade atual e outro no futuro. Sabem investir no negócio e ganham a vantagem de impulsionar valores mutáveis.

## PRODUTO OU SERVIÇO

Toda empresa trabalha como uma totalidade para produzir algum produto ou prestar algum serviço ao mercado. O produto produzido ou o serviço prestado constitui o resultado final de todas as operações da empresa. Se apreciarmos a empresa como um sistema aberto, o produto/serviço (P/S) representa a principal saída ou resultado (*output*) do sistema.

O P/S representa aquilo que a empresa sabe fazer e produzir. Constitui a própria vocação da empresa. O P/S envolve todo o arsenal de conhecimentos e competências que a empresa consegue reunir, desenvolver e transformar em resultado de suas operações. Porém, raramente a empresa produz um único produto ou serviço. O que ocorre frequentemente é a produção de uma extensa linha de P/S para atender a uma gama enorme de necessidades do mercado e aproveitar as vantagens do esquema de produção e comercialização.

## Qualidade

A qualidade do P/S constitui o componente mais difícil de se definir ou comprovar. Deve-se distinguir entre qualidade intrínseca e qualidade extrínseca.

1. *Qualidade intrínseca* é a qualidade inerente ao P/S, isto é, aquela que existe objetiva e concretamente e que pode ser avaliada e mensurada por meio de padrões e especificações. A qualidade intrínseca é determinada pelo produtor do P/S.
2. *Qualidade extrínseca* é a qualidade que a pessoa subjetivamente percebe ou imagina. Ela é constituída pelos aspectos extrínsecos que cada pessoa acha que o P/S tem. A qualidade extrínseca é percebida pelo consumidor ou usuário do P/S.

Um elevado nível de qualidade intrínseca tem pouco valor se não for acompanhado de uma percepção subjetiva por parte do consumidor ou usuário.

### O que significa qualidade?

A palavra *qualidade* pode ter significados diferentes. Para um engenheiro, significa adequação a determinadas especificações do projeto ou padrões tomados como referência. Quanto maior a qualidade de um produto, tanto maior será sua aproximação dos padrões e especificações adotados. Para um estatístico, significa o menor desvio padrão em relação a uma determinada medida de referência, como a média ou mediana. A qualidade, então, é uma medida objetiva. No entanto, para uma dona de casa, qualidade significa atendimento a suas necessidades e solução de seus problemas. Para um leigo, significa a inexistência de qualquer problema no funcionamento do produto. Para um consumidor mais atento, significa algo que proporciona um retorno significativo do investimento feito na compra. Para algumas pessoas, qualidade significa estilo, sofisticação e excelência no produto ou serviço. O desafio está em atender a todos esses significados – objetivos e subjetivos – da melhor maneira possível. No fundo, qualidade está relacionada com a satisfação das necessidades proporcionadas pelo produto ou serviço. O produto funcionou a contento? O serviço resolveu os problemas? Se tudo for positivo, a qualidade foi alcançada. Nesse sentido, a qualidade é uma percepção subjetiva do cliente, que está na sua cabeça.

## Custo

Representa a soma dos encargos assumidos pela empresa para obter recursos (ou fatores de produção) utilizados na produção e na distribuição e entrega do P/S. Esses encargos vão desde a aquisição dos recursos físicos (máquinas, equipamentos, materiais, matérias-primas, tecnologia etc.) até sua conversão em P/S acabado e sua posterior colocação no mercado.

Assim, o custo de um P/S pode ser desdobrado em custo de produção e custo de distribuição (ou custo de comercialização). O custo de produção envolve custos diretos e indiretos.

1. *Custos diretos de produção*: são aqueles diretamente vinculados ao processo produtivo, a saber: matéria-prima e mão de obra direta.
2. *Custos indiretos de produção*: são aqueles indiretamente vinculados ao processo produtivo, a saber: salários dos supervisores (pessoal indireto), energia elétrica, aluguel etc.

Os custos de distribuição referem-se às despesas da administração de vendas, financeiras e da administração geral.

## Ciclo de vida do produto/serviço

Todo P/S tem um tempo estimado de vida no mercado: ele nasce, cresce, amadurece, envelhece e morre. Alguns P/S têm uma existência mais longa, enquanto outros permanecem durante pouco tempo no mercado. É o que chamamos de ciclo de vida de um P/S. O ciclo de vida está relacionado ao tempo em que um P/S consegue permanecer ativo no mercado. Sua vida pode ser definida em um ciclo composto por quatro fases: introdução, crescimento, maturidade e declínio.

1. *Introdução*: corresponde ao nascimento do P/S, isto é, quando ele é criado, desenvolvido e lançado no mercado. É a fase inicial de intro-

dução, em que produção e vendas são pequenas e crescem lentamente, pois o P/S ainda é desconhecido. É uma fase que traz despesas para a empresa assumidas como um investimento inicial para impulsionar o P/S no mercado.

2. *Crescimento:* é a segunda fase, na qual o mercado se familiariza com o P/S. Ocorre uma aceleração positiva nas vendas e, por consequência, na produção. O investimento efetuado na criação e desenvolvimento do P/S e na sua fase de lançamento começa a ser recuperado.
3. *Maturidade:* ocorre quando o P/S já penetrou no mercado e atinge um patamar elevado de vendas e produção. Quando o P/S atinge sua fase de maturidade, o mercado começa a ficar saturado e os concorrentes já estão lançando opções similares. Cada concorrente procura aumentar sua participação no mercado reinvestindo parte de seu lucro. É chamada de fase de saturação do P/S.
4. *Declínio:* é a fase em que vendas e produção começam a decair progressivamente. Os lucros diminuem e as empresas deixam de produzir o P/S, partindo para outras opções. É chamada de fase da obsolescência.

O ciclo de vida do P/S costuma ser representado por uma curva em forma de S, denominada curva do ciclo de vida, conforme a Figura 4.3.

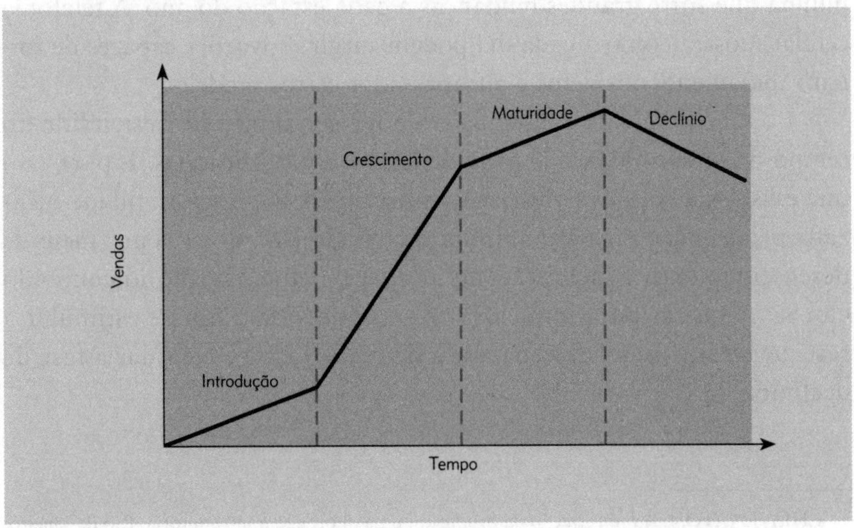


**Figura 4.3** A curva do ciclo de vida de um P/S.

A curva do ciclo de vida de um P/S tem aplicação prática pelas seguintes razões:[7]

1. No decorrer da fase de introdução, quando o P/S ainda não é bem conhecido e seu processo produtivo provoca surpresas, suas vendas ainda são pequenas e a produção é hesitante. Na fase de crescimento, reduz-se a incerteza sobre sua produção e procura-se aumentar a eficiência. É na fase de maturidade que a AP alcança seu melhor período, quando a produção do P/S já é bem conhecida e explorada e a eficiência atinge sua melhor marca. Na fase de declínio, já não vale mais a pena investir em eficiência, mas em melhoria, desenvolvimento ou inovação para buscar outros produtos que ocupem o lugar do velho.
2. O custo do P/S é mais elevado em sua fase de introdução. Na fase de crescimento, esse custo começa a baixar gradativamente até alcançar seu nível mais baixo, e na fase de maturidade, em função do seu volume de produção. A fase de declínio – por seu menor volume de produção – pode elevar sensivelmente o custo unitário do P/S.
3. O ciclo de vida de um P/S varia enormemente. Alguns apresentam um ciclo de vida extremamente longo no tempo, como no caso de automóveis, eletrodomésticos, serviços bancários, serviços hospitalares. Outros P/S apresentam um ciclo de vida rápido, como no caso da moda feminina que sofre grandes mudanças a cada estação do ano. A telefonia celular mostra como a cada dia podem surgir inovações capazes de tornar rapidamente obsoletos e ultrapassados certos modelos.
4. O ciclo de vida de alguns P/S pode ser alongado e estendido no tempo por meio de certas providências ou modificações. É para isso que existe a pesquisa e desenvolvimento (P&D), uma atividade utilizada pelas empresas para ampliar o ciclo de vida dos P/S por meio de desenvolvimento e melhorias no *design*, na embalagem, no conteúdo etc. São técnicas para influenciar o ciclo de vida a fim de estimular a fase de desenvolvimento, manter a de maturidade e retardar a fase de declínio.

---

[7] CHIAVENATO, I. *Administração da produção*: uma abordagem introdutória. Rio de Janeiro: Campus/Elsevier, 2005a, p. 39-40.

### Inovação

A inovação está relacionada com novidades: fazer produtos ou serviços diferentes daqueles que já existem. Mas a inovação não reside apenas em uma nova configuração de P/S. Ela também pode residir na maneira de produzir tais P/S. Isso significa inovar em termos de processos ou métodos de trabalho. Quando a concorrência é muito forte, as empresas procuram reduzir o período de lançamento do P/S para impactar os concorrentes e sair na frente deles. Reduzir o tempo de projeto e produção. A Toyota reduziu o ciclo de criação e lançamento de um modelo novo de carro para menos de dois anos, enquanto as indústrias norte-americanas ainda demoram o dobro do tempo. Essa rapidez faz com que a empresa tome a iniciativa da inovação e faz com que os concorrentes fiquem na lanterninha, procurando entender como a empresa está inovando e mudando conceitos e regras. Essa é a diferença entre as empresas líderes e empresas seguidoras. Aquelas acabam por serem adotadas como *benchmarks*, ou seja, como referências ou modelos para serem copiados e imitados pelas outras empresas.

## MODELOS DE PRODUÇÃO

Os modelos de produção aqui apresentados se referem à produção de produtos em indústrias (empresas secundárias)[8]. Seja, por exemplo, uma indústria de tecidos. Para seu funcionamento, concorrem vários sistemas: financeiro, marketing, humano e de produção. Seu sistema de produção é constituído de vários subsistemas (ou seções), como na Figura 4.4.

No sistema de produção apresentado na Figura 4.4, cada subsistema tem suas entradas e saídas de tal modo que as saídas de um subsistema constituem as entradas do subsistema seguinte, e assim por diante. Há uma forte interdependência entre os diversos subsistemas, fazendo com que cada um dependa do outro para funcionar. À medida que a matéria-prima caminha de uma seção para a outra, ela é acrescida do resultado do seu trabalho. É o que chamamos cadeia de valor.

---

[8] Este capítulo está fortemente baseado em: CHIAVENATO, I. *Administração da produção*: uma abordagem introdutória. Rio de Janeiro: Elsevier/Campus, 2005a.

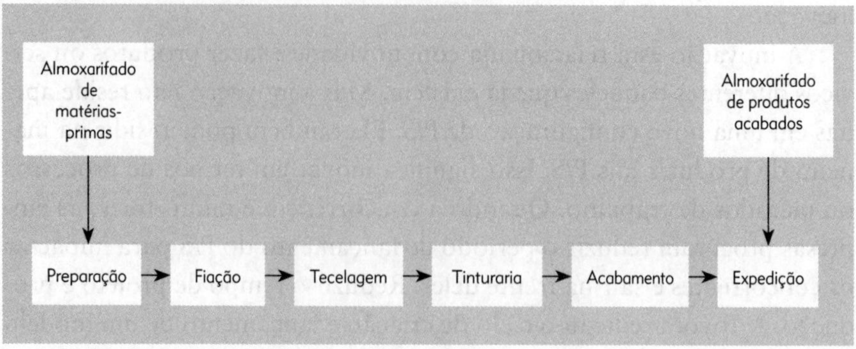


**Figura 4.4** O sistema de produção de uma indústria têxtil.

Da mesma forma, há uma interdependência entre os diversos sistemas. A empresa – como um sistema – depende de vários fornecedores para garantir suas entradas e também dos clientes e consumidores para garantir suas saídas.

Doravante focalizaremos a produção – e não mais a empresa – como um sistema em operação. Cada empresa adota um sistema de produção para realizar suas operações e produzir seus P/S da melhor maneira possível e, com isso, garantir sua eficiência e eficácia. O sistema de produção é a maneira pela qual a empresa organiza seus órgãos e realiza suas operações de produção, adotando uma interdependência lógica entre todas as etapas do processo produtivo, desde o momento em que os materiais e as matérias-primas saem do almoxarifado até chegarem ao depósito como produto acabado, conforme a Figura 4.5.

Entradas e insumos vêm dos fornecedores e ingressam na empresa por meio do almoxarifado de materiais e matérias-primas, sendo ali es-

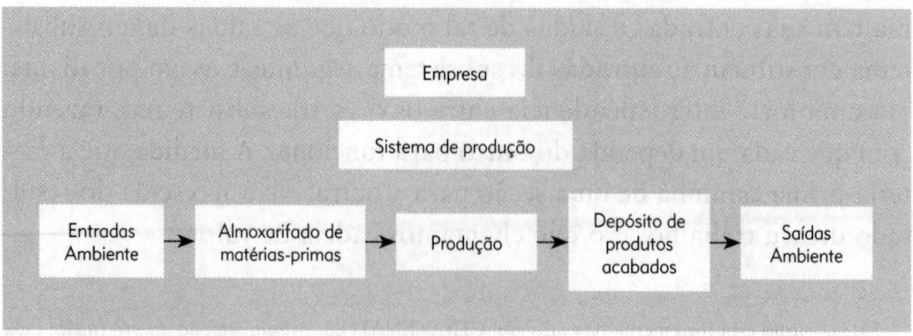


**Figura 4.5** As interdependências do almoxarifado, produção e depósito.

tocados até sua eventual utilização pela produção. A produção processa e transforma os materiais e matérias-primas em produtos acabados para serem estocados no depósito até a sua entrega aos clientes e consumidores. Essa interdependência entre almoxarifado, produção e depósito faz com que qualquer alteração em um deles provoque influências sobre os demais, como se fossem vasos comunicantes.

Existem três tipos de sistemas de produção: sob encomenda, em lotes e contínua. Vejamos cada um deles detalhadamente.

## Sistema de produção sob encomenda

É utilizado por empresas que produzem somente após ter recebido o pedido ou a encomenda de seus produtos. Apenas após o contrato ou encomenda de um determinado produto é que a empresa vai produzi-lo para o cliente. Em primeiro lugar, a empresa oferece o produto ou serviço ao mercado. Quando recebe o pedido ou contrato de compra é que ela se prepara para produzir. Então, o plano oferecido para a cotação do cliente – como o orçamento preliminar ou a cotação para a concorrência pública ou particular – é utilizado para planejar o trabalho a fim de atendê-lo. Esse planejamento envolve os seguintes aspectos[9]:

1. *Relação das matérias-primas necessárias*: envolve todos os materiais e matérias-primas para executar o trabalho encomendado.

**Quadro 4.2** A interdependência entre os três subsistemas

| Subsistemas | Função principal |
|---|---|
| Almoxarifado de matérias-primas | Recebe e estoca matérias-primas e as fornece à produção |
| Produção | Transforma as matérias-primas |
| Depósito de produtos acabados | Estoca os produtos acabados e os fornece aos clientes |

[9] CHIAVENATO, I. *Administração da produção*: uma abordagem introdutória. Rio de Janeiro: Campus/Elsevier, 2005a, p. 53.

2. *Relação da mão de obra*: envolve o pessoal que vai executar o trabalho a ser realizado dividido em número de horas para cada funcionário.
3. *Processo de produção*: um plano detalhado da sequência cronológica, indicando quando cada tipo de mão de obra ou cada tipo de máquina deve trabalhar e quando cada tipo de material ou matéria-prima deve estar disponível para ser utilizado no trabalho.

O exemplo mais simples de produção sob encomenda é o da oficina ou produção unitária. Trata-se do sistema no qual a produção é feita por unidades ou por pequenas quantidades – cada produto ao seu tempo –, sendo modificado na medida em que o trabalho é realizado. O processo de produção é pouco padronizado e pouco automatizado. A produção envolve operações de mão de obra intensiva – muita mão de obra e atividade artesanal – e os operários utilizam uma variedade de ferramentas e instrumentos. É o caso da produção de navios, geradores e motores de grande porte, aviões, locomotivas, construção civil e industrial, confecções sob medida etc. É a encomenda ou o pedido feito que vai definir como a produção deverá ser planejada e controlada.

As principais características do sistema de produção por encomenda são[10]:

1. *Cada produto é único e específico*: cada produto é singular e de grande tamanho e complexidade, o que demanda tempo para sua construção, como no caso de navios, edifícios, fábricas etc., pois possuem características exclusivas solicitadas pelo cliente. Cada pedido ou contrato é considerado um produto específico, o que exige a identidade do produto ao longo de toda a produção.
2. *Para cada produto é necessária uma variedade de máquinas e equipamentos*: a construção do produto exige uma variedade de máquinas universais, dispositivos de transporte e equipamentos, bem como uma oficina-base na qual são manufaturadas as partes daquilo que será o produto final. A oficina no caso da construção de navios é o pátio de construção. Na construção civil é o canteiro de obras; na agência de propaganda é a equipe de

[10] CHIAVENATO, I. *Administração da produção*: uma abordagem introdutória. Rio de Janeiro: Campus/Elsevier, 2005a, p. 54-5.

trabalho que atende a uma determinada empresa; em um hospital, uma equipe médica que atende a um determinado paciente.

3. *Cada produto exige uma variedade de operários especializados*: a produção requer vários tipos de operários especializados para executar cada uma das partes que compõem o produto final. Há uma demanda fluente de mão de obra especializada no local em que o trabalho será realizado: eletricistas, soldadores, carpinteiros, marceneiros, encanadores, ferramenteiros, torneiros mecânicos etc. nem sempre têm serviço constante. O mesmo ocorre com a equipe de propaganda ou com a equipe de médicos.

4. *Cada produto tem uma data definida de entrega*: depende de que se programe a entrega conforme os pedidos individuais, o que significa um compromisso de produção. As datas devem ser atendidas para que o produto seja entregue ao cliente conforme os prazos por ele solicitados.

5. *É difícil fazer previsões de produção*, pois cada produto exige um trabalho complexo, demorado e diferente dos demais produtos. Cada produto exige um plano de produção específico.

6. *Requer administradores e especialistas competentes como supervisores de oficina-base e capazes de assumir sozinhos todas as atividades de cada contrato ou pedido*. A eficiente construção do edifício depende da habilidade do engenheiro de obras, assim como o atendimento do cliente depende do médico-chefe da equipe hospitalar. É vital que o plano de produção seja bem compreendido pelos especialistas que irão executá-lo.

## Sistema de produção em lotes

É o sistema utilizado por empresas que produzem uma quantidade limitada (lote de produção) de um tipo de produto de cada vez. Cada lote é dimensionado para atender a um determinado volume de vendas previsto para um determinado período. Terminado um lote, a empresa inicia a produção de outro lote, e assim por diante. Cada lote recebe uma identificação, como número ou código. E cada lote exige um plano de produção específico. Na produção em lotes, o plano de produção é feito antecipadamente e a empresa aproveita melhor seus recursos com maior grau de liberdade. Podem ser processados vários lotes de produção simultânea e, paralelamente, alguns no início, outros no meio, enquanto outros se findam. Os operários trabalham em linhas de montagem ou operando máquinas para desempenhar uma ou mais operações sobre o produto. Requer máquinas operadas pelo homem e linhas de produção ou de montagens padronizadas. É um sistema utilizado por indústrias têxteis, de cerâmica, eletrodomésticos, motores elétricos, brinquedos etc.

As principais características do sistema de produção em lotes são[11]:

1. *A fábrica pode produzir produtos com diferentes características*. Uma indústria têxtil é capaz de produzir uma extensa variedade de tecidos com diferentes padronagens e características. Cada tipo de tecido é produzido em um lote de produção, e, após o termino deste, sua produção é interrompida para a entrada de um lote seguinte que deverá ser de um tecido diferente. O tecido anterior poderá ou não voltar a ser produzido em algum lote futuro.

2. *As máquinas são agrupadas em baterias do mesmo tipo*. O trabalho passa de uma bateria para a outra em lotes de produção intermitentemente. Cada bateria de máquinas constitui um departamento ou seção. Em geral, ocorre falta de equilíbrio na capacidade de produção de diferentes departamentos envolvidos, pois cada departamento tem uma capacidade de produção que nem sempre é igual a dos demais. O plano de produção deve levar em conta esse desequilíbrio, programando turnos de trabalho diferentes para compensá-los por meio de diferentes números de horas trabalhadas – quando a limitação é constituída pelo fator mão de obra – para regularizar ou homogeneizar o processo produtivo como um todo.

3. Em cada lote de produção, as máquinas e ferramentas devem ser modificadas, adaptadas e arranjadas para atender aos diferentes produtos.

4. A produção em lotes permite uma utilização regular e plana da mão de obra sem grandes picos de produção.

5. A produção em lotes exige grandes áreas de estocagem de produtos acabados e grande estoque de materiais em processamento ou em vias.

6. A produção em lotes impõe a necessidade de um plano de produção bem feito e capaz de integrar novos lotes de produção à medida que outros sejam completados. Em outros termos, o plano de produção deve

[11] CHIAVENATO, I. *Administração da produção*: uma abordagem introdutória. Rio de Janeiro: Campus/Elsevier, 2005a, p. 56.

ser constantemente replanejado e atualizado. No fundo, o sucesso do processo produtivo depende diretamente do plano de produção.

## Sistema de produção contínua

O sistema de produção contínua é utilizado por empresas que produzem um determinado produto sem modificações por longo período. O ritmo de produção é acelerado e as operações são executadas sem interrupção ou mudança. Como o produto é sempre o mesmo, o processo produtivo não sofre mudanças e o sistema pode ser aperfeiçoado continuamente. É o caso das indústrias fabricantes de automóveis, papel e celulose, cimento, eletrodomésticos (como geladeiras, máquinas de lavar roupa, secadoras etc.), enfim, produtos que são mantidos em linha durante muito tempo e sem grandes modificações.

A produção contínua é possível quando o número de máquinas necessárias para produzir o artigo final na taxa de tempo exigida excede o número de operações detalhadas para a produção de cada produto. O plano de produção coloca cada processo produtivo em sequência linear para que o material de produção se movimente de uma máquina para a outra continuamente e, para que, quando completado, seja transportado ao ponto onde ele é necessário para a montagem do produto final. O plano de produção é feito antecipadamente e pode cobrir o período mensal ou anual, explorando ao máximo as possibilidades dos recursos da empresa e proporcionando condições ideais de eficiência e eficácia.

As principais características do sistema de produção contínua são[12]:

1. O produto é mantido em produção durante longo período sem modificações. O produto é rigidamente especificado em suas características e o processo produtivo é estabelecido em detalhes, o que permite planejar no longo prazo todos os materiais necessários e a mão de obra envolvida.
2. A produção contínua facilita o planejamento detalhado e permite assegurar a matéria-prima necessária na quantidade suficiente e no tempo previsto.

---

12 CHIAVENATO, I. *Adminsitração da produção*: uma abordagem introdutória. Rio de Janeiro: Campus/Elsevier, 2005a, p. 57.

3. A produção contínua exige máquinas e ferramentas especializadas e dispostas em formação linear e sequencial para a produção de cada componente do produto final. Isso assegura alto grau de padronização de máquinas e ferramentas, de matérias-primas e materiais e de métodos e processos de trabalho.
4. Como a produção contínua é programada para longos períodos, ela permite dividir operações de montagem com a quantidade exata de trabalho para cada operário, com base no tempo padrão e no ciclo de produção. Pode-se estabelecer o número de homens/horas de trabalho para cada operação ou produto.
5. Como o produto é produzido em enormes quantidades ao longo do tempo, a produção contínua permite que despesas e investimentos em equipamentos, gabaritos, moldes, ferramental e dispositivos de produção sejam depreciados (recuperados contabilmente) dentro de um período mais longo, proporcionando economia nos custos de produção.
6. A produção contínua facilita as ações corretivas para resolver rapidamente qualquer problema de paralisação no processo de produção, seja por falta de material ou mão de obra, seja por manutenção de máquina. Ela facilita a verificação diária do rendimento de produção em todos os pontos do processo produtivo e permite que se faça um inventário regular dos materiais em processamento ou disponíveis em estoque no almoxarifado.
7. O sucesso do sistema de produção contínua depende do planejamento detalhado que deve ser feito antes da produção iniciar um novo produto.

## Comparativo dos três sistemas de produção

O sistema de produção utilizado pela empresa é uma função dependente do produto. O tipo de produto é que determina o sistema de produção que a empresa deve utilizar. Se o produto é específico ou de grande porte e depende da encomenda do cliente, o sistema será a produção sob encomenda. Se há uma variedade de produtos que entram e saem de produção e a empresa os vende somente após estocá-los, o sistema será a produção em lotes. Se há um ou mais produtos que permanecem no longo prazo em produção e a empresa somente os vende após estocá-los, o sistema adotado será o de produção contínua.

A empresa tem um limitado grau de liberdade para escolher seu sistema de produção. A tecnologia adotada nem sempre é suficientemente flexível para permitir grandes mudanças. Algumas empresas apresentam misturas desses três sistemas de produção com dosagens que variam enormemente.

Cada um dos três sistemas de produção funciona de maneira diferente, a saber:

**Quadro 4.3** Os três sistemas de produção: suas entradas e saídas

| SUBSISTEMAS | ALMOXARIFADO DE MATÉRIAS-PRIMAS | PRODUÇÃO | DEPÓSITO DE PRODUTOS ACABADOS |
|---|---|---|---|
| PRODUÇÃO POR ENCOMENDA | Nenhum estoque prévio. O estoque é planejado somente após receber o pedido. | A produção é planejada somente após receber o pedido ou encomenda. | Não há necessidade de controle de produtos em cada encomenda. |
| PRODUÇÃO EM LOTES | O estoque é planejado em função de cada lote de produção. | A produção é planejada em função de cada lote de produção. | O estoque é planejado em função de cada lote de produção. |
| PRODUÇÃO CONTÍNUA | O estoque é planejado e programado para o período mensal ou anual. | A produção é planejada e programada para o período mensal ou anual. | O estoque é planejado e programado para o período mensal ou anual. |

Fonte: Chiavenato (2005a, p. 59).

## A abordagem japonesa

A indústria japonesa assimilou os ensinamentos de dois gurus da qualidade – Deming e Juran – e passou a desenvolver uma série de inovações que proporcionaram um enorme impulso, abrindo as portas de novos mercados a partir da década de 1990. As principais contribuições japonesas são:

### *Kaizen*

*Kaizen* (do japonês *kai*, modificar; e *zen*, para melhor) é um conceito introduzido por Masaaki Imai e está intimamente associado à melhoria contínua. Trata-se de uma filosofia de trabalho que incentiva uma cultura de excelência com foco na eliminação de perdas e erros. Reúne dois aspectos importantes: a preocupação de mudar para melhor e manter a continuidade desse esforço traduzido em ações permanentes de mudança. Mudar e sempre. Todo dia e toda hora, deve estar presente tal preocupação. O *kaizen* é uma mudança organizacional que ocorre de baixo para cima, isto é, do chão da fábrica para os níveis hierárquicos mais altos. O aperfeiçoamento continuado se traduz em:

1. Questionar tudo o que se faz. Avaliação crítica de toda atividade.
2. Evitar ideias preconcebidas, convencionais e definitivas. Tudo pode e deve ser melhorado e aperfeiçoado.
3. Fazer melhorias sempre e sempre. A verdadeira perfeição somente se atinge com passos gradativos de melhoria.
4. Localizar erros e distorções e corrigi-los imediatamente. O *kaizen* focaliza o aqui e agora.
5. Verificar o porquê e procurar localizar as causas dos problemas.
6. Trabalhar em equipe. Duas cabeças pensam mais que uma. Quatro, mais que duas. Mas não exagere. Muitas cabeças podem atrasar a solução do problema.

### Controle estatístico da qualidade

O Controle Estatístico da Qualidade (CEQ) – ou *Statistical Quality Control* (SQC) – partiu da ideia de aplicar metodologia estatística na inspeção de qualidade, a seguir ao controle estatístico de qualidade, chegando à qualidade assegurada, a fim de obter conformidade com as especificações e proporcionar alto grau de confiabilidade, durabilidade e desempenho nos produtos[13]. O CEQ é baseado nas técnicas para determinar quando os erros na produção ultrapassam os limites de tolerância, quando, então, a ação corretiva torna-se necessária. As ideias de Deming conduziram ao conceito de melhoria contínua, uma filosofia calcada em um sistema administrativo feito para reduzir perdas e incrementar ganhos de maneira crescente e incessante. O objetivo do CEQ é localizar desvios, erros, falhas e defeitos no processo produtivo, comparando o desempenho atual com o padrão estabelecido.

---

[13] DEMING, W. E. *Qualidade*: a revolução da administração. São Paulo: Saraiva, 1990.

## Qualidade Total

Enquanto o CEQ é aplicável apenas no nível operacional – e, de preferência, na área de produção e manufatura –, a Qualidade Total (CTQ) – ou *Total Quality Management* (TQM) – estende o conceito de qualidade a toda a organização, desde o nível operacional até o nível institucional, abrangendo todo o pessoal de escritório e do chão da fábrica em um envolvimento total[14]. O CTQ envolve também a rede de fornecedores, indo até o cliente final.

O CTQ apresenta as seguintes vantagens: redução de desperdícios, diminuição dos ciclos de tempo e dos tempos de resultados e melhoria da qualidade dos resultados (P/S).

Ao lado da quantidade, a qualidade sempre foi um aspecto importante da produção. A abordagem japonesa da qualidade se apoia em três princípios:[15]

a) *Qualidade é construída e não apenas inspecionada*. Não se trata apenas de corrigir erros ou desvios, mas, antes de tudo, de melhorar e aperfeiçoar para evitar e prevenir futuros erros ou desvios.

**Quadro 4.4** Os processos para administrar a qualidade

| Planejamento da qualidade | Controle de qualidade | Melhoria da qualidade |
|---|---|---|
| – Definir objetivos de qualidade<br>– Identificar os clientes<br>– Aprender com as necessidades dos clientes<br>– Desenvolver requisitos dos produtos<br>– Desenvolver requisitos dos processos<br>– Definir controles de processo e transferi-los para a produção | – Escolher itens de controle<br>– Escolher métricas de medição<br>– Definir objetivos<br>– Criar sensores de desvios<br>– Medir o desempenho atual<br>– Interpretar a diferença<br>– Tomar ação corretiva sobre os desvios | – Satisfazer as necessidades<br>– Identificar projetos<br>– Organizar equipes de projeto<br>– Diagnosticar as causas<br>– Proporcionar remédios que sejam eficazes<br>– Lidar com a resistência à mudança<br>– Controlar para garantir os ganhos |

Fonte: Juran et al. (1994, p. 9).

---

14 Os seguintes livros tratam do CQT:
MIRSHAWKA, V. *A implantação da qualidade e da produtividade pelo método do Dr. Deming*. São Paulo: Makron Books, 1991.
BERGAMO FILHO, V. *Gerência econômica da qualidade através do TQC*. São Paulo: Makron Books, 1991.
CROSBY, P. *Qualidade*: falando sério. São Paulo: Makron Books, 1991.

15 CHIAVENATO, I. *Introdução à teoria geral da administração*. 7. ed. Rio de Janeiro: Elsevier/Campus, 2004, p. 462.

b) *A melhoria da qualidade economiza dinheiro.* Se a qualidade é vista como resultado da inspeção, então a qualidade custa dinheiro. Mas se a qualidade melhora porque a organização aperfeiçoa o desenho do produto e do processo produtivo, a organização reduz o desperdício e as rejeições, economiza dinheiro na produção e aumenta a satisfação do cliente. Portanto, a qualidade produz riqueza.

c) *A qualidade repousa no princípio da melhoria contínua* (*kaizen*) através de melhorias incrementais nos produtos e processos. O conceito de defeito zero define o nível aceitável de defeitos. Isso significa que a qualidade deve ser continuamente melhorada.

Ambos, o CEQ e o CTQ, constituem abordagens incrementais para se obter excelência em qualidade dos produtos e processos e redução de custos.

### *Housekeeping*

É um conceito relacionado com limpeza da casa. O ambiente de trabalho deve ser agradável, limpo, higiênico e saudável. Todo programa de qualidade começa com a mudança de hábitos das pessoas com relação a limpeza, asseio, organização e ordem no local de trabalho. Essa atividade não é exclusiva de faxineiros, mas de todas as pessoas na empresa. Padrões de limpeza estão intimamente associados com atitudes gerenciais e padrões de comportamento. O *housekeeping* requer um método de uso sistemático que os japoneses denominam como 5S, a saber[16]:

1. *Seiri* (simplificação e liberação de áreas): significa separar o essencial e desfazer-se de tudo o que seja desnecessário para o trabalho. Guardar ou armazenar qualquer coisa desnecessária significa estoques que ocupam espaço físico que custa dinheiro, armários e gavetas para guardar coisas que não têm proveito e que atrapalham a vida das pessoas e a da empresa.
2. *Seiton* (organização): significa dispor as coisas essenciais de maneira organizada para serem localizadas com facilidade. Tudo deve ter um lugar definido, e o que for mais utilizado deve estar mais disponível.

[16] CHIAVENATO, I. *Administração da produção*: uma abordagem introdutória. Rio de Janeiro: Elsevier/Campus, 2005a, p. 63.

3. *Seiso* (limpeza): significa manter limpo o local de trabalho e as máquinas e utensílios de maneira regular e constante. A segurança é melhorada quando as condições inseguras de trabalho – como sujeira, fumaça, barulho, itens quebrados, material supérfluo – são removidas com a limpeza, o que melhora o ambiente de trabalho.
4. *Seikeetsu* (padronização, asseio e arrumação): significa ter hábitos arraigados de aplicar os 3S anteriores. Os 3S anteriores se referem a tarefas a executar, ao passo que este se refere a fazer da limpeza e da verificação uma prática rotineira.
5. *Shitsuke* (disciplina e apoio): é o coroamento dos demais *S* de maneira que o processo se torne contínuo e interminável. Significa usar de maneira disciplinada os equipamentos proporcionados pela empresa, como crachás, uniformes, equipamentos de proteção, instrumentos de trabalho, bem como manter asseado e limpo o local de trabalho.

Qualquer empresa pode utilizar os 5S, já que buscam melhorar não apenas o local físico de trabalho, mas, inclusive, o ambiente psicológico de trabalho.

### *Kanban*

O *kanban* (do japonês; marcador, cartão, sinal ou placa) é um dispositivo que serve para controlar a ordem das atividades em um processo sequencial. Seu objetivo é indicar a necessidade de mais material e assegurar que ele seja entregue a tempo de garantir a continuidade da execução da atividade. O *kanban* é um sistema de controle físico e visual que consiste em cartões e contêineres. Existem dois tipos de cartões que podem ser de papel, metal ou plástico: o cartão de produção (CP) para autorizar a produção e o cartão de movimentação ou transporte (CT) para identificar peças em movimentação.

### *Just in time* (JIT)

É um sistema de produção destinado a agilizar a resposta da produção às demandas do cliente por meio da eliminação do desperdício e do aumento da produtividade. O objetivo é produzir exatamente aquilo que é necessário para satisfazer a demanda atual – nem mais, nem menos. O sistema utiliza os materiais exatamente requeridos para atender aos requisitos de produção, o que proporciona uma incrível redução de níveis de estoques, altos níveis de qualidade e tempos mais curtos de manufatura. O JIT requer coordenação da programação da produção e saídas livres de defeitos em cada estágio do processo para que o sistema tenha apenas estoques pequenos em vias. Todas as pessoas – inclusive fornecedores – são envolvidas e compromissadas com o sistema. O objetivo é responder prontamente às demandas e necessidades do cliente pela redução contínua do tempo de manufatura por meio de melhorias incrementais no sistema[17]. Toda atividade que consome recursos e não agrega valor é considerada desperdício. O combate ao desperdício é a base do sistema. O JIT se baseia nos seguintes aspectos[18]:

1. *Plano mestre*: elaborado em função da demanda diária com horizonte de 1 a 3 meses para permitir que cada posto de trabalho, bem como os fornecedores externos, planejem seus trabalhos.
2. *Redução dos tempos de preparação*: para produzir lotes ideais. Tempos de preparação baixos permitem menores estoques, menores lotes de produção e ciclos mais rápidos.
3. *Trabalho em equipe*: menores lotes e mudanças rápidas requerem pessoas capacitadas que trabalhem em conjunto. Cada operador é multifuncional e deve fazer a preparação, manutenções de rotina e pequenos reparos na máquina para alcançar mudanças rápidas e pequenos lotes, pois não há estoques disponíveis para atender problemas no sistema. Tudo deve funcionar como um relógio.
4. *Kanban*: o JIT utiliza os cartões do *kanban*.
5. *Layout*: não há almoxarifados e o estoque é baixo para manter o processo produtivo por poucas horas e deve ficar entre as estações de trabalho e em local aberto para facilitar seu uso nas estações seguintes. Há forte redução do espaço necessário.
6. *Qualidade*: é fundamental. O sistema focaliza erros e não os encobre com estoques sobressalentes. Todo defeito é um desperdício e pode provocar parada, pois não há estoques para cobrir erros.

---

[17] SHINGO, S. *A revolution in manufacturing*: the SMED system. Stanford: Productivity Press, 1985.

[18] MARTINS, P. G.; LAUGENI, F. P. *Administração da produção*. São Paulo: Saraiva, 2005, p. 404-6.

7. *Fornecedores*: são integrados ao sistema produtivo e funcionam como parceiros que atuam diretamente na linha de produção. Fazem entregas pequenas, frequentes e com qualidade assegurada.

O JIT conduz ao conceito de fábrica enxuta, isto é, sistema de manufatura ou serviço dimensionado exatamente para as operações atuais, sem gorduras ou acréscimos desnecessários. É mais indicado para produção repetitiva e contínua, uma vez que se baseia em um plano mestre estável e permanente.

### Os 10 mandamentos do JIT

Martins e Laugeni apresentam em seu livro os dez mandamentos do JIT[19]:

1. Jogue fora métodos de produção que sejam velhos e ultrapassados.
2. Pense em maneiras de fazê-lo funcionar e não por que ele não irá funcionar.
3. Trabalhe com as condições existentes – não procure desculpas.
4. Não espere a perfeição – 50% está muito bom no começo.
5. Corrija imediatamente qualquer erro que surja pela frente.
6. Não gaste muito dinheiro em melhorias.
7. A sabedoria nasce das dificuldades.
8. Pergunte "por que" pelo menos cinco vezes até que encontre a verdadeira causa de qualquer erro.
9. É melhor a sabedoria de dez pessoas que o conhecimento de apenas uma.
11. As melhorias são ilimitadas.

## A reação norte-americana

A concorrência japonesa levou à lona grandes empresas norte-americanas, principalmente do ramo automotivo. Apesar da demora, os norte-americanos reagiram às inovações japonesas no campo da produção.

---

[19] MARTINS, P. G.; LAUGENI, F. P. *Administração da produção*. São Paulo: Saraiva, 2005, p. 404-6.

A partir da década de 1980, surgiram novos conceitos como resposta à competição oriental, a saber[20]:

1. Downsizing *ou enxugamento*: não constitui um sistema de produção, mas uma ferramenta para reduzir e enxugar a estrutura organizacional e os processos produtivos. *Downsizing* significa enxugar, cortar gorduras, reduzir tamanho e dimensões e tornar as coisas mais simples. O *downsizing* significa cortar etapas desnecessárias de produção, encurtar ciclos produtivos ou eliminar aqueles que agregam pouco valor ou, então, reduzir níveis hierárquicos para aproximar a base da cúpula da empresa.
2. *Reengenharia*: como o próprio nome sugere, a reengenharia representa um redesenho fundamental e drástico dos processos do negócio para melhorar custo, qualidade, serviço e velocidade. A reengenharia descarta estruturas, processos e sistemas existentes e procura reinventá-los de maneira completamente diferente.

A reengenharia apresenta aspectos comuns com a qualidade total, pois ambas reconhecem a importância dos processos organizacionais e enfatizam as necessidades do cliente, mas uma diferença entre ambas é significativa. Os programas de qualidade funcionam a partir dos processos existentes na organização e procuram melhorá-los ou incrementá-los gradativamente por meio da melhoria contínua. A reengenharia busca o desempenho excelente descartando os processos existentes e partindo para outros inteiramente novos e diferentes[21].

3. Benchmarking: é uma metodologia para analisar sistematicamente as práticas administrativas utilizadas por empresas que concorrem direta ou indiretamente e que são líderes em seus respectivos mercados. Constitui um processo de estudo e comparação das operações de uma área ou organização em relação a outras áreas ou concorrentes diretos e indiretos. Quase sempre se escolhe uma empresa líder ou de classe mundial para ser analisada e estudada em suas práticas e processos produtivos excelentes.

---

[20] CHIAVENATO, I. *Administração da produção*: uma abordagem introdutória. Rio de Janeiro: Campus/Elsevier, 2005a, p. 64-9.

[21] HAMMER, M.; CHAMPY, J. "Reengineering: the path to change". In: Reengineering the corporation: a manifesto for business revolution. Nova York: HarperBusiness, 1993, p. 31-49. Vide: HAMMER, M.; CHAMPY, J. *Reengenharia*. Rio de Janeiro. Campus, 1985.

É a pedagogia da imitação, mas *benchmarking* não é só cópia daquilo que se faz melhor no mercado, é também aprendizado e constante superação.

4. *Six-sigma*: sigma é uma medida de variação estatística que se refere à frequência com que determinada operação de um processo produtivo utiliza mais que os recursos mínimos para satisfazer o cliente. A maioria das organizações está no nível 4-sigma, o que significa mais de 6 mil defeitos em cada 1 milhão de oportunidades. Isso representa 6 mil produtos defeituosos em cada 1 milhão de produtos fabricados. Uma organização que está no nível 6-sigma registra apenas três defeitos em cada 1 milhão. Isso se traduz em uma vantagem de custos e faz com que sobrem recursos a serem aplicados nos processos de diferenciação de uma empresa 6-sigma das demais. O programa 6-sigma utiliza um conjunto de técnicas em um metódico processo para atingir metas definidas. Com o 6-sigma já não se busca qualidade pela qualidade, mas o aperfeiçoamento de todos os processos da empresa. Na prática, o 6-sigma diferencia-se da qualidade total em quatro aspectos básicos[22]:

a) *Maior amplitude da aplicação*: o TQM é aplicado dentro da área de produção e manufatura e não em projeto, finanças etc. O 6-sigma é aplicado na organização toda. A Motorola afixa boletins de tempo de ciclo, dados de defeitos e metas de melhoria nos refeitórios e banheiros.

b) *Estrutura de implementação mais simples*: os faixas-pretas dedicam-se inteiramente à mudança e ficam fora das atividades cotidianas. A administração é premiada ou punida pela melhoria dos negócios.

c) *Ferramentas mais profundas*: além das ferramentas do TQM, o 6-sigma se aprofunda para descrever a situação atual e prever o futuro. Há forte dose de estatística aplicada e uma melhor compreensão de como os processos se comportam, um *software* para auxiliar e um mapa para a aplicação das ferramentas que permite esclarecer os problemas e melhorar sua solução.

d) *Forte vinculação com a saúde financeira dos negócios*: o 6-sigma aborda os objetivos da empresa e certifica-se de que todas as

[22] CHIAVENATO, I. *Introdução à teoria geral da administração*. 7. ed. Rio de Janeiro: Campus/Elsevier, 2004, p. 69.

áreas-chave para a saúde futura da empresa contenham mensurações quantificáveis em relação às metas de melhoria e planos de aplicação detalhados. Quantifica o que é necessário para atingir os objetivos financeiros da organização.

O 6-sigma busca a eficácia em três dimensões[23]:

a) *Redução do desperdício*: por meio do conceito de empreendimento enxuto (*lean enterprise*), redução do ciclo de tempo ou, ainda, eliminação do desperdício do sistema ou de coisas sem valor para o cliente, imprimindo velocidade à empresa.

b) *Redução dos defeitos*: é o 6-sigma em si.

c) *Envolvimento das pessoas*: estas devem trabalhar em equipes, de maneira conjunta e integrada e totalmente envolvidas com as metas de melhoria.

5. *Células de produção*: constitui uma equipe que trabalha de maneira integrada e coordenada por meio de estações de trabalho (*workstations*). Cada célula de produção é constituída de pessoas polivalentes e multifuncionais (e não mais especialistas) que participam de todo o processo de produção, desde o planejamento, o controle, a qualidade etc.

6. *CAD/CAM*: são duas tecnologias relacionadas ao computador na gestão da produção e das operações. O CAD (*Computer-aided design*) auxilia no desenho e projeto de produtos, enquanto o CAM (*Computer-aided manufacturing*) auxilia no planejamento, na execução e no controle das operações. Ambos, CAD e CAM, constituem aquilo que se denomina manufatura integrada por computador (MIC).

7. *MRP*: o *manufacturing resources planning* (planejamento dos recursos de manufatura) é um sistema de planejamento e controle da produção utilizado com a ajuda do computador. Recebe a denominação de MRP II para distinguir-se do MRP propriamente dito (*material requirement planning*), o qual planeja necessidades de materiais. A tecnologia de produção baseada no computador proporciona sistemas flexíveis de manufatura na base do tempo-real, favorece mecanismos rápidos de tomada de decisão

---

[23] CHIAVENATO, I. *Introdução à teoria geral da administração*. 7. ed. Rio de Janeiro: Campus/Elsevier, 2004, p. 69.

graças a sistemas de apoio e suporte de decisão. Consequentemente, requer pessoas mais qualificadas e capacitadas para lidar com dados[24].

**8.** *Competição baseada no tempo*: atualmente, os P/S concorrem não apenas em função de preço e qualidade, mas também de tempo. O tempo – rapidez de expedição ou tempo de mercado – é fator importante. A TBC (*time-based competition*) estende os princípios do JIT a cada faceta do ciclo de produção de um produto, desde o início da P&D, passando pela manufatura ou operações e chegando a distribuição e mercado, envolvendo também a logística[25]. A TBC considera duas forças impulsionadoras: a aplicação do JIT (por meio do ciclo de expedição do produto) e a eficácia que depende da proximidade com o cliente (conhecimento do cliente e habilidade em responder a suas demandas)[26]. Tecnologia e administração de operações melhoram a competitividade encurtando drasticamente o tempo.

**9.** *Foco em serviços*: recebe o nome de usina de serviços ou fábrica de serviços, e representa uma tendência no sentido de competir não somente com base nos produtos, mas também com base nos serviços relacionados a estes. Serviços são atividades econômicas que produzem um lugar, tempo, forma ou utilidade psicológica para o consumidor e podem incluir suporte informacional para o cliente, entrega rápida e confiável, instalação do produto, serviço pós-venda de assistência técnica e solução de problemas. As empresas industriais estão se antecipando e respondendo as necessidades dos clientes combinando produtos superiores com serviços correlatos. A unidade de manufatura se torna o centro das atividades da empresa – localizadas em áreas separadas e distantes da organização – para satisfazer, atrair e reter clientes[27].

**10.** *Consórcio modular*: sistema aberto de produção que permite que fornecedores e parceiros trabalhem dentro da fábrica e no interior do próprio processo produtivo em seus respectivos módulos de maneira integrada.

---

24 WALLACE, T. F. *MRP II: making it happen*: the implementers' guide to success with manufacturing resource planning. Essex: Oliver Wight, 1995, p. 5.

25 BLACKBURN, J. D. *Time-based competition*: the next battleground in american manufacturing. Homewood: Business One-Irwin, 1991, p. 69.

26 MOODY, P.E. *Strategic manufacturing*: dynamic new directions for the 1990's. Homewood: Dow-Jones Irwin, 1990, p. 191.

27 CHASE, R. B.; GARVIN, D. A. The service factory. *Harvard Business Review*, jul.-aug., 1989, v. 67, p. 67-9.

Trata-se de uma ampliação do conceito de condomínio industrial, em que os fornecedores atuam dentro da fábrica ou próximo a ela para aumentar sua integração na cadeia logística. O fornecedor é um parceiro que ajuda a reduzir custos e investimentos, pessoas e espaço físico, bem como a aumentar a eficiência e a produtividade e a tornar mais flexível e maleável o sistema produtivo.

Na verdade, a reação americana às inovações japonesas trouxe uma série de outras inovações no processo produtivo, que beneficiaram todas as empresas do mundo.

## O SISTEMA DE PRODUÇÃO

O sistema de produção envolve o ambiente físico de trabalho no qual se realiza a produção dos P/S da empresa. A AP deve dimensionar o espaço disponível, localizar a área produtiva e dispor máquinas e equipamentos de maneira a facilitar a produção. O primeiro passo é definir a tecnologia de produção a ser adotada para, então, planejar e organizar as áreas e nelas acomodar máquinas e equipamentos que serão utilizados. O segundo passo é estudar o espaço, as áreas disponíveis e as instalações necessárias para o processo produtivo.

### Tecnologia de produção

Para produzir bens ou prestar serviços, as empresas utilizam várias tecnologias. A tecnologia pode ser conceituada como um conjunto ordenado de conhecimentos – empíricos ou científicos –, como resultado de experiências e observações acumuladas e registradas por meio de meios escritos ou verbais. A tecnologia envolve tanto os conhecimentos (o saber fazer as coisas, isto é, *know-how*) como as manifestações físicas desses conhecimentos, que são as coisas já feitas utilizando o conhecimento: máquinas, equipamentos, instalações etc.

Dependendo da tecnologia utilizada, existem três formas de operação produtiva[28]:

---

[28] CHIAVENATO, I. *Administração da produção*: uma abordagem introdutória. Rio de Janeiro: Campus/Elsevier, 2005a, p. 76-7.

1. *Operação de tecnologia intensiva ou capital intensivo*: é a operação baseada na utilização intensiva de máquinas e equipamentos e com ênfase na mecanização e automação, como na indústria petroquímica, refinarias de petróleo, serviços de processamento de dados, produção de cimento etc. A tecnologia intensiva representa o estágio avançado da industrialização, com a utilização de equipamentos que dispensam ou reduzem o trabalho humano por meio da mecanização (uso de máquinas) e automação industrial. A automação industrial utiliza a robótica (robôs industriais ou máquinas-ferramentas programáveis e equipamentos de controle numérico e computadorizado), o que permite o mínimo possível de intervenção humana.
2. *Operação de mão de obra intensiva*: é a operação baseada na utilização de pessoas com habilidades manuais e físicas e com ênfase na manufatura e no artesanato. É o caso dos serviços de escritório, da construção civil e industrial, das linhas de montagem com operações manuais etc. A tecnologia de mão de obra intensiva representa o estágio de maior utilização de operários e de atividade artesanal ou manufatureira.
3. *Operação de média tecnologia*: é a operação baseada na conjugação de máquinas e equipamentos com pessoas que devem operá-los ou controlá-los. Representa um meio termo entre os dois tipos de operação já descritos. Envolve máquinas e pessoas que trabalham em conjunto. É o caso da injeção de plásticos, tecelagens semiautomatizadas, serviços de crediário e cobrança etc.

Entre essas modalidades de operação existem tipos intermediários e com diferentes gradações de operação envolvendo máquinas e equipamentos e mão de obra.

**Box 4.2** As decorrências da Era Industrial

O tradicional conceito de mão de obra (MO) é típico da Era Industrial, período no qual as pessoas eram consideradas trabalhadores manuais e executavam ciclos repetitivos de operações braçais nas fábricas. Esse conceito perdurou até o final do século passado. Na Era da Informação, as pessoas estão se transformando em trabalhadores do conhecimento e, portanto, executando atividades mentais e intelectuais – como ler, registrar, calcular, pensar, mudar, melhorar, implementar, decidir etc. A expressão MO passou a ser uma denominação pejorativa e, até mesmo, infame e degradante. Embora sejamos contrários à denominação MO, ela está sendo utilizada aqui no sentido tradicional de trabalho humano em todo sistema de produção.

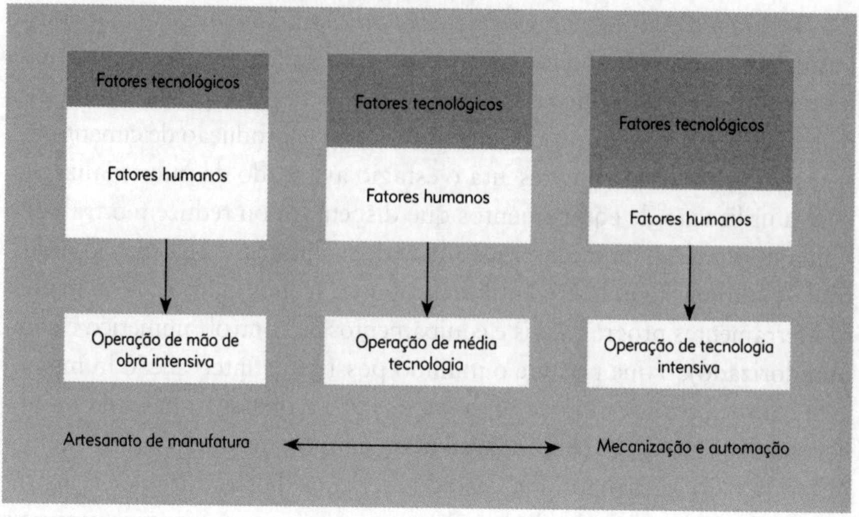


**Figura 4.6** As três formas de operação determinadas pela tecnologia.
Fonte: Chiavenato (2005a, p. 77).

Muitas empresas procuram reduzir a incidência de mão de obra através de três meios, a saber: racionalização, mecanização e automatização[29].

1. *Racionalização*: significa o estudo de métodos e procedimentos para reduzir o trabalho e aumentar a eficiência. Racionalizar é melhorar o método e o processo para que o esforço seja mais produtivo. No fundo, racionalização significa buscar meios racionais para alcançar os objetivos desejados. Trata-se, portanto, de criar métodos e procedimentos que eliminem o desperdício de esforço e agreguem valor ao trabalho.

2. *Mecanização*: significa substituir o esforço humano pelo trabalho da máquina e do equipamento. Mecanizar é transferir o trabalho muscular do homem para a máquina. Um tipo de mecanização mais avançado é a robotização, isto é, a adoção de robôs industriais para a execução de tarefas duras e inóspitas, como soldagem, parafusagem, pintura etc.

[29] CHIAVENATO, I. *Administração da produção*: uma abordagem introdutória. Rio de Janeiro: Elsevier/Campus, 2005a, p. 79-80.

3. *Automatização*: significa substituir o trabalho do cérebro humano pelo da máquina e do computador. Automatizar é transferir o trabalho mental do homem para o da máquina ou computador, como contagem de peças (controle numérico), programação de máquinas etc.

A tecnologia determina quase tudo. Ela define o processo de produção, o fluxo dos materiais, os métodos de trabalho, as máquinas e os equipamentos necessários. É também a tecnologia que define conhecimentos, habilidades e competências que as pessoas devem possuir para poderem trabalhar. A tecnologia pode ser mais ou menos versátil, ou seja, apresentar maior ou menor flexibilidade para permitir que a empresa possa escolher diferentes P/S para produzir.

Quanto à sua versatilidade, a tecnologia pode ser classificada em dois tipos: tecnologia fixa e tecnologia flexível[30].

1. *Tecnologia fixa*: é aquela criada para um único e determinado objetivo. Ela não permite utilização em outros produtos/serviços diferentes porque foi desenvolvida apenas para uma atividade específica. A tecnologia fixa e imutável obriga a empresa a escolher ou adaptar os P/S adequados a ela. Quase sempre, a tecnologia fixa confina a empresa à produção de um único e específico P/S. As indústrias automobilísticas empregam tecnologia fixa cuja modificação exige elevados investimentos quando se trata de novos modelos de carros. Indústrias de cimento, empresas de processamento de dados e a maioria das indústrias do ramo químico e petroquímico são indústrias que não podem mudar de produto porque a tecnologia fixa não o permite.
2. *Tecnologia flexível*: é a tecnologia que pode ser utilizada com várias e diferentes finalidades à medida que máquinas e equipamentos, matérias-primas e conhecimentos, habilidades e competências podem ser aplicadas para a produção de outros P/S diferentes. A tecnologia flexível permite adaptabilidade e flexibilidade para que a empresa possa optar por uma variedade de P/S. É quando a tecnologia pode adaptar-se às diferentes características dos P/S a serem produzidos. O melhor exemplo de tec-

---

[30] CHIAVENATO, I. *Administração da produção*: uma abordagem introdutória. Rio de Janeiro: Elsevier/Campus, 2005a. p. 80-1.

nologia flexível ocorre nas oficinas e em grande parte das linhas de montagem, as quais podem ser adaptadas para a produção de diferentes P/S.

**Box 4.3** O impacto da tecnologia

É importante possuir um profundo conhecimento da tecnologia utilizada pela empresa. Muitas corporações que adotam tecnologias sofisticadas (indústrias siderúrgicas, refinarias de petróleo, empresas do ramo químico ou petroquímico) requerem profissionais com especialização em mecânica ou química para cuidarem da produção, dando prioridade para o *hardware* ou *software* operacional, enquanto a gestão do processo produtivo fica em segundo plano.

## Capacidade instalada e capacidade de produção

Dá-se o nome *capacidade instalada* ao potencial que a empresa possui para produzir P/S com as suas instalações, máquinas e equipamentos. A capacidade instalada constitui a capacidade máxima de produção que a empresa pode atingir com a plena utilização de suas instalações e equipamentos. Raramente, a produção de uma empresa consegue chegar a se manter no limite máximo de sua capacidade, isto é, 100% de sua capacidade instalada. Quando há utilização parcial da capacidade instalada, ocorre a capacidade ociosa.

Por outro lado, a capacidade instalada permite uma determinada capacidade de produção. A diferença entre ambas é que a capacidade instalada é definida pelo arsenal de instalações e equipamentos disponíveis – que é um dado estático –, enquanto a capacidade de produção representa a produção possível com a capacidade instalada e mais os recursos materiais (matérias-primas), humanos (pessoal e MO) e financeiros (capital para financiar as operações da empresa).

Assim, a capacidade de produção representa a capacidade instalada mais os recursos materiais, humanos e financeiros disponíveis. Apenas a capacidade instalada não significa que a produção esteja sendo realizada. Para que a capacidade instalada seja efetivamente utilizada, são necessários recursos empresariais, como matérias-primas disponíveis, pessoal suficiente para produzir e dinheiro para financiar as compras e operações da empresa.

A capacidade de produção é uma grandeza numérica por meio da qual é possível medir a quantidade de vezes que se poderá fabricar um produto ou prestar um serviço em um determinado período. Essa grandeza numérica pode ser obtida por três tipos de unidades de medida, a saber: medidas de tempo, quantidade de produtos ou valores monetários[31].

1. *Medidas de tempo*: a capacidade de produção é avaliada em função do tempo. Significa uma grandeza do potencial disponível da empresa. É o caso de homens/horas de trabalho, carga horária da máquina, tempo de atendimento do cliente bancário ou da clínica médica. Permite avaliar a capacidade de produção para um P/S já existente ou para um novo P/S a ser lançado. Contudo, não fornece uma dimensão exata daquilo que a empresa produz, pois se refere aos meios de produção, não aos seus resultados.
2. *Quantidade de produtos/serviços*: a capacidade de produção é medida em volumes unitários de P/S que a empresa pode produzir em um determinado período. Mede os resultados finais da produção em vez de os meios de produção disponíveis. É o caso da produção por hora, por dia, por semana, por mês ou por ano de P/S, como móveis, automóveis, parafusos, cheques compensados, pacientes internados. Define quanto a empresa pode produzir dentro de certo período. Se a empresa tem capacidade para produzir 500 geladeiras por mês ou para atender 100 clientes por dia, essas grandezas permitem uma avaliação das possibilidades do negócio e de como a empresa ou departamento pode atender ao mercado. As quantidades de P/S não constituem uma medida homogênea, principalmente quando a empresa tem vários e diferentes P/S, e nem estável, pois a produção pode sofrer atrasos ou modificações nos P/S. Além disso, é uma grandeza que depende do período considerado.
3. *Unidades monetárias*: a capacidade de produção é medida em valores financeiros ou monetários. As unidades de P/S produzidos são multiplicadas pelos preços respectivos, indicando o resultado financeiro da produção.

Cada empresa escolhe a unidade de medida mais adequada às suas características.

---

31 CHIAVENATO, I. *Administração da produção*: uma abordagem introdutória. Rio de Janeiro: Elsevier/Campus, 2005a, p. 84-5.

## Arranjo físico e *layout*

Refere-se ao planejamento do espaço físico a ser ocupado e representa a disposição de máquinas e equipamentos necessários à produção dos P/S da empresa. Pode referir-se também à localização física de diversos órgãos ligados direta ou indiretamente à produção. Assim como as máquinas e os equipamentos devem estar dispostos e colocados fisicamente de modo a facilitar o processo produtivo, também os órgãos da empresa precisam ocupar espaços que facilitem suas operações e garantam sua interdependência.

O *layout* mostra o arranjo físico de máquinas, homens e materiais, procurando a melhor combinação dos três: operações das máquinas, produtividade do trabalho e fluxo dos materiais. Na realidade, lembra uma planta baixa (desenho simples) de uma casa com seus respectivos cômodos. Existem dois tipos de *layout*: por produto e por processo[32].

1. Layout *por produto (ou linear)*: representa cada tipo de operação desde a entrada da matéria-prima em uma ponta até a saída do produto acabado na outra ponta. Indica a trajetória (etapas de produção) que constitui a menor distância entre esses dois extremos e toda a sequência de operações executadas em um produto, desde a matéria-prima até seu acabamento final, quando se torna produto acabado. O produto é o ponto de referência, ou seja, a base de análise. É utilizado quando se pretende analisar todas as operações executadas sobre um determinado produto.
2. Layout *por processo (ou funcional)*: indica as diversas seções (ou máquinas e equipamentos) e o fluxo que o processo segue desde a matéria-prima inicial até o produto acabado. As seções (ou máquinas e equi-

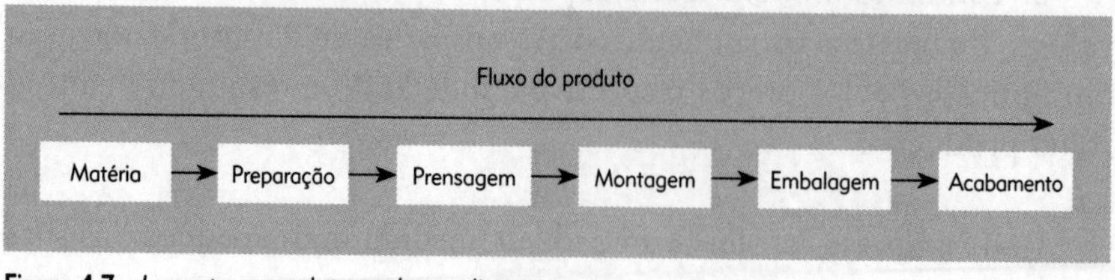


**Figura 4.7** *Layout* por produto ou *layout* linear.

---

[32] CHIAVENATO, I. *Administração da produção*: uma abordagem introdutória. Rio de Janeiro: Elsevier/Campus, 2005a, p. 87-8.

pamentos) figuram como elementos básicos do *layout*, enquanto cada produto segue sua trajetória, que é diferente para os outros produtos. As seções produtivas constituem o ponto de referência, isto é, a base de análise dos produtos. É utilizado para a análise dos processos de produção de um ou vários produtos.

Cada um dos sistemas de produção requer um arranjo físico peculiar, a saber[33]:

1. *Produção por encomenda*: como o produto é de grande porte e sua construção é demorada, monta-se uma oficina de tecnologia flexível com as máquinas e equipamentos que devem se movimentar ao seu redor. O produto é estático enquanto as máquinas e ferramentas fazem nele os acréscimos, as modificações, as aplicações etc. O produto fica estacionado, enquanto as máquinas e os equipamentos ficam dispostos ao seu redor.
2. *Produção em lotes*: máquinas e equipamentos – que geralmente são de tecnologia flexível – ficam dispostos em locais onde os lotes de pro-

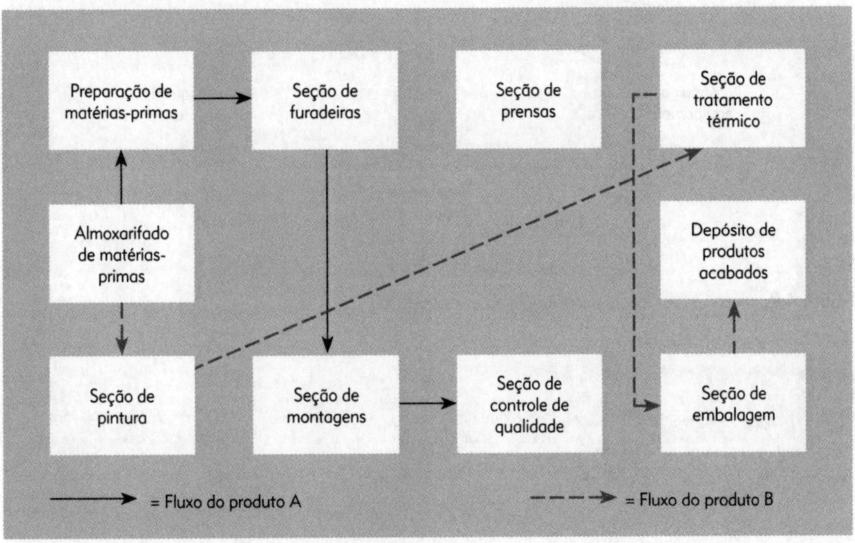


**Figura 4.8** *Layout* por processo ou *layout* funcional.

---

33 CHIAVENATO, I. *Administração da produção*: uma abordagem introdutória. Rio de Janeiro: Elsevier/Campus, 2005a, p. 88-90.

dução percorrem na sequência do processo produtivo. Cada lote se movimenta ao longo de uma série ou bateria de máquinas e equipamentos que compõem o fluxo do processo produtivo.

**3**. *Produção contínua*: o arranjo físico dispõe e distribui máquinas e equipamentos, geralmente de tecnologia fixa, em locais determinados, pelos quais os produtos fluem continuamente no decorrer do processo produtivo, que é sempre o mesmo.

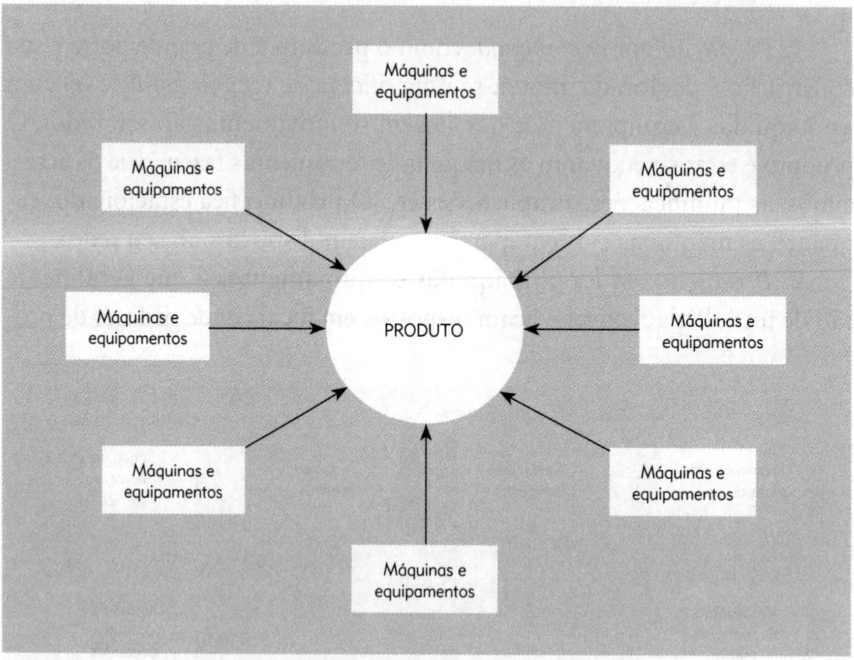


**Figura 4.9** Arranjo físico da produção sob encomenda.

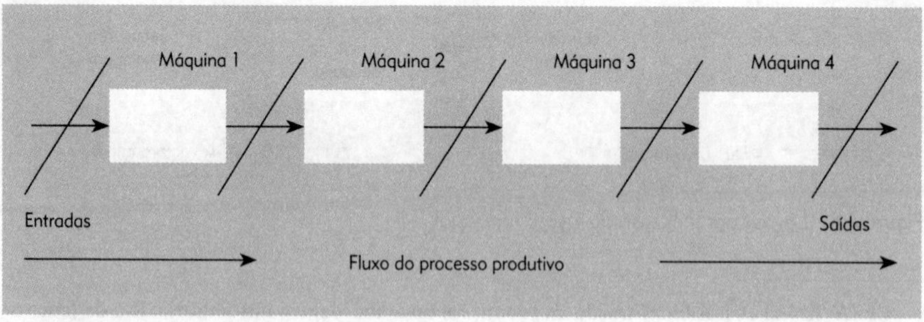


**Figura 4.10** Arranjo físico na produção em lotes.

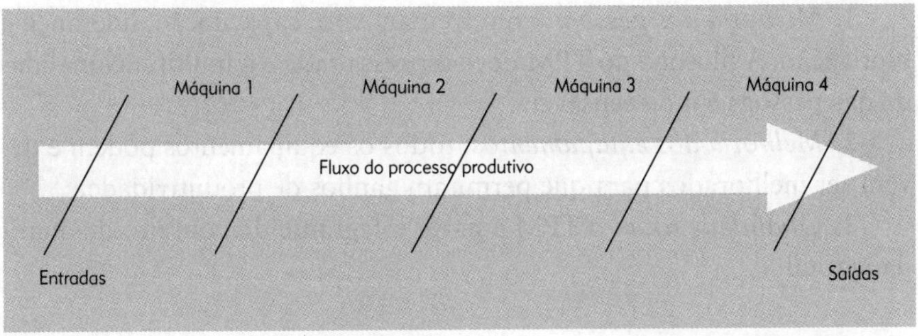


**Figura 4.11** Arranjo físico na produção contínua.

## Manutenção

Instalações, máquinas e equipamentos não são eternos. Nem são perfeitos. Sofrem desgastes e avarias e precisam receber reparos e consertos. Daí a necessidade de manutenção para efetuar reparos e consertos nas máquinas, equipamentos e instalações para que sejam mantidos em condições satisfatórias para a atividade normal. Quanto melhor a manutenção, menor o número de máquinas e equipamentos parados para reparos e consertos. A manutenção é importante para que a produção mantenha sua continuidade e eficiência. Se as máquinas pararem com frequência, o nível de eficiência da produção tende a cair.

A manutenção é a atividade da AP cujo objetivo é manter máquinas e equipamentos em condições satisfatórias para seu funcionamento normal. A manutenção é ótima quando máquinas, equipamentos e instalações funcionam normalmente e não provocam problemas. Em outros termos, quando permite a utilização do maquinário e equipamento durante todo o tempo disponível, fazendo com que a operação produtiva se reduza ao menor custo possível, sem paradas ou interrupções imprevistas em decorrência de falhas em máquinas e equipamentos.

A manutenção preventiva total (*total preventive maintenance* – TPM) procura atingir o ponto zero de quebra ou zero falha. Embora tal objetivo seja praticamente inalcançável, ele não é impossível. O TPM se fundamenta em três princípios[34]:

---

34 MARTINS, P. G.; LAUGENI, F. P. *Administração da produção*. São Paulo: Saraiva, 2005, p. 469.

1. *Melhoria das pessoas*: com treinamento, capacitação, liderança e motivação. A filosofia do TPM deve ser ressaltada e a multifuncionalidade das pessoas é indispensável.

2. *Melhoria dos equipamentos*: todos os equipamentos podem e devem ser melhorados para que permitam ganhos de produtividade.

3. *Qualidade total*: o TPM é parte integrante do conceito de qualidade total.

## A eterna luta contra o desperdício

Perdas e desperdícios são frequentes no processo produtivo. Quanto mais MO intensiva demandar a tecnologia utilizada, maior será o volume de perdas, tal como ocorre na indústria de construção civil, por exemplo. O TPM recomenda a guerra contra seis tipos de perdas[35]:

1. *Quebras de máquinas*: constitui a perda mais frequente e mais fácil de calcular. A manutenção preventiva eficaz pode reduzir tais perdas.

2. *Ajustes de máquinas*: as máquinas deixam de produzir quando devem ser ajustadas (*set-up*) para a fabricação de um novo e diferente item. Pode ser combatida através de técnicas de redução de ajustes. A troca rápida é o melhor remédio. Veja o caso da Fórmula 1, na qual os pilotos de prova, em dado momento, devem trocar os pneus de seus carros.

3. *Pequenas paradas/tempo ocioso*: bate-papo do operador ou dificuldade em buscar material ou matéria-prima faz com que se deixe de produzir.

4. *Baixa velocidade*: quando a máquina ou equipamento trabalha em velocidade mais baixa que a velocidade nominal especificada pelo fabricante.

5. *Qualidade insatisfatória*: é a quantidade de itens perdidos quando são rejeitados por especificações abaixo do limite de tolerância. É como se não tivessem sido produzidos e representam custos adicionais por sua rejeição. O refugo é uma perda que deve ser combatida.

6. *Perdas com* start-up *ou partida*: quando a máquina ajustada começa a trabalhar com um item novo, o índice de perda é maior.

---

[35] MARTINS, P. G.; LAUGENI, F. P. *Administração da produção*. São Paulo: Saraiva, 2005, p. 469-71.

Existem dois tipos de manutenção: preventiva e corretiva[36].

1. *Manutenção preventiva*: é a manutenção programada previamente para evitar paradas inesperadas de máquinas e equipamentos. Assim como os automóveis têm sua manutenção preventiva estabelecida a cada 10.000 km – quando devem ir à oficina para revisão e troca de peças ou componentes, troca de óleo, lubrificação, determinadas inspeções –, também o maquinário e equipamentos precisam, a cada número de horas de trabalho, passar por uma revisão total ou parcial. A manutenção preventiva é programada previamente em função do tempo e obedece um cronograma que pode envolver seções inteiras ou unidades de máquinas e equipamentos a serem mantidos e reparados. Trata-se de programar a manutenção para garantir a máxima utilização de todo o maquinário e evitar paradas inesperadas em cada seção produtiva da empresa. Tanto o cronograma como o Gráfico de Gantt são amplamente utilizados na manutenção preventiva.

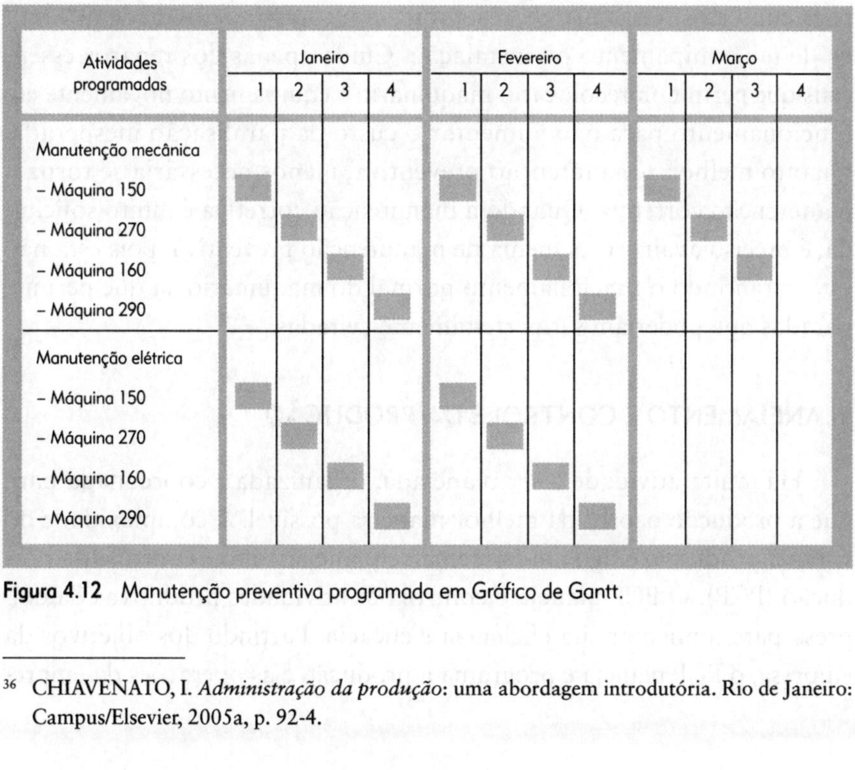


**Figura 4.12** Manutenção preventiva programada em Gráfico de Gantt.

[36] CHIAVENATO, I. *Administração da produção*: uma abordagem introdutória. Rio de Janeiro: Campus/Elsevier, 2005a, p. 92-4.

A manutenção preventiva deve ser programada de forma a não tumultuar ou prejudicar o funcionamento de cada seção produtiva, pois seu objetivo é garantir a continuidade da operação da fábrica. As principais vantagens da manutenção preventiva são:

a) Reduzir enormemente as interrupções do fluxo do processo produtivo.

b) Aumentar a vida útil das máquinas e equipamentos.

c) Reduzir custos operacionais.

d) Poder ser programada para os momentos mais oportunos.

e) Enfatizar uma mentalidade preventiva entre as pessoas.

f) Melhorar a produtividade por evitar contratempos.

g) Melhorar a qualidade dos produtos e serviços por garantir condições de operacionalidade das máquinas e equipamentos.

2. *Manutenção corretiva*: é a manutenção improvisada que funciona apenas para os reparos e consertos inesperados e de emergência. Atende máquinas e equipamentos subitamente parados por quebras ou defeitos e que causam transtornos para a seção produtiva, provocando paradas para consertos. Visa corrigir, restaurar ou recuperar a atividade produtiva de um equipamento ou instalação. Cuida apenas dos reparos essenciais que permitam recolocar o maquinário e equipamento novamente em funcionamento para não aumentar o custo da paralisação inesperada. Quanto melhor a manutenção preventiva, menos necessária se torna a manutenção corretiva. Quando a manutenção corretiva é muito solicitada, é preciso avaliar o esquema de manutenção preventiva, pois esta não está garantindo o funcionamento normal do maquinário, já que permite paradas que poderiam ser perfeitamente evitadas.

## PLANEJAMENTO E CONTROLE DA PRODUÇÃO

Há muita atividade a ser planejada, organizada e coordenada para que a produção ocorra da melhor maneira possível. A complexidade do sistema produtivo exige um esquema de planejamento e controle da produção (PCP). O PCP planeja e controla as atividades produtivas da empresa para aumentar sua eficiência e eficácia. Partindo dos objetivos da empresa, o PCP planeja e programa a produção e as operações da empresa, bem como as controla adequadamente para tirar o melhor proveito possível em termos de eficiência e eficácia[37].

Para atender essa dupla finalidade, o PCP tem uma dupla função: planejar a produção e controlar seu desempenho. De um lado, o PCP estabelece antecipadamente o que a empresa deverá produzir – e, consequentemente, o que deverá dispor de matérias-primas e materiais, pessoas, máquinas e equipamentos, bem como estoques de produtos acabados para suprir as vendas. Por outro lado, o PCP serve para monitorar e controlar o desempenho da produção em relação ao que foi planejado, corrigindo eventuais desvios ou erros que possam surgir no decorrer das operações. Assim, o PCP atua antes, durante e depois do processo produtivo. Antes, planejando o processo produtivo, programando materiais, máquinas, pessoas e estoques. Atua durante ao controlar o funcionamento do processo produtivo para mantê-lo de acordo com o que foi planejado. Depois, verificando os resultados alcançados e comparando-os com os objetivos previamente definidos.

Para tanto, o PCP mantém relações com as demais áreas da empresa, a saber:

1. *Engenharia industrial:* para programar máquinas e equipamentos com base em boletins de operações fornecidos pela engenharia industrial.
2. *Suprimentos e compras:* para programar materiais e matérias-primas que devem ser comprados no mercado fornecedor e estocados para uso.
3. *Recursos humanos:* para programar necessidades de mão de obra.
4. *Finanças:* para definir os níveis ótimos de estoques de matérias-primas e produtos acabados, além dos lotes econômicos de produção.
5. *Vendas:* para elaborar o Plano de Produção e planejar a quantidade de produtos acabados necessária para suprir as entregas aos clientes.
6. *Produção:* para planejar e controlar toda a atividade da área de produção.

---

[37] Essa parte está fortemente baseada em: CHIAVENATO, I. *Administração da produção*: uma abordagem introdutória. Rio de Janeiro: Elsevier/Campus, 2005a, p. 102-19.

O PCP está intimamente ligado ao sistema de produção utilizado pela empresa. As características de cada sistema de produção devem ser plenamente atendidas pelo PCP.

A produção por encomenda traz descontinuidade e irregularidade na produção, enquanto a produção contínua é o sistema em que há continuidade e regularidade no processo produtivo. A produção por lotes representa o sistema intermediário, no qual a continuidade e a descontinuidade se alternam. O PCP é influenciado pela descontinuidade da produção por encomenda e alcança a máxima regularidade na produção contínua. Na realidade, o PCP é feito sob medida para cada encomenda na produção sob encomenda.

## Fases do PCP

O PCP trabalha com um enorme volume de informações, recolhendo dados de várias fontes e produzindo informações incessantemente.

**Quadro 4.5** Características dos três sistemas de produção

| Principais aspectos | Produção por encomenda | Produção em lotes | Produção contínua |
|---|---|---|---|
| Produto | Um único produto de cada vez | Um lote de produtos de cada vez | Sempre o mesmo produto |
| Máquinas e equipamentos | Variedade de máquinas e pouca padronização | Máquinas agrupadas em baterias do mesmo tipo | Alto grau de padronização |
| Mão de obra | Variedade e especialização | Compensa o desequilíbrio entre departamentos | Regularmente utilizada |
| Métodos de trabalho | Mutáveis e genéricos | Mutáveis (com o lote) e rígidos | Fixos e rígidos |
| Ritmo de produção | Descontínuo e irregular | Contínuo no lote e descontínuo na mudança do lote | Contínuo e regular |
| Sucesso do processo produtivo | Depende do supervisor da oficina-base | Depende do PCP em planejar os lotes de produção | Depende do PCP no longo prazo |

Fonte: Chiavenato (2005a, p. 110).

**Quadro 4.6** Sistemas de produção e sistemas de PCP

| Sistema de produção | Almoxarifados de matérias-primas | Produção | Depósito de produtos acabados |
|---|---|---|---|
| Produção por encomenda | Planejamento e controle de MP em cada encomenda | Planejamento e controle da produção em cada encomenda | Planejamento e controle de PA em cada encomenda |
| Produção em lotes | Planejamento e controle de MP em cada lote e no conjunto de lotes | Planejamento e controle da produção em cada lote e no conjunto de lotes | Planejamento e controle de PA em cada lote e no conjunto de lotes |
| Produção contínua | Planejamento e controle de MP para o período mensal ou anual | Planejamento e controle da produção para o período mensal ou anual | Planejamento e controle de PA para o período mensal ou anual |

Fonte: Chiavenato (2005a, p. 106).

Constitui um centro de informações para a produção. Funciona em quatro fases principais[38]:

1. *Projeto de produção ou planejamento de operações*: define o sistema de produção e suas dimensões para estabelecer os parâmetros do PCP. Varia conforme o sistema de produção. Na produção por encomenda, cada uma destas requer um projeto de produção específico. Na produção em lotes, cada lote deve, em princípio, ter um projeto de pro-

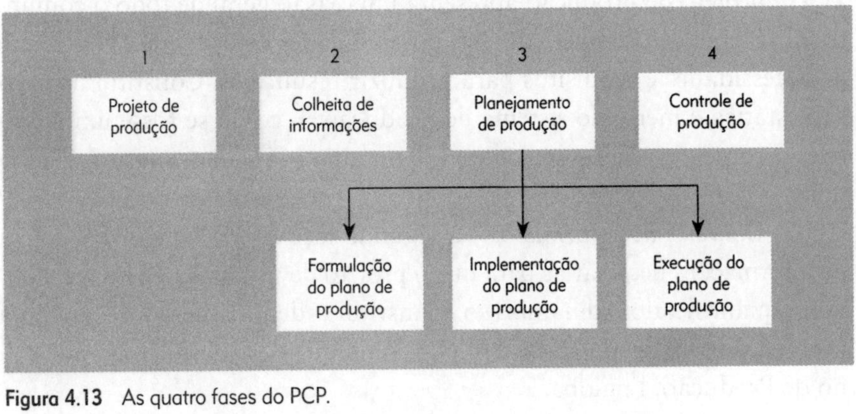


**Figura 4.13** As quatro fases do PCP.

[38] CHIAVENATO, I, *Administração da produção*: uma abordagem introdutória. Rio de Janeiro: Elsevier/Campus, 2005a, p. 106-11.

dução e é relativamente permanente na produção contínua e sofre poucas mudanças com o tempo. O projeto de produção se baseia nos seguintes aspectos:

a) Quantidade e características das máquinas e equipamentos: para avaliar a capacidade de produção de cada seção da empresa por meio do Inventário de Máquinas por Seção, levantamento das máquinas e equipamentos existentes e disponíveis em cada seção e de sua capacidade de produção.

b) Quantidade de pessoal disponível: é o quadro de pessoas e cargos ocupados em cada seção para avaliar a capacidade de trabalho em cada uma destas por meio do Inventário do Efetivo por Seção, que mostra as pessoas alocadas em cada seção e cargos ocupados para proporcionar uma ideia da força de trabalho.

c) Volume de estoques e tipos de matérias-primas: procedimentos de requisição de materiais junto ao almoxarifado a fim de avaliar a disponibilidade de insumos de produção. São dados obtidos por meio do Inventário de Estoques de Matérias-primas, um levantamento das matérias-primas em disponibilidade e das necessidades de compras para garantir a produção.

d) Métodos e procedimentos de trabalho: bem como cálculos dos tempos de execução das tarefas dos boletins de operação para se conhecer como o trabalho deverá ser realizado e qual a sua duração.

O projeto de produção apresenta uma visão geral de todo o conjunto do sistema de produção de suas possibilidades de operação, bem como as necessidades e requisitos para produzir resultados. Constitui uma visão estática e inerte do sistema de produção. É como se fosse um continente (contêiner) sem o seu conteúdo ou uma rua sem o trânsito. O conteúdo – como o tráfego da rua – constitui a segunda fase do PCP.

2. *Colheita de informações*: a segunda fase do PCP envolve a coleta de informações necessárias para que o projeto de produção possa ser montado, quantificado e dinamizado. Constitui o detalhamento da primeira fase (projeto de produção) e tem por finalidade dar subsídios para o Plano de Produção. Engloba:

a) Capacidade de cada máquina: de cada bateria ou grupo de máquinas e fatores de eficiência e de demora para cada máquina. Avalia a capacidade de produção de cada máquina, de cada bateria de máquinas e de cada seção produtiva. No conjunto, representa a capacidade de produção da empresa.

b) Sequência do processo de produção: é o fluxo de movimentação das matérias-primas ao longo do processo produtivo e seus gargalos ou pontos de estrangulamento ou de demora. Permite uma visão de todo o fluxo de produção, ou seja, da cadência e sequência do processo produtivo, bem como dos seus pontos de restrições.

c) Métodos de trabalho: de cada operário e tempo-padrão para cada tarefa executada. Permite saber quantos operários são necessários em cada máquina, em cada bateria de máquinas e em cada seção produtiva.

d) Horário de trabalho e esquema de incentivos de produção. Permite avaliar a carga normal de trabalho a ser atribuída a cada seção produtiva e a carga adicional que se poderia obter com a adoção de incentivos de produção (prêmios de produção) ou de horas extras.

e) Volume de estoque: para cada item de matéria-prima e controle de estoque. Permite avaliar o volume de matéria-prima necessário para abastecer o processo produtivo durante certo período e como deverá ser constituído o estoque.

3. *Planejamento da produção*: define o que a empresa poderá produzir em um determinado período, com base na capacidade de produção e na previsão de vendas que deve ser atendida. Sua função é compatibilizar a eficácia (alcance dos objetivos de vendas) e a eficiência (utilização rentável dos recursos disponíveis). Para tanto, deve coordenar e integrar máquinas, pessoas, matérias-primas, materiais e vias e processos produtivos em um todo sistêmico, harmonioso e integrado.

O planejamento da produção (PP) é feito em três etapas[39]:

1. *Formulação do plano de produção ou plano-mestre*: indica o que a empresa pretende produzir em um determinado período, geralmente um ano, quando se trata de produção contínua ou em lotes. Na produção sob

---

[39] CHIAVENATO, I. *Administração da produção*: uma abordagem introdutória. Rio de Janeiro: Elsevier/Campus, 2005a, p. 111-6.

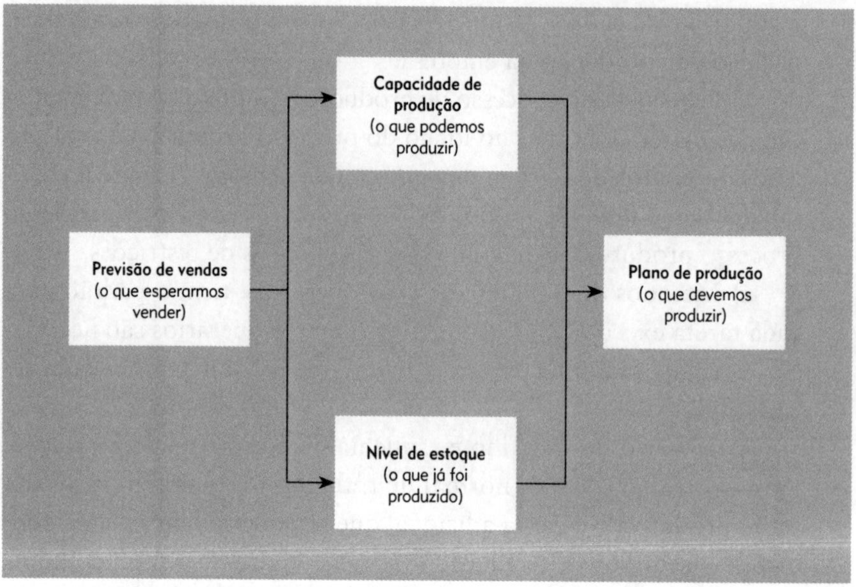


**Figura 4.14** Elaboração do plano de produção.

encomenda e quando o produto é de grande porte – construção de navios, edifícios ou fábricas –, o PP cobre o tempo necessário para a execução do produto. A própria encomenda ou pedido do cliente é que define o PP. A encomenda é, em si mesma, um PP. No sistema de produção em lotes ou na produção contínua, a previsão de vendas é transformada em PP. Se houver estoque de produtos acabados, isso já representa uma produção executada anteriormente. O PP serve para dimensionar a carga de trabalho de modo a aproveitar integralmente a capacidade de produção da empresa. A carga de trabalho é o cálculo do volume de trabalho a ser atribuído a cada seção ou máquina em um determinado período. O dimensionamento da carga de trabalho não pode ser exagerado (provocando sobrecargas), nem insuficiente (provocando ociosidade). A capacidade ociosa representa um custo sem retorno, ou seja, a capacidade de produção não aproveitada e que permanece sem utilização.

2. *Programação da produção*: é o detalhamento do PP para que possa ser executado de maneira integrada pelos diversos órgãos produtivos com a ajuda dos demais órgãos de assessoria. Programar a produção significa determinar quando deverão ser realizadas tarefas e operações de

produção e quanto deverá ser feito. Envolve uma agenda de compromissos para as diversas seções relacionadas no processo produtivo. A programação da produção detalha e fragmenta o PP, o qual é amplo e genérico, para que possa ser executado no dia a dia da empresa. Para tanto, faz o roteiro (sequência do processo produtivo) e o aprazamento (estabelecimento de datas de início e fim de cada atividade). Assim, utiliza duas variáveis para detalhar o PP: o tempo (definido em dias, semanas ou meses) e a produção (definida em quantidade de unidades, quilos, metros etc.) por meio de cronogramas detalhados de execução do PP, como o Gráfico de Gantt.

Quando a programação de produção envolve montagens, pode-se utilizar o gráfico de montagem, exemplificado na Figura 4.16.

Em casos mais complicados, com muitas interdependências no processo produtivo, pode-se utilizar técnicas de programação como o PERT (*program evaluation review technique*), também denominado Técnica de Avaliação e Revisão de Programas, ou o CPM (*critical path method*), também denominado método do caminho crítico.

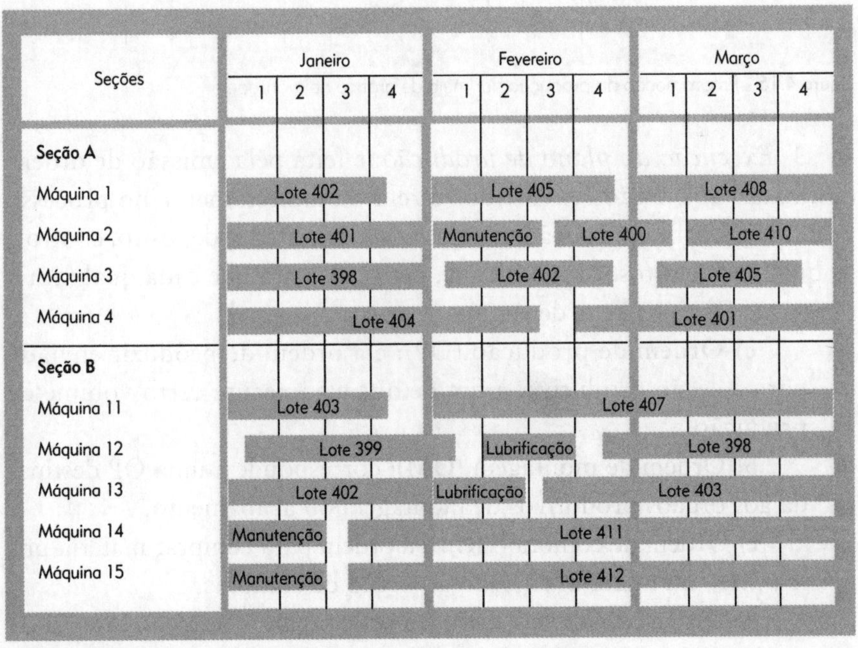


**Figura 4.15** Programação da produção por meio do Gráfico de Gantt.

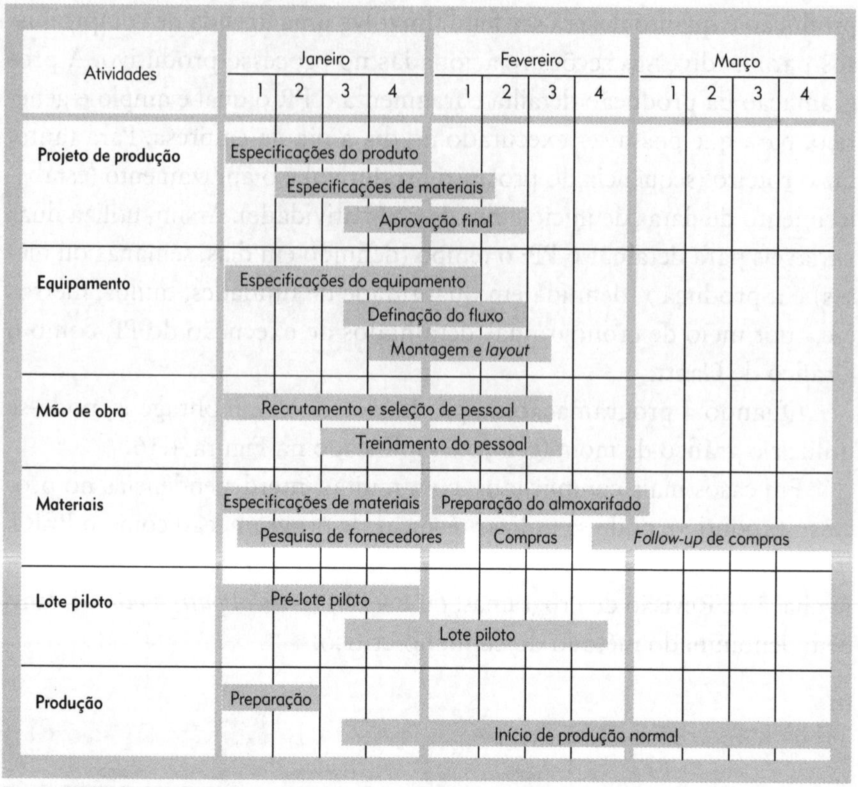


**Figura 4.16** Programação da produção por meio de gráfico de montagem.

3. *Execução do plano de produção*: é feita pela emissão de ordens destinadas aos órgãos envolvidos direta ou indiretamente no processo produtivo – como produção, compras, almoxarifado, depósito, controle de qualidade, custos, contabilidade, pessoal – para que cada qual faça a sua parte. Os tipos de ordens são:

a) Ordem de produção (OP): é a ordem de produzir enviada para a seção produtiva, a fim de que ela execute certo volume de produção.

b) Ordem de montagem (OM): corresponde a uma OP destinada aos órgãos produtivos de montagem ou acabamento.

c) Ordem de compra (OC): é a ordem para comprar matéria-prima (MP) ou material enviado ao órgão de compras.

d) Ordem de serviço (OS): é a ordem para prestação interna de serviços, como inspeção de qualidade, serviço de manutenção etc.

d) Requisição de materiais (RM): é a ordem para requisitar matéria-prima ou material do almoxarifado para alguma seção produtiva.

Por serem rotineiras e constantes, essas ordens são feitas por meio de formulários destinados aos diversos órgãos envolvidos no processo produtivo para que cada um saiba o que e quando fazer. Envolvem um fluxo de comunicação coordenado pela programação da produção a fim de integrar o processo produtivo. As ordens representam decisões previamente tomadas pelo PCP, as quais cada órgão deve executar para que o processo produtivo se desenvolva da melhor maneira possível. Isso significa coordenação e sinergia, para que a atividade produtiva possa alcançar eficiência e eficácia.

4. *Controle da produção*: é a última fase do PCP e sua finalidade é acompanhar, monitorar, avaliar e regular as atividades produtivas para mantê-las dentro do que foi planejado e assegurar que atinjam os objetivos pretendidos.

## ADMINISTRAÇÃO DE MATERIAIS

No processo produtivo, pode-se perceber uma enorme quantidade de materiais, alguns em processamento, alguns já parcialmente processados

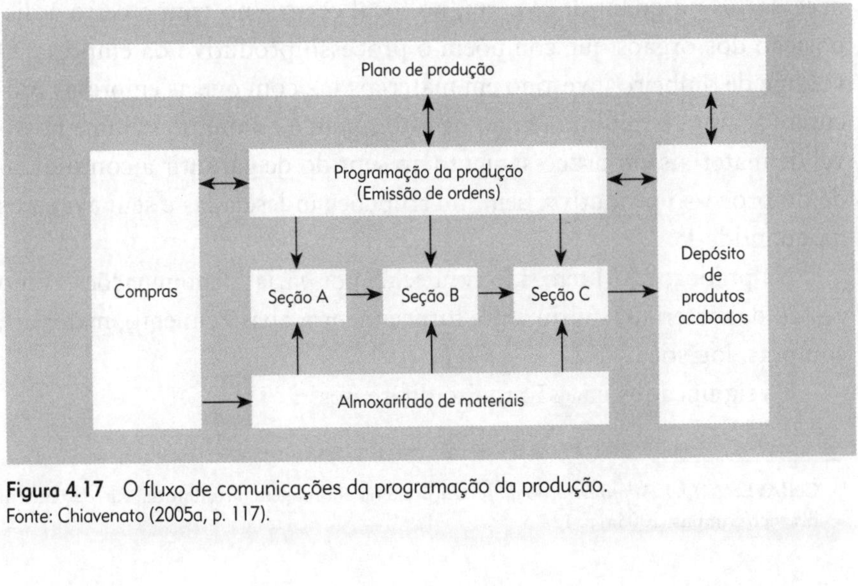


**Figura 4.17** O fluxo de comunicações da programação da produção.
Fonte: Chiavenato (2005a, p. 117).

e outros aguardando a oportunidade de serem processados. Isso pode representar desperdício de espaço, tempo, capital empatado sem necessidade e risco de acidentes, incêndios etc. As empresas procuram reduzir o volume de materiais ao longo da fábrica ao mínimo possível. As indústrias japonesas já fizeram seu papel há muito tempo. Primeiro elas adotaram o *housekeeping*, depois o *just in time*. E logo chegaram ao conceito de fábrica enxuta. Na realidade, toda produção requer o processamento de matérias-primas que serão transformadas em produtos acabados ao longo do processo produtivo. Doravante, os materiais serão referidos como matérias-primas ou matérias.

**Box 4.4** Gargalos *versus* desperdícios

Principalmente nas empresas industriais, o problema de administrar materiais é crucial. Tanto fabricantes como distribuidores – atacadistas e varejistas – estão constantemente às voltas com a obtenção, utilização e movimentação de materiais para garantir suas operações. Os materiais precisam ser adequadamente administrados. Suas quantidades devem ser planejadas e controladas para que não haja faltas que paralisem a produção nem excessos que elevem os custos sem necessidade. Nem menos, nem mais.

## Conceito de administração de materiais

A administração de materiais (AM) consiste em prover os materiais necessários na quantidade certa, no local certo e no tempo certo à disposição dos órgãos que compõem o processo produtivo da empresa. O volume de dinheiro investido em materiais faz com que as empresas procurem sempre o mínimo tempo de estocagem e o mínimo volume possível de materiais em processamento no sentido de garantir a continuidade do processo produtivo, sem interrupções indesejadas e sem exageros na quantidade.

Na prática, a AM tem sido conhecida por várias denominações, como gestão de materiais, suprimento, fornecimento, abastecimento, materiais, compras, logística.

Os significados não são muito diferentes[40]:

---

40 CHIAVENATO, I. *Administração da produção*: uma abordagem introdutória. Rio de Janeiro: Elsevier/Campus, 2005a, p. 124-5.

1. *Administração de materiais*: envolve a totalidade dos fluxos de materiais na empresa desde o planejamento e controle dos materiais, compras, recepção, tráfego de entrada e controle de qualidade na recepção, almoxarifado e armazéns, controle do inventário, movimentação de materiais e transporte interno e externo. É o conceito mais amplo.
2. *Suprimentos*: envolve as atividades de programação, aquisição (compras) e movimentação dos materiais para disponibilizá-los às seções produtivas. Assim, suprir significa programar as necessidades de materiais, comprar, armazenar e movimentar (transporte interno) os materiais para abastecer as seções. O termo *suprimento* tem sido substituído com o mesmo significado de fornecimento ou abastecimento.
3. *Compras*: o conceito de compras é mais restrito. Envolve o processo de pesquisa e localização de fornecedores, aquisição de materiais por meio de negociação de preço e condições de pagamento e acompanhamento do processo de entrega (*follow-up*) para garantir o fornecimento.
4. *Logística*: é a atividade que coordena estocagem, transporte, inventários, armazéns e toda a movimentação dos materiais dentro da fábrica até a entrega dos produtos acabados ao cliente. Nessa conceituação, a logística compreende a coordenação do fluxo de materiais desde o fornecedor, por meio das instalações da empresa, até o recebimento do produto acabado pelo cliente. Quando esse fluxo fica concentrado em um único órgão, a ênfase é posta na movimentação ou no transporte interno.

Os materiais permeiam e movimentam-se por toda a empresa dentro de um fluxo incessante e contínuo para alimentar as operações. Esse fluxo guarda semelhanças com o fluxo de sangue nas artérias humanas, alimentando tecidos e órgãos.

## O fluxo de materiais

Os materiais devem seguir um movimento incessante que vai desde o recebimento do fornecedor, passando pelas diversas etapas do processo produtivo, até chegar ao depósito de produtos acabados. Em outras palavras, os materiais entram na empresa, fluem e transitam através dela e saem pelo depósito com destino aos clientes como produtos acabados. A essa movimentação incessante dá-se o nome de fluxo de materiais. O processo produtivo envolve um fluxo constante de materiais com paradas ou gargalos de produção nos quais o material fica estacionado durante certo tempo.

Ao transitar pelo processo produtivo, os materiais recebem acréscimos, transformações, adaptações, reduções, alterações etc. que vão mudando progressivamente suas características. Assim, ao longo do fluxo, eles passam a ser materiais em processamento (em vias ou em trânsito de uma seção para outra), depois, materiais semiacabados (estocados após algumas operações para serem transformados em submontagens) e materiais acabados ou componentes (peças isoladas), para então se completarem como produtos acabados. Assim, do almoxarifado de materiais até chegar ao depósito como produto acabado, os materiais sofrem várias e sucessivas modificações ao longo do processo produtivo.

Cada empresa apresenta um fluxo de materiais próprio e específico que depende do produto, do sistema de produção utilizado, da tecnologia etc.

## Classificação de materiais

O fluxo de materiais faz com que eles passem gradativamente de uma classe para outra à medida que sofrem acréscimos e transformações ao longo do processo produtivo. Assim, eles podem ser classificados em cinco tipos: preparação, moldagem, montagem, acabamento e depósito (Figura 4.18).

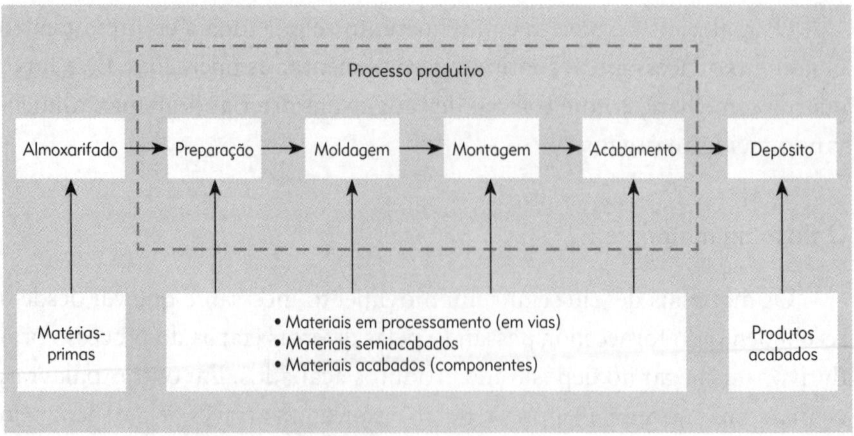


**Figura 4.18** O fluxo de materiais no processo produtivo.
Fonte: Chiavenato (2005a, p. 127).

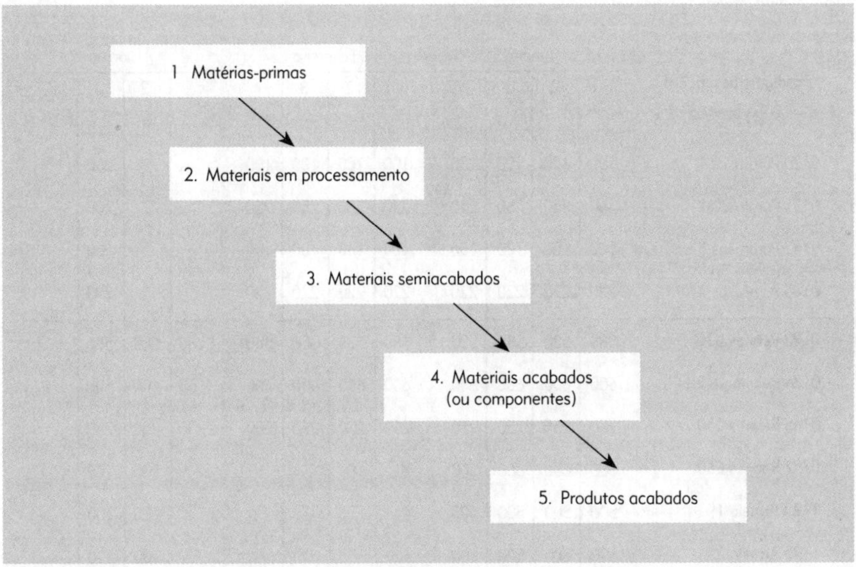


**Figura 4.19** Os tipos de materiais como estágios do processo produtivo.
Fonte: Chiavenato (2005a, p. 129).

Em função do seu estágio no processo produtivo, os materiais são classificados conforme a Figura 4.19. Para que haja um produto acabado, ele deve ter passado pelos estágios de material acabado, material semiacabado, material em processamento e, inicialmente, matéria-prima básica. Em cada momento, a empresa terá uma certa quantidade de cada um desses tipos de materiais ao longo do processo de produção. Essa quantidade varia em sua proporção, dependendo do trabalho realizado em cada uma das seções produtivas.

### Programação de materiais

A programação de materiais determina a necessidade de materiais para o processo produtivo, especificando a quantidade de materiais e a data em que devem estar à disposição de cada órgão produtivo da empresa por meio de cronogramas, como na Figura 4.20.

Os materiais são previamente programados pelo PCP com certa antecedência. Ao programar a produção – detalhando as máquinas e a MO necessária –, o PCP também detalha os materiais necessários ao progra-

| Itens (código e descrição) | Janeiro | | | | Fevereiro | | | | Março | | | |
|---|---|---|---|---|---|---|---|---|---|---|---|---|
| | 1 | 2 | 3 | 4 | 1 | 2 | 3 | 4 | 1 | 2 | 3 | 4 |
| 0120 Parafusos 1" | 100 | 100 | 100 | 100 | 100 | 100 | 100 | 100 | – | – | 200 | |
| 0135 Parafusos 2" | 250 | 250 | 250 | 250 | 250 | 250 | 250 | 250 | – | – | 200 | |
| 0142 Parafusos 3" | 100 | 100 | 100 | 100 | 100 | 100 | 100 | 100 | – | – | 100 | |
| 0148 Parafusos 4" | 220 | 220 | 220 | 220 | 220 | 220 | 220 | 220 | – | – | 200 | |
| 0122 Rebites 030 | 580 | 580 | 580 | 580 | 580 | 580 | 580 | 580 | 580 | 580 | 580 | |
| 0138 Rebites 040 | 600 | 600 | 600 | 600 | 600 | 600 | 600 | 600 | 600 | 600 | 600 | |
| 0145 Rebites 050 | 250 | 250 | 250 | 250 | 250 | 250 | 250 | 250 | 250 | 250 | 250 | |
| 0157 Rebites 060 | 600 | 600 | 600 | 600 | – | – | – | – | – | 100 | 100 | |
| 1190 Arruela 1" | 500 | 500 | 500 | 500 | – | – | – | – | – | 100 | 100 | |
| 1195 Arruela 2" | 500 | 500 | 500 | 500 | – | – | – | – | – | 100 | 100 | |

**Figura 4.20** Exemplo de uma programação de materiais.

ma de produção da empresa. Como os materiais precisam ser comprados – e isso leva tempo –, torna-se necessária certa antecedência para que possam ser pedidos, comprados e recebidos, a fim de ingressar no processo produtivo. Para disponibilizar os materiais, o PCP emite as OC para que o órgão de compras possa entrar em contato com os fornecedores.

## Compras

A atividade empresarial requer matérias-primas, materiais, máquinas, equipamentos, tecnologias e serviços para poder operar. Em todo o processo produtivo, o inicio de cada operação exige que os materiais e insumos estejam disponíveis e seu abastecimento seja garantido com certo grau de certeza para atender às necessidades atuais e futuras.

A área de compras se encarrega da aquisição de materiais, componentes e serviços para suprir as necessidades do sistema de produção nas quantidades certas e nas datas aprazadas, e com melhor qualidade, menores preços e melhores condições de pagamento. Para tanto, deve pes-

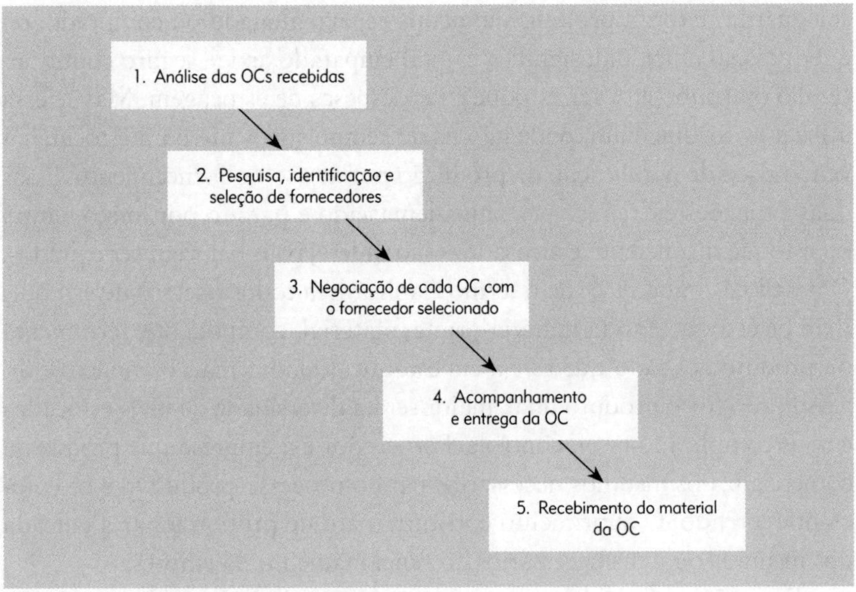


**Figura 4.21** As etapas do ciclo de compras.
Fonte: Chiavenato (2005a, p. 133).

quisar, localizar, desenvolver e manter fontes de suprimentos. Se a empresa pode ser visualizada como um sistema aberto, o subsistema de compras é o que garante seus insumos e entradas, atuando como interface em relação ao ambiente externo. Apesar de ser um subsistema orientado para fora da empresa – para os fornecedores externos –, o órgão de compras interage internamente com vários órgãos da empresa, como o PCP, a Engenharia de Produto, o Controle de Qualidade, o Controle de Estoques, a área financeira etc. A atividade de compras envolve um ciclo composto de cinco etapas, como na Figura 4.21.

## Estoques

A partir do momento em que são comprados, os materiais passam a fazer parte dos estoques de materiais da empresa. O estoque é composto por materiais que não são utilizados em determinado momento na empresa, mas que existem em função de necessidades futuras. Estocar significa guardar algo para utilização posterior. Se essa utilização for muito remota, sua guarda se torna prolongada: ocupa espaço alugado ou comprado, requer pessoal adicional, significa capital empatado, exige seguro contra incêndio ou roubo etc. Ter estoque é ter despesas de estocagem. Mas se essa utilização for imediata, pode não haver tempo suficiente para estocar, havendo risco de paralisação da produção por atraso no fornecimento. Essas duas situações extremas – estoque demasiado e parado por longo tempo ou estoque insuficiente e atrasado – são indesejáveis e devem ser evitados. O desafio é conhecer o meio termo e aplicá-lo a todos os itens de estoque. Item de estoque é toda matéria-prima, material, componente, ferramenta ou produto acabado que esteja em estoque. Quanto mais complexo e diversificado for o produto final, maior será a diversidade de itens estocados e mais complicado o seu controle. Fornecedor é a empresa que produz ou comercializa os insumos necessários para o processo produtivo e os coloca no mercado. O suprimento constitui o ato de proporcionar a entrada dos insumos ou itens necessários ao funcionamento da empresa.

Duas são as finalidades do estoque. A primeira é garantir a operação da empresa, neutralizando os efeitos de demora ou atraso no fornecimento, sazonalidade no suprimento ou riscos de dificuldade no fornecimento. A segunda é proporcionar economias de escala por meio da compra de lotes econômicos.

Do ponto de vista financeiro, os estoques constituem um ativo circulante necessário para que a empresa possa produzir e vender com mínimos riscos ou preocupações. Os estoques representam um meio de investimento de recursos e podem alcançar uma proporção enorme dos ativos totais da empresa. A administração dos estoques apresenta aspectos financeiros que exigem um estreito relacionamento entre os órgãos da empresa que cuidam dos estoques – como produção, almoxarifado ou depósito de produtos acabados – e o órgão de administração financeira. O órgão que cuida dos estoques está sempre concentrado na facilitação do fluxo físico de produção e comercialização, enquanto a administração financeira se concentra no lucro, na liquidez da empresa e na boa aplicação dos recursos empresariais. Quase sempre ocorre algum conflito entre as ações do órgão que cuida dos estoques (tentando aumentar o volume e a disponibilidade dos estoques, o que eleva os custos) e a área financeira (tentando reduzir os estoques para cortar custos). Como os estoques constituem um investimento financeiro, torna-se necessário minimizá-lo por meio da rotação mais rápida dos estoques como objetivo financeiro. Mas esse objetivo pode conflitar com a manutenção de estoques suficientes para atender às necessidades da produção e reduzir o risco de faltas de estoque. Assim, a empresa precisa determinar o nível de estoque capaz de conciliar esses objetivos antagônicos e conflitantes.

Os estoques não ficam apenas no almoxarifado ou no depósito, distribuem-se também pelas diversas seções produtivas à medida que as MP estão sendo processadas e transitam de uma seção para outra, como materiais semiacabados (partes do produto) e como materiais acabados (componentes que, depois de montados, constituirão o PA). Existem cinco tipos de estoque, a saber:

1. Estoques de matérias-primas (MP).
2. Estoques de materiais em processamento ou em trânsito entre seções.
3. Estoque de materiais semiacabados que serão transformados em um produto.
4. Estoques de materiais acabados, componentes ou peças isoladas.
5. Estoques de produtos acabados (PA).

O conjunto desses cinco tipos de estoque compõe o estoque geral da empresa. À medida que caminham pelo processo produtivo, os estoques aumentam gradativamente sua liquidez, pois vão se aproximando do PA, que pode ser vendido e transformado em moeda corrente.

### Logística

Como foi visto há pouco, o termo *logística* inclui atividades como: distribuição física, gestão de materiais, engenharia de distribuição e gestão de transportes. Na verdade, logística significa o processo de planejar, implementar e controlar o fluxo e armazenamento eficientes e eficazes de bens, serviços e informação, desde o ponto de origem até o ponto de consumo, com o propósito de adequar-se aos requisitos do consumidor[41].

---

41 MARKLAND, R. E.; VICKERY, S.; DAVIS, M. V. *Operations management*: concepts in manufacturing and services. St. Paulo: South-Western, 1995, p. 385-6.

Logística significa o fluxo de produtos para dentro e para fora do processo produtivo. Três tendências são evidentes na logística atual: centralização na gestão, terceirização (*outsourcing*) e uso intensivo da internet. Para ganhar sinergia entre as unidades de negócios, as empresas estão concentrando sua logística em um grupo central composto de especialistas com experiência em diferentes tipos de transporte (ferroviário, rodoviário, aéreo, fluvial, marítimo) para reduzir custos e aumentar a agilidade e o tempo de entrega[42]. Apesar de todos os progressos da moderna TI, o problema básico de entregar com rapidez e presteza os materiais e produtos permanece e ainda desafia as empresas. O sistema de logística é composto de[43]:

1. *Cadeia de fornecedores*: que abastece o processo produtivo da empresa.
2. *Unidade de manufatura*: conjunto de etapas utilizadas para transformar a matéria-prima e componentes entrantes em produtos acabados.
3. *Cadeia de consumidores*: grupo de centros de distribuição, atacadistas, varejistas e consumidores finais que recebem os produtos acabados da empresa.

Não se deve esquecer que deve haver uma íntima interface entre produção, marketing e logística, como se pode ver na Figura 4.22.

## Cadeia de valor

Olhando sob o prisma da sua tarefa básica, cada empresa pode ser definida como uma coleção de atividades que desenham, produzem, comercializam, entregam e apoiam seus P/S. Cada atividade pode contribuir para uma posição de custo favorável da empresa em relação aos concorrentes ou capacitar a empresa a diferenciar seus P/S[44]. Para examinar as atividades de uma empresa e suas relações que contribuem para agregar vanta-

---

42 WHELEEN, T. L.; HUNGER, J. D. *Strategic management and business policy.* Upper Saddle River: Prentice-Hall, 2002, p. 174-5.

43 CHIAVENATO, I. *Administração da produção*: uma abordagem introdutória. Rio de Janeiro: Elsevier/Campus, 2005a, p. 142.

44 MARKLAND, R. E.; VICKERY, S.; DAVIS, M. V. *Operations management*: concepts in manufacturing and services. St. Paulo: South-Western, 1995, p. 18.

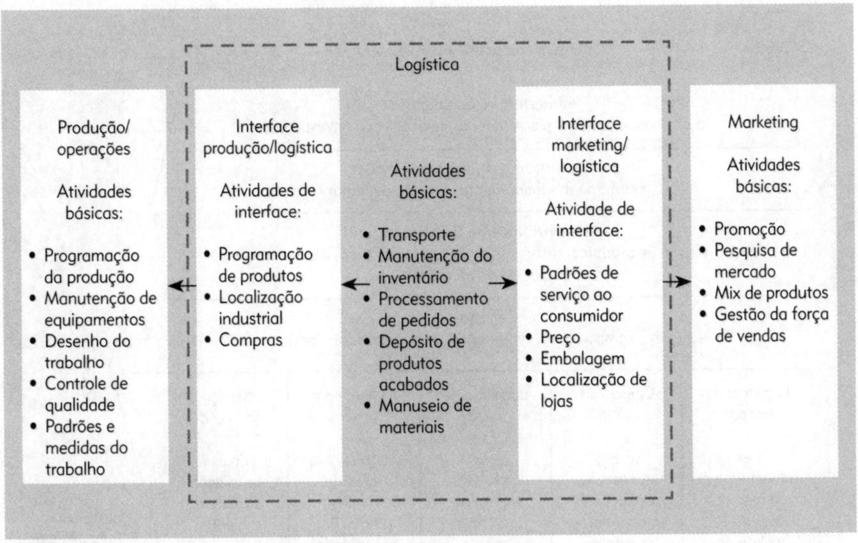


**Figura 4.22** Interfaces entre produção, marketing e logística.
Fonte: Ballou (1985).

gens competitivas, utiliza-se o conceito de cadeia de valor. A cadeia de valor é um modelo conceitual que ajuda a empresa a reconhecer as atividades estrategicamente importantes, examinar seus custos e identificar meios para diferenciar seus P/S em relação ao que os concorrentes estão fazendo.

O valor define quanto os consumidores estão dispostos a pagar por um P/S. A medida de valor é o faturamento total. Para que a empresa seja rentável, o valor de seus P/S deve exceder seu custo. Oferecer maior valor para os compradores – e acima dos concorrentes – constitui o objetivo último da estratégia de negócios da empresa. A cadeia de valor traduz o valor total gerado por uma empresa, como mostra a Figura 4.23.

As atividades que agregam valor podem ser desdobradas em atividades principais e atividades de apoio. As primeiras estão relacionadas com a criação física do P/S e sua venda e a transferência ao consumidor. As atividades de apoio envolvem compras, insumos, tecnologia, recursos humanos e outras funções internas da empresa. Embora as atividades de valor estejam colocadas em blocos de vantagem competitiva, na verdade, a cadeia de valor não é uma mera coleção de atividades independentes. O que vale é sua integração e seu íntimo inter-relacionamento para proporcionar resultados superiores. Isso significa sinergia.

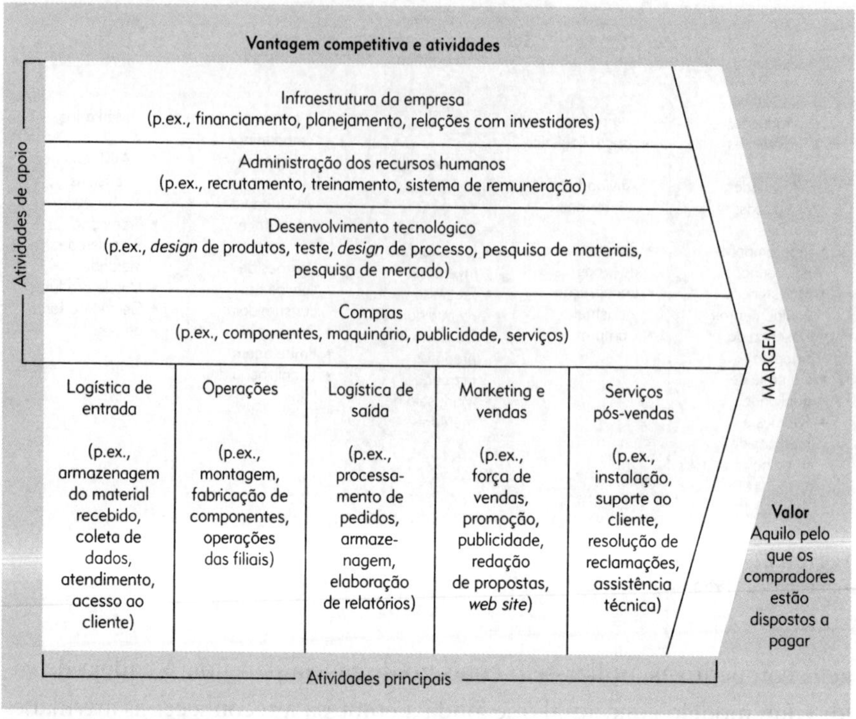


**Figura 4.23** A cadeia de valor de Porter.
Fonte: Porter (1989).

## *Supply chain management*

*Supply chain management* (SCM) ou gestão da cadeia de suprimentos é um conceito que descreve como a organização gerencia suas várias cadeias de suprimento para alcançar vantagem estratégica. Um desafio para as empresas é integrar todas as atividades envolvidas com o fluxo de materiais e produtos para dentro e para fora. O objetivo da SCM é sincronizar os requisitos do consumidor final com o fluxo de materiais e informação ao longo da cadeia de suprimentos, a fim de atingir um balanço entre a elevada satisfação do consumidor e os custos envolvidos. A satisfação do consumidor é a meta de todos os elementos que constituem a cadeia de suprimentos[45].

---

[45] MARKLAND, R. E.; VICKERY, S.; DAVIS, M. V. *Operations management*: concepts in manufacturing ans services. St. Paulo: South-Western, 1985, p. 384.

## CONTROLES DE PRODUÇÃO

Além de planejar e programar a produção, torna-se necessário monitorar e controlar o seu desempenho e os resultados para se certificar de que estejam de acordo com o planejado e programado. Os controles servem para:

1. *Correção das falhas ou erros existentes*: o controle serve para detectar falhas ou erros – seja no planejamento, seja na execução – e apontar as medidas corretivas a fim de saná-los o mais rapidamente possível.
2. *Prevenção de futuras falhas ou erros*: ao corrigir as falhas ou erros existentes, o controle aponta os meios para evitá-los no futuro.

Para assegurar que o que foi planejado e organizado cumpriu realmente os objetivos pretendidos, o controle se baseia em quatro fases[46]:

1. *Estabelecimento dos padrões*: define previamente os padrões ou critérios de avaliação ou comparação. Um padrão é uma norma ou critério que serve de base para a avaliação ou comparação de algo. O metro, o litro, o grama são padrões universalmente aceitos. O padrão é o ponto de referência para avaliar tudo o que será feito.
2. *Avaliação do desempenho*: consiste em avaliar o que está sendo feito por meio de acompanhamento e monitoração.
3. *Comparação do desempenho com o padrão estabelecido*: consiste em comparar o desempenho com o que foi previamente estabelecido como padrão de comparação para verificar se há desvio ou variação, isto é, se há falha ou erro em relação ao desempenho-padrão desejado.
4. *Ação corretiva*: consiste em corrigir o desempenho para adequá-lo ao padrão. O objetivo do controle é indicar quando, onde e quanto corrigir para manter o processo de acordo com o que foi previamente estabelecido.

O controle é um processo cíclico e repetitivo. Cíclico por envolver um ciclo composto pelas quatro fases que acabamos de enumerar. Repe-

---

[46] CHIAVENATO, I. *Administração da produção*: uma abordagem introdutória. Rio de Janeiro: Elsevier/Campus, 2005a, p. 151-8.

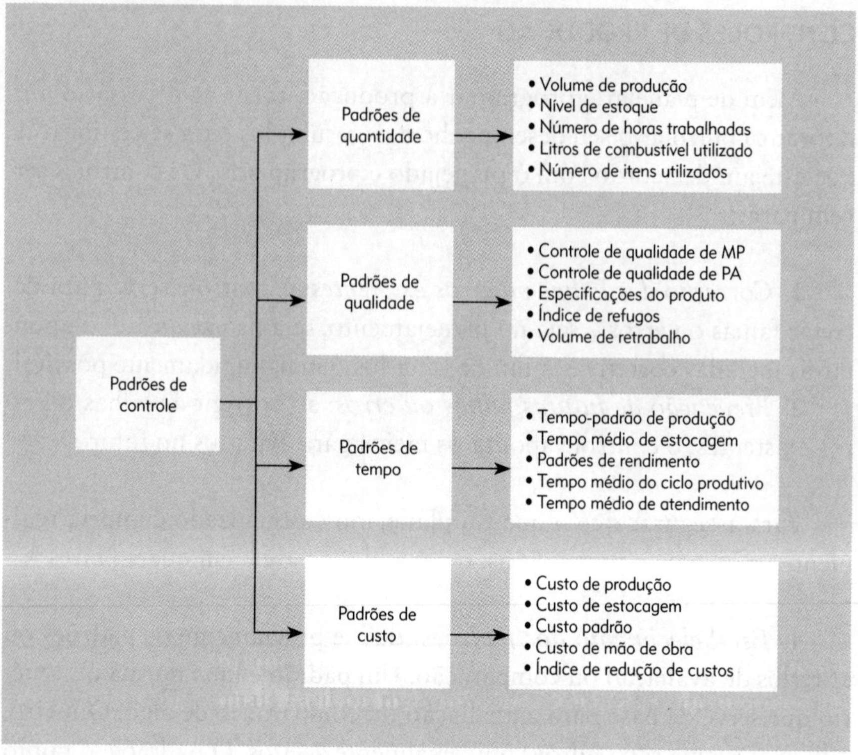


**Figura 4.24** Os padrões de controle.
Fonte: Chiavenato (2005a, p. 151).

titivo porque se repete indefinidamente. À medida que se repete, o controle tende a fazer com que as coisas controladas se aperfeiçoem e reduzam seus desvios em relação aos padrões previamente estabelecidos.

## Controle de estoques

O estoque inclui todo o sortimento de materiais que a empresa possui e utiliza no processo produtivo e tende a flutuar no decorrer do tempo. Assim, torna-se difícil controlá-lo em toda a sua extensão, pois os materiais se transformam por meio do processo produtivo e a cada momento podem ser classificados diferentemente. Além disso, cada material representa um custo diferente e gradativamente maior à medida que flui no processo produtivo e recebe acréscimos de mão de obra e de outros materiais.

Contudo, o estoque não pode ser muito grande – pois implica desperdício e capital empatado sem necessidade – nem pode ser muito pequeno – pois envolve risco de falta de materiais e consequente paralisação da produção, com prejuízos ao negócio.

O controle de estoques envolve:

1. *Registros de estoque*: feitos por meio do fichário de estoque, banco de dados sobre estoque de materiais ou, ainda, inventário de estoque. Trata-se de um conjunto de documentos ou registros de computador que serve para controlar e analisar o estoque. A utilização de programas de computador para essa finalidade é indispensável na proporção que o número de itens a serem controlados aumenta.
2. *Classificação ABC*: ou curva de Pareto, baseia-se no princípio de que a maior parte do investimento financeiro em materiais se concentra em um pequeno número de itens. Uma pequena parcela dos materiais representa a maior parte do investimento financeiro. A classificação ABC divide os estoques conforme sua quantidade ou valor monetário em três classes:
   a) Classe A: envolve poucos itens (de 15 a 20% do total), mas que são responsáveis pela maior parte (80%) do valor do estoque. São os itens menos numerosos, porém mais valiosos e que merecem uma atenção individual por seu enorme valor monetário.
   b) Classe B: envolve grande quantidade dos itens (35 a 40% do total), mas que representam algo como 15% do valor dos estoques. São os itens intermediários com relativa importância no valor global dos estoques.
   c) Classe C: envolve uma enorme quantidade de itens (40 a 50% do total), mas que representam um valor desprezível (5 a 10%) do valor dos estoques. São os itens mais numerosos, mas menos valiosos, pois respondem com pouca importância pelo valor global dos estoques.

A atenção maior deve se concentrar nos itens de classe A, cujo valor monetário é enorme, 80% do valor total, merecendo um tratamento especial. Os itens B são tratados por procedimento semiautomático, enquanto os itens C – que no seu conjunto alcançam 5 a 10% do valor total – podem ser tratados por procedimento automático que não exija muito tempo de decisão, pois o seu valor monetário é relativamente pequeno.

A curva ABC apresenta uma configuração típica, como na Figura 4.25.

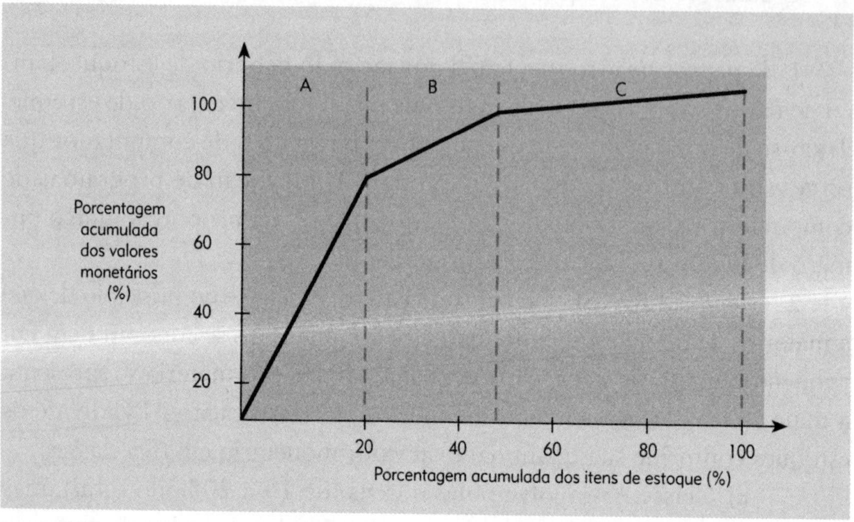


**Figura 4.25** Curva ABC de estoques.

## Controle de qualidade

Qualidade é a adequação a determinados padrões previamente definidos. Esses padrões são denominados especificações quando se trata de projetar um P/S, conforme visto anteriormente. Quando essas especificações não são bem definidas, a qualidade se torna ambígua e a aceitação ou rejeição do P/S passa a ser discutível. Diz-se que um produto é de alta qualidade quando ele atende exatamente aos padrões estabelecidos e exibe as exatas especificações adotadas. Isso significa que um produto de elevada qualidade é elemento de redução de custos. Se o projeto for benfeito, mas a produção não for bem executada, os P/S serão refugados e rejeitados. Se o projeto e a produção andarem bem, mas as matérias-primas não forem inspecionadas na recepção, o P/S final provavelmente não atenderá às especificações e poderá ser refugado por isso, o que provocaria perdas enormes – tanto de material como de trabalho, para não se falar em cancelamento de pedidos pela clientela e perda de faturamento – que poderiam ser evitadas com uma política de qualidade a ser desenvolvida por todas as áreas da empresa. A política de qualidade precisa contar com o apoio de todo o pessoal e de todas as seções produtivas e de assessoria. O raciocínio básico é de que a quantidade custa dinheiro, mas a sua ausência custa muito mais dinheiro ainda.

Existem vários programas de qualidade, a saber:

1. *Melhoria contínua*: focaliza mais a prevenção que a detecção de problemas, erros, refugos e retrabalho no processo produtivo. Um programa de melhoria contínua envolve várias etapas, como mostrado no Quadro 4.4.
2. *Círculos de controle de qualidade*: os círculos de controle de qualidade (CCQ) surgiram no Japão e logo foram copiados pelas empresas ocidentais em função de seus excelentes resultados e de seu caráter eminentemente participativo e envolvente. O círculo de controle de qualidade é um pequeno grupo de trabalhadores organizados expontânea e voluntariamente com três objetivos principais:
   a) Estudar e difundir os estudos sobre qualidade juntamente com os colegas.
   b) Aplicar os resultados de seus estudos no seu trabalho – seja na oficina, na fábrica ou no escritório – a fim de melhorar o ambiente e o próprio trabalho.

**Quadro 4.6** Modelo de processo de melhoria contínua

| |
|---|
| 1. Defina os problemas no contexto do processo produtivo. |
| 2. Identifique, analise e documente os processos. |
| 3. Mensure o desempenho atual. |
| 4. Compreenda por que cada processo está tendo o desempenho atual. |
| 5. Desenvolva soluções alternativas e selecione a melhor delas. |
| 6. Desenvolva uma estratégia e implemente a alternativa escolhida. |
| 7. Avalie os resultados do novo processo. |
| 8. Comprometa a todos na continuidade do processo de melhoria. |

Fonte: adaptado de Tenner et al. (1992, p. 109).

c) Desenvolver as habilidades dos colegas para o trabalho em equipe por meio da solidariedade, cooperação e responsabilidade mútua.

3. *Programa de zero defeito*: busca conscientizar o pessoal que participa direta ou indiretamente do processo produtivo a fazer as coisas bem feitas desde o início. Além do pessoal de produção, também envolve o pessoal da área que cria e desenvolve o produto, da administração de materiais (compras e suprimentos), da engenharia industrial etc. Procura eliminar a separação entre a produção (orientada para execução e produtividade) e o CQ (orientado para a inspeção e localização de P/S defeituosos). Em geral, o programa de zero defeito procura obter a participação e envolvimento dos operários, que passam a contribuir com ideias e sugestões sobre o seu trabalho por meio de reuniões frequentes e periódicas e análise dos resultados de inspeção de qualidade.

4. *Técnicas de CQ*: para localizar defeitos e apontar soluções, boa parte das técnicas de CQ estão baseadas na estatística. Os dados sobre o CQ são apresentados por meio de gráficos estatísticos, como a seguir:

a) Histograma: é um gráfico estatístico baseado em uma tabela de dupla entrada. O eixo vertical mostra o assunto controlado e o eixo horizontal, as frequências ou porcentagens verificadas.

b) Curva de Pareto: é um gráfico traçado a partir do ordenamento dos dados acumulados de acordo com sua importância – da maior para a menor importância – para indicar quais merecem atenção especial.

c) Diagrama de causa e efeito: ou diagrama de Ishikawa, é uma ferramenta para identificar e localizar problemas de produção. O diagrama tem um formato de espinha de peixe e permite mostrar as causas de problemas de qualidade.

Com o intuito de localizar desvios, defeitos, erros ou falhas no processo produtivo, o CQ compara o desempenho atual com o padrão previamente estabelecido. Essa comparação pode ser feita de duas maneiras:

1. *CQ 100%:* corresponde ao controle total da qualidade. A totalidade dos itens é comparada com o padrão para verificar se há desvio ou variação. Toda matéria-prima recebida é inspecionada, todo trabalho de cada seção é verificado e assim por diante. A inspeção total ou controle 100% é necessário em certos tipos de produtos de alto valor unitário, em

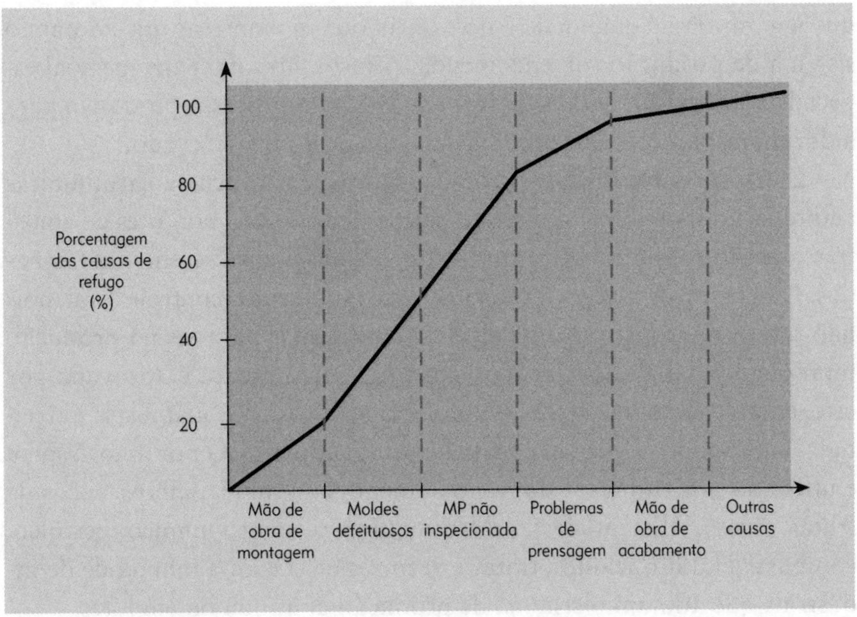


**Figura 4.26** Curva de Pareto das principais causas de refugo.

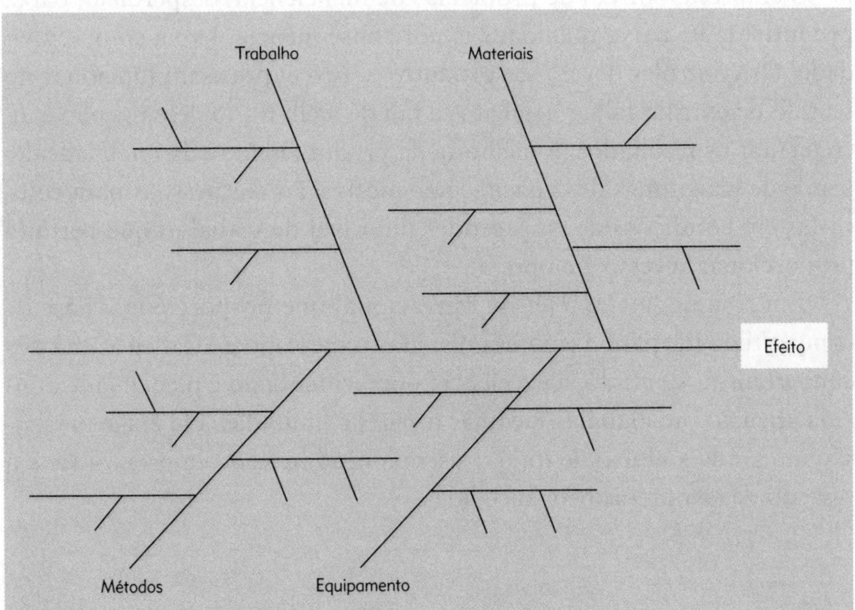


**Figura 4.27** Diagrama de causa e efeito.

que a garantia de qualidade é necessária ou em empresas que adotam o sistema de produção sob encomenda. A inspeção total exige pessoal especializado em CQ, paralisações no decorrer do processo produtivo para a devida inspeção e, em consequência, um custo final elevado.

2. *CQ por amostragem*: como o controle total custa caro, muitas empresas adotam o CQ por amostragem, isto é, o CQ por lotes de amostras que são recolhidos aleatoriamente ao acaso para serem inspecionados. Esse controle amostral substitui com vantagens o controle total, pois não interfere no processo produtivo, não requer paradas na produção tampouco pessoal especializado em CQ. Se a amostra é aprovada por este, então todo o lote por extensão será aprovado. Se a amostra é rejeitada, então todo o lote deverá ser inspecionado. O CQ por amostragem é utilizado por empresas do ramo alimentício (leite, laticínios, sucos de frutas, massas alimentícias), do ramo químico e petroquímico (petróleo, combustível, lubrificantes, tintas e vernizes etc.) e uma infinidade de indústrias que adotam o sistema de produção contínua ou em lotes.

Os controles de produção, de estoques e de quantidade indicam quando as empresas sofrem de problemas de ineficiência, desperdício, baixa produtividade, baixa qualidade e, por consequência, baixa competitividade. Os controles devem ser produtivos, isto é, precisam funcionar no sentido de corrigir falhas e defeitos a fim de melhorar o desempenho e incrementar os resultados. A melhoria da produtividade e da qualidade depende de programas de capacitação e motivação das pessoas para colocá-las em condições de empreender um nível de trabalho que permita proporcionar sucesso à empresa.

Em resumo, é a excelência operacional que proporciona a base de competitividade para a empresa disputar o mercado e alçar-se acima dos concorrentes. Contudo, a excelência operacional não é plenamente atingida apenas com algumas medidas tópicas e limitadas. Ela exige uma visão integrada e global de todo o sistema produtivo da empresa. Esse é o segredo das empresas bem-sucedidas.

CAPÍTULO 5

# Quinto passo
# Administração de marketing: saiba conquistar e manter o cliente

**Tópicos**

O mercado
A concorrência
A clientela
Marketing
Diferenciação
Posicionamento
Preço
Promoção e propaganda
Distribuição
Venda
Cotas de vendas

Para que servem as empresas? Apenas para produzir produtos ou serviços? Isso é muito pouco ou quase trivial. Qualquer empresa iniciante pode fazê-lo com tranquilidade. Na verdade, produtos e serviços (P/S) são produzidos para que o cliente os compre e utilize. O foco, portanto, não deve estar na produção em si nem no próprio P/S, mas no cliente que adquire e investe nos P/S produzidos pela empresa. É preciso olhar para fora da organização. É lá que está o cliente. O cliente é quem define o sucesso ou o fracasso de um negócio, não o P/S em si. Fazer um bom produto ou prestar um serviço com excelência ajuda muito, sem dúvida. Essa é a tarefa básica da empresa. Mas, na verdade, é o cliente quem decide a compra. É nele que a empresa precisa pensar. Esse é o quinto passo de nossa jornada neste livro: saber conquistar e manter o cliente.

As empresas bem-sucedidas estão se aproximando cada vez mais do seu cliente. Na verdade, elas estão se concentrando cada vez mais no cliente para conhecer melhor suas necessidades e expectativas a fim de oferecer soluções adequadas para seus problemas. Com isso, o marketing de relacionamento está em alta. Em muitas delas, não existem fronteiras entre a empresa e o cliente. As empresas estão derrubando fronteiras e construindo

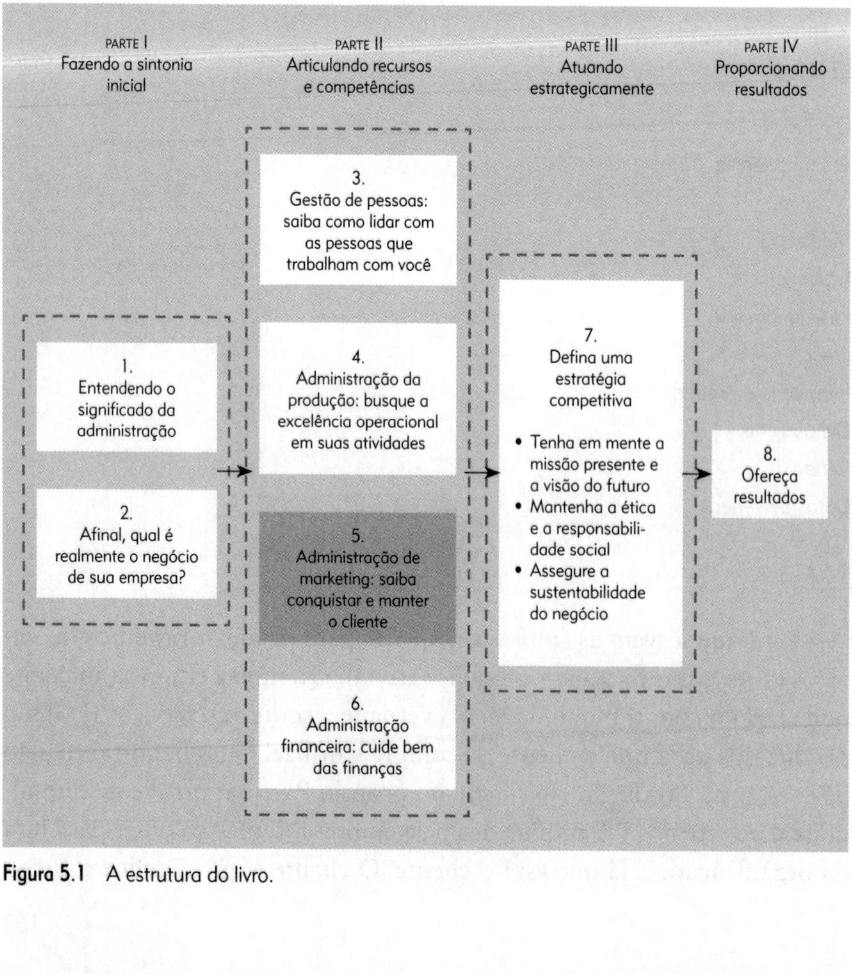


**Figura 5.1** A estrutura do livro.

pontes. O cliente está no foco do processo decisório e a empresa aprende continuamente com ele sobre como ajustar e adequar seu P/S a suas conveniências e expectativas. Afinal, o cliente é o consumidor de tudo aquilo que a empresa produz. Ele é o usuário. Ele é a porta do sucesso da empresa. E como focar o cliente? Toda a empresa – não apenas algumas pessoas dela – precisa concentrar-se no cliente. E isso não deve ser feito por algumas horas por semana ou por mês, mas sempre e continuamente. O cliente é a chave do sucesso de qualquer empresa.

Um dos maiores desafios das empresas é o de tentar descobrir e localizar o cliente e saber algo a seu respeito. É o mesmo que tentar encontrar uma agulha em um enorme palheiro. Contudo, existe um aspecto importante e que ajuda muito: a interdependência. As pessoas (clientes) precisam adquirir P/S para sua sobrevivência e conforto, enquanto as empresas precisam vender P/S para garantir sua sobrevivência e sustentabilidade. O problema é juntar as duas partes: empresa e clientela para fazer um casamento capaz de durar indefinidamente. Esse é o desafio. P/S no meio dele. Mas, onde está o cliente?

## O MERCADO

O mercado constitui a arena das operações de uma empresa. É nele que estão os clientes e os concorrentes. O meio ambiente é onde as empresas obtém seus recursos e insumos e é onde colocam o resultado de suas operações: seus P/S. O ambiente, portanto, fornece recursos e insumos de que as empresas necessitam e é o ambiente que assume os produtos ou serviços que as empresas produzem. É no ambiente que existem os mercados. O mercado pode abranger uma comunidade, uma região, um país, um continente ou o mundo inteiro, conforme sua amplitude. A palavra mercado abrange um aspecto de espaço. Mas, além do aspecto espacial, o mercado é fortemente influenciado pelo aspecto temporal: o *mercado* de sorvetes, em qualquer lugar, comporta-se de uma maneira no verão e de outra no inverno. O mercado de trabalho é mais tranquilo no início de cada ano e torna-se mais dinâmico e agitado no último trimestre. O mercado sofre influências com o tempo.

O mercado envolve transações entre vendedores (aqueles que oferecem P/S) e compradores (aqueles que procuram P/S), isto é, entre a oferta e a procura de P/S. Conforme elas, o mercado pode apresentar-se em três situações[1]:

1. *Situação de oferta*: quando a oferta é maior que a procura. Os preços tendem a baixar, em virtude da competição entre os vendedores, pois a oferta de P/S é maior que a procura. Há excesso de vendedores e escassez de compradores.
2. *Situação de equilíbrio*: quando a oferta é igual à procura. Nesta situação, os preços dos P/S tendem a se estabilizar.
3. *Situação de procura*: quando a procura é maior que a oferta. Os preços tendem a subir, em razão da competição entre os compradores, pois a procura de P/S é maior que a oferta existente. Há excesso de compradores e escassez de vendedores.

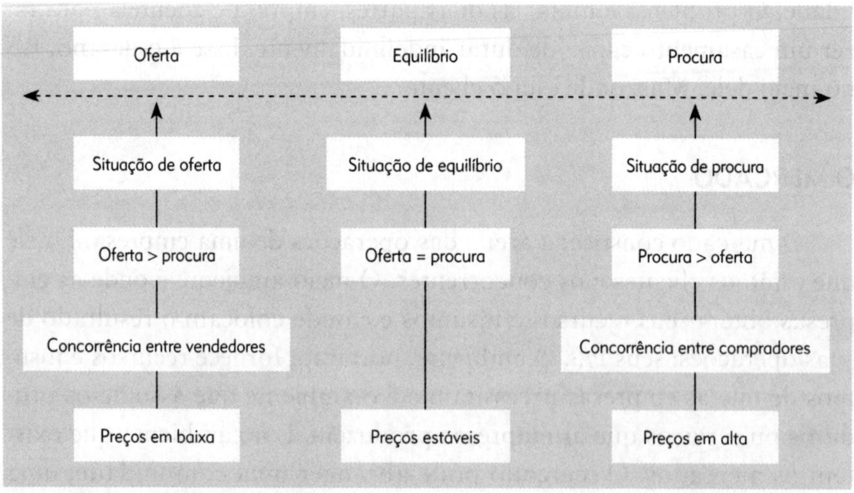


**Figura 5.2** As situações do mercado.
Fonte: Chiavenato (2005c, p. 20).

Cada situação do mercado requer uma postura diferente da empresa quanto ao relacionamento com seus clientes, política de preços, investimentos em promoção e propaganda e expectativas de retornos.

---

[1] CHIAVENATO, I. *Administração de vendas*: uma abordagem introdutória. Rio de Janeiro: Elsevier/Campus, 2005c, p. 18.

Por outro lado, deve-se levar em conta que as empresas não existem no vácuo, tampouco são absolutas. Elas estão inseridas em um meio ambiente, do qual fazem parte e dependem para funcionar e existir. É nesse ambiente de negócios de natureza dinâmica, mutável e complexa que existem os mercados. A palavra *mercado* servia, antigamente, para indicar o local físico onde as pessoas se reuniam para efetuar transações e negócios, isto é, para vender e comprar mercadorias ou serviços. Atualmente, *mercado* significa mais que simplesmente um local físico. A palavra pode abranger uma comunidade, uma região, um país, um continente ou o mundo inteiro, conforme o assunto a ser tratado.

Além disso, em todo mercado existem vendedores (que oferecem P/S) e compradores (que procuram P/S). Há também os concorrentes, que oferecem os mesmos P/S aos compradores e acabam introduzindo no mercado a dinâmica que conduz à mudança, à incerteza e à imprevisibilidade. Em nossa abordagem, os vendedores são empresas, enquanto os compradores são clientes, consumidores ou usuários. Os concorrentes são empresas que concorrem entre si disputando o mesmo mercado consumidor ou comprador para seus P/S.

As decisões, as estratégias e os planos da empresa não são determinados unilateralmente por ela, mas profundamente afetados por forças externas do ambiente que envolve a empresa. É preciso reconhecer todos esses fatores externos que influenciam fortemente tanto a empresa como seus concorrentes.

## Tipos de mercado

O mercado tem suas características conforme o ângulo de observação. Pode ser classificado conforme seu dinamismo, a saber[2]:

1. *Mercado estável*: é o mercado que sofre poucas variações ao longo do tempo. É conservador e tranquilo, que mantém o *status quo* e quase não modifica seus P/S; os consumidores quase não mudam suas necessidades e seus hábitos de compra; dificilmente os concorrentes al-

---

2 CHIAVENATO, I. *Administração de vendas*: uma abordagem introdutória. Rio de Janeiro: Campus/Elsevier, 2005c, p. 21-2.

teram seus produtos e estratégias. Em outras palavras, as empresas vendem sempre os mesmos P/S, os consumidores quase nunca mudam e os concorrentes são sempre os mesmos e fazem sempre os mesmos P/S. É um mercado que permite previsões no longo prazo com programações de oferta de P/S com ciclo de vida duradouro. A estabilidade proporciona um grau de certeza e previsibilidade já que as mudanças são pequenas.

2. *Mercado instável*: é o mercado que sofre variações no tempo. É um mercado mutável, agitado e turbulento, no qual as empresas precisam constantemente modificar seus P/S, pois os consumidores mudam rapidamente suas necessidades e seus hábitos de compra, enquanto os concorrentes alteram seus P/S e suas estratégias a cada momento. Como tais mudanças ocorrem rapidamente, sem que se saiba exatamente o que está acontecendo, torna-se um mercado mutável e imprevisível sujeito a modificações bruscas, rápidas e radicais. Os P/S ofertados têm um ciclo de vida curto e rápido. Mudança e inovação são necessários para se atuar nesse tipo de mercado.

O mercado também pode ser classificado, conforme seu grau de diversidade, em homogêneo ou heterogêneo[3]:

1. *Mercado homogêneo*: é constituído de empresas cujos produtos ou serviços apresentam características semelhantes, no qual os consumidores também se assemelham quanto às características, assim como os concorrentes. Tal homogeneidade permite que a empresa vendedora trate todos os clientes da mesma maneira, pois têm necessidades semelhantes, enquanto os concorrentes adotam estratégias iguais. Isso faz com que a empresa adote uma única postura com relação a clientes e concorrentes.

2. *Mercado heterogêneo*: é constituído de empresas que vendem P/S variados para consumidores com características e necessidades distintas e com concorrentes desenvolvendo estratégias diferenciadas. Tal hetero-

---

[3] CHIAVENATO, I. *Administração de vendas*: uma abordagem introdutória. Rio de Janeiro: Campus/Elsevier, 2005c, p. 23.

geneidade exige diferentes posturas com relação aos clientes e concorrentes e a oferta de linhas diferenciadas de P/S.

Na prática, não existe um mercado totalmente estável ou instável. Quase sempre o que se apresenta são situações intermediárias entre esses extremos. Do mesmo modo, não existe um mercado totalmente homogêneo ou heterogêneo. Juntando as duas classificações, pode-se obter a matriz a seguir.

O mercado apresenta maior simplicidade no quadrante 1, no qual é estável e homogêneo, apresentando características de conservantismo e de fácil previsibilidade. Ao mesmo tempo, relativamente uniforme, exigindo estratégias simples e de longo prazo. A maior complexidade está no quadrante 4, em que o mercado é instável e heterogêneo, ou seja, mutável, turbulento e sujeito a frequentes alterações, ao mesmo tempo em que é diversificado, exigindo estratégias diferenciadas e complexas, que devem ser constantemente alteradas e modificadas. Isso significa que atuar em uma empresa do tipo 1 é muito mais fácil que em uma empresa do tipo 4. Os quadrantes 2 e 3 refletem situações de complexidade intermediária.

**Quadro 5.1** Os tipos de mercado

| Tipos de mercado | Mercado estável | Mercado instável |
|---|---|---|
| Mercado heterogêneo | 1<br>Os P/S, os clientes/consumidores e os concorrentes são diferenciados e quase não apresentam mudanças e alterações.<br>A empresa deve ter várias posturas diante do mercado, que devem ser mantidas ao longo do tempo. | 2<br>Os P/S, os clientes/consumidores e os concorrentes são diferenciados e constantemente sofrem mudanças e alterações.<br>A empresa deve ter várias posturas diante do mercado, que devem ser mudadas frequentemente. |
| Mercado homogêneo | 3<br>Os P/S, os clientes/consumidores e os concorrentes são uniformes e quase não apresentam mudanças e alterações.<br>A empresa tem uma só postura diante do mercado, que pode ser mantida inalterada. | 4<br>Os P/S, os clientes/consumidores e os concorrentes são uniformes e constantemente sofrem mudanças e alterações.<br>A empresa tem uma só postura diante do mercado, que deve ser alterada frequentemente. |

Fonte: Chiavenato (2005c, p. 24).

## Análise do mercado

Como o mercado é vasto, difuso e mutável, a empresa precisa conhecê-lo e interpretá-lo adequadamente. Quanto mais a empresa conhecer seu mercado, mais chances de sucesso ela terá. As empresas introvertidas – aquelas que não analisam ou investigam o mercado e que não olham para fora de si mesmas – tendem a desajustar-se do mercado e perder sua competitividade por fantasia ou inadequação. Por outro lado, as empresas extrovertidas – isto é, focadas no mercado – podem detectar mais facilmente as mudanças e tendências externas e sintonizar suas atividades em direção a elas. Para tanto, as empresas precisam ter seus olhos e ouvidos voltados para o mercado. Elas precisam enxergar e ouvir para conhecer o terreno em que estão pisando e o que devem fazer. Os olhos e ouvidos da empresa – ou seja, seus órgãos sensoriais – são constituídos pelas fontes de informação que ela recebe a respeito do mercado. Da mesma forma como as pessoas usam olhos e ouvidos para colher informações externas, as empresas também precisam ficar atentas e obter informações sobre o mercado. A análise do mercado é feita por meio de fontes de informação obtidas sobre o mercado e que podem ser classificadas em dois tipos: fontes primárias e fontes secundárias[4].

### Fontes primárias

A análise do mercado pode ser feita por meio de fontes diretas ou originais obtidas por pessoas, grupos ou empresas cujas opiniões ou expectativas interessam à empresa. Os dados primários são obtidos diretamente a partir das fontes primárias por meio de perguntas, entrevistas, questionários e cartas para uma análise específica.

As fontes primárias podem ser quantitativas e numéricas: quantas pessoas estão interessadas em determinado produto, quantas pessoas compram em determinada loja – e que podem ser submetidas a tratamento estatístico –, qual é a porcentagem de clientes que preferem o produto A ao produto B, qual é a porcentagem dos clientes da loja X que deixam de comprar determinado produto por causa do preço elevado e coisas assim.

---

4 CHIAVENATO, I. *Administração de vendas*: uma abordagem introdutória. Rio de Janeiro: Campus/Elsevier, 2005c, p. 82-5.

As fontes primárias também podem oferecer informações qualitativas e que são basicamente explicativas – como saber por que os consumidores preferem a cor branca a outras cores quando compram geladeiras ou quais características explicam o sucesso do produto, por exemplo.

### Fontes secundárias

A análise do mercado pode ser feita por meio de fontes indiretas, ou seja, entidades especializadas em colher dados ou informações das fontes primárias para fornecê-los de maneira resumida e sintética às empresas interessadas. Os dados secundários são obtidos indiretamente das fontes primárias por meio de registros, relatórios, publicações, revistas, anuários etc. Em geral, são dados já colhidos para outras finalidades e que podem ser oferecidos ou comercializados. As fontes secundárias podem ser:

1. *Informações secundárias obtidas dentro da empresa*: relatórios mensais dos departamentos da empresa, estatísticas de vendas (por P/S, por cliente, por região etc.), cadastro de clientes e banco de dados dos clientes (quanto cada cliente compra, quando compra e em que condições), receita de vendas por P/S, informações do crédito e cobrança dos clientes (como o cliente está honrando seus pagamentos) etc.
2. *Informações secundárias obtidas fora da empresa*: são os centros de documentação, jornais e revistas especializados, publicações, federações e sindicatos da categoria, anuários estatísticos do Instituto Brasileiro de Geografia e Estatística (IBGE) etc.

## Pesquisa de mercado

Quando as fontes secundárias de informação da empresa são insuficientes para permitir uma adequada análise do mercado, pode-se optar pela pesquisa de mercado. A pesquisa de mercado – pesquisa mercadológica ou pesquisa de marketing – constitui uma ferramenta para obtenção de informações sobre o mercado. Envolve coleta, registro e análise dos dados a respeito da comercialização de P/S desde o produtor até o consumidor.

Por meio da pesquisa de mercado, a incerteza nas decisões da empresa é reduzida. Seu fundamento está na amostragem. Uma amostra é um grupo representativo de um universo. É uma parcela do universo,

| Fontes de informações | Tipo de abordagem | A obtenção da informação é feita por meio de: |
|---|---|---|
| Primárias | Quantitativa | • Pesquisa de mercado |
| | Qualitativa | • Pesquisa de mercado |
| Secundárias | Dentro de empresa | • Relatórios mensais<br>• Estatísticas de vendas<br>• Cadastro de clientes<br>• Banco de dados dos clientes<br>• Receita de vendas do produto<br>• Crédito e cobrança dos clientes |
| | Fora da empresa | • Centros de documentação<br>• Jornais e revistas especializados<br>• Publicações em geral<br>• Federações e sindicatos<br>• Anuários estatísticos (IBGE) |

**Figura 5.3** As fontes primárias e secundárias de informação sobre o mercado.
Fonte: Chiavenato (2005c, p. 84).

cujas características são exatamente iguais às dele. Universo é a totalidade dos elementos – consumidores, clientes, concorrentes etc. – que se pretende conhecer. Como o universo é amplo e difícil de ser pesquisado, utiliza-se uma amostra representativa como base para a pesquisa. A amostragem se baseia na escolha de uma amostra representativa do universo de maneira que o comportamento da amostra traduza o comportamento do universo. A coleta de sangue para exame médico é um exemplo típico de amostra. A pesquisa de mercado utiliza a técnica da entrevista ou questionário. As técnicas de pesquisas de mercado podem ser quantitativas ou qualitativas.

**Box 5.1** Olhar para fora da empresa

Há uma diferença entre pesquisa de mercado e análise de mercado. A análise de mercado é feita continuamente por meio de informações secundárias que a empresa tem à disposição para mera consulta. A pesquisa de mercado não é contínua e precisa coletar as informações primárias por meio de um projeto planejado para tal e organizado para entrevistar ou questionar a amostra que se pretende pesquisar. A pesquisa de mercado se encerra após as conclusões. Ela é feita sob medida para cada tipo de situação.

### Pesquisa de mercado quantitativa

Utiliza técnicas estatísticas para obter resultados numéricos e quantitativos na forma de quantidades, porcentagens etc. Os principais tipos de pesquisa de mercado quantitativa são[5]:

1. *Pesquisa de vendas*: serve para verificar a situação de vendas da empresa. Pode ser feita por meio de:
   a) Painel de consumidores: amostra fixa de consumidores que representa o universo dos consumidores. Pode ser constituído de amostras de lares (famílias), clientes individuais ou segmentos da população de consumidores finais.
   b) Painel de varejistas: a amostra fixa é constituída de varejistas que vendem os P/S da empresa para os consumidores finais. Permite pesquisar compras, estoques e saídas das lojas.
   c) Estudos de distribuição: com amostras de varejistas e atacadistas pode-se pesquisar o nível de estoques dos P/S, situação no ponto de venda, cobertura promocional, condições da concorrência etc.
2. *Pesquisa do consumidor*: serve para analisar e conhecer as características, atitudes, reações e preferências do consumidor quanto a P/S. É usada para desenvolver e adequar o P/S às necessidades e expectativas do cliente final. Pode ser feita por meio de:
   a) Painel de consumidores: grupo fixo de amostra de clientes com o qual a empresa interage diretamente para conhecer suas características individuais, preferências pessoais, comportamento de consumo, aspirações, necessidades etc. Pode ser abordado de maneira virtual, por meio da internet, ou reunido em algum local da empresa para troca de ideias, opiniões etc.
   b) Estudo de comportamento: é diferente do painel, pois utiliza amostras de consumidores tomadas ao acaso e que variam. Visa conhecer as características de consumo, preferências pessoais ou oportunidade para entrar em um mercado novo.
   c) Mercado de prova: ou *market test*, procura eliminar o risco no lançamento de novos P/S. Consiste em selecionar uma zona representativa do mercado (cidade ou bairro) que se pretende conquistar

---

5 CHIAVENATO, I. *Administração de vendas*: uma abordagem introdutória. Rio de Janeiro: Campus/Elsevier, 2005c, p. 87-90.

e agir sobre ela experimentalmente como se fosse o mercado inteiro. Os resultados permitem que a empresa decida se lançará o P/S nas demais cidades ou bairros, se cancelará ou alterará o plano de lançamento.

3. *Pesquisa de produto*: serve para analisar a aceitação do P/S no mercado quanto a suas características, embalagem, qualidade, necessidades de adequações etc. Pode ser feita por meio de:

a) Teste de conceito: permite avaliar se vale a pena continuar um novo projeto de P/S ainda em estudos. Não é necessário dispor do P/S já pronto para fazer o teste de conceito.

b) Teste de produto: permite identificar qual das alternativas de P/S é mais indicada para o mercado. Trata da aceitação ou rejeição de um novo P/S ou comparações com P/S concorrentes similares, analisando seus pontos fortes e fracos.

c) *Teste de embalagem*: equivalente ao teste de produto, mas aplicado especificamente em relação à embalagem.

4. *Pesquisa de propaganda*: permite avaliar o efeito da propaganda sobre o consumidor e o reflexo sobre as vendas. Pode ser feita por meio de:

a) Pesquisa de audiência: procura identificar e avaliar a audiência dos meios de comunicação. Utilizada pelos canais de televisão para analisar os programas de maior audiência e popularidade.

b) Pré-teste publicitário: ou pré-teste de propaganda, serve para avaliar, antes que a propaganda seja passada à população, o nível de compreensão, aceitação e credibilidade junto a um grupo de pessoas.

c) Pós-teste publicitário: ou pós-teste de propaganda, é uma forma de verificar, depois de finalizada a campanha publicitária, sua eficácia e permanência junto às pessoas que receberam a mensagem.

5. *Pesquisa de concorrência*: permite avaliar os P/S similares oferecidos pela concorrência, sua qualidade, preço, vendas, aceitação pelo consumidor etc. Pode ser feita por meio de:

a) Barômetro de marcas: pesquisa a evolução do mercado global e das cotas de participação das diferentes marcas ao longo do tempo. Indica as marcas que estão evoluindo positiva ou negativamente, crescendo ou decrescendo.

b) Teste de produto: serve para comparar os P/S da empresa com os da concorrência.

c) Teste de embalagem: serve para comparar a embalagem do P/S da empresa com a embalagem oferecida pela concorrência.

Pesquisa de mercado qualitativa

Fornece informações descritivas, explicativas e não numéricas. É utilizada com menor frequência. Pode ser feita por meio de[6]:

1. *Estudos motivacionais*: explicam o que leva o consumidor a comprar um P/S em detrimento de outros à sua disposição. Permite entender os mecanismos psicológicos que levam o consumidor a optar por determinados P/S e o que estes devem oferecer para serem escolhidos.
2. *Estudos de imagem*: imagem é a percepção que as pessoas têm de um P/S, da marca ou da empresa. A imagem – favorável ou desfavorável – é o primeiro passo do comportamento de compra. Se a imagem for negativa, a análise de suas causas permite condições para modificá-la. Se a imagem for positiva, deverá ser mais utilizada para incrementar as vendas.

| | | |
|---|---|---|
| Pesquisas quantitativas | Pesquisa de vendas | • Painel de consumidores<br>• Painel de varejistas<br>• Estudos de distribuição |
| | Pesquisa do consumidor | • Painel de consumidores<br>• Estudo de comportamento<br>• Mercado de prova |
| | Pesquisa de produto | • Teste de conceito<br>• Teste de produto<br>• Teste de embalagem |
| | Pesquisa de propaganda | • Pesquisa de audiência<br>• Pré-teste publicitário<br>• Pró-teste publicitário |
| | Pesquisa de concorrência | • Barômetro de marcas<br>• Teste de produto<br>• Teste de embalagem |
| Pesquisas qualitativas | | • Estudo motivacionais<br>• Estudos de imagem |

**Figura 5.4** Os tipos de pesquisa de mercado.
Fonte: Chiavenato (2004, p. 91).

6 CHIAVENATO, I. *Administração de vendas*: uma abordagem introdutória. Rio de Janeiro: Campus/Elsevier, 2005c, p. 90.

A pesquisa de mercado – seja quantitativa, seja qualitativa – pode ser feita pela própria empresa ou encomendada a alguma empresa especializada em pesquisas. Por meio dela, a empresa pode interpretar aspectos importantes, a saber:

1. Quem é o cliente.
2. Como é o cliente.
3. Quais são as necessidades e expectativas do cliente.
4. O que é de valor para o cliente.
5. Como satisfazer suas necessidades e expectativas.
6. Quais são os concorrentes.
7. O que fazem os concorrentes.
8. Como ultrapassar os concorrentes.

Essas informações permitem a configuração do P/S mais adequado para o cliente e acima das características oferecidas pelos concorrentes. A busca de vantagem competitiva – aquilo que pode colocar o P/S além daqueles oferecidos pelos concorrentes – está na base dessas informações.

## Segmentação de mercado

Não existem dois clientes iguais e é extremamente difícil – se não impossível – satisfazer a todos os vários clientes de uma mesma maneira. Para atender as diversas necessidades do mercado, torna-se necessário concentrar esforços em grupos menores – ou segmentos. Em cada segmento, os clientes tendem a ter certas similaridades entre si, como características pessoais, comportamento de compras ou aspectos psicológicos. A empresa pode apelar para alguns segmentos do público consumidor e desenvolver diferentes compostos de marketing que se ajustem às necessidades e aspirações de cada segmento. A segmentação de marketing decompõe o mercado heterogêneo em pequenos segmentos homogêneos. É o contrário do mercado de massa.

Quando o mercado é heterogêneo, surge a necessidade de dividi-lo e fragmentá-lo em segmentos para melhor compreendê-lo. A essa divisão e fragmentação se dá o nome de segmentação de mercado. A segmentação permite que cada segmento do mercado possa ser trabalhado de modo específico e personalizado e merece uma atenção especial. Cada segmento de mercado é um submercado constituído de clientes ou consumidores bastante parecidos e homogêneos e que reagem de forma semelhante aos P/S da empresa. A empresa segmenta seu mercado quando não tem recursos suficientes para atendê-lo em sua totalidade e quando os clientes formam grupos heterogêneos. Quando há muita concorrência, a empresa deve fazer ofertas para segmentos cujas necessidades não são satisfeitas por ofertas do mercado de massa. A segmentação de mercado é baseada nas características pessoais dos consumidores.

As bases de segmentação de mercado são[7]:

1. Segmentação quanto às características do consumidor:

a) *Segmentação demográfica*: envolve as características que proporcionam o perfil do consumidor, como idade, sexo, renda, estado civil (casados, solteiros, separados etc), educação, residência e nível socioeconômico (classes A, B, C e D), e que determinam seu comportamento de compra. É a divisão do mercado pelo perfil demográfico da clientela. É a segmentação mais utilizada.

b) *Segmentação geográfica*: divide o mercado de acordo com a localidade do consumidor que possa afetar suas necessidades e desejos de compra. Constitui a área territorial de venda do P/S. Refere-se aos pontos de distribuição do P/S a ser comercializado. A empresa que utiliza a segmentação geográfica efetua as vendas de maneira diferente em cada segmento territorial.

2. Segmentação quanto ao comportamento de compra do consumidor:

a) *Segmentação pelo uso do produto*: analisa a maneira como o cliente utiliza ou consome o P/S.

b) *Segmentação pelo benefício percebido pelos clientes*: analisa a informação sobre desejos e necessidades do consumidor e transforma essa informação em programas de marketing que criam e enfatizam a satisfação de tais desejos. Trata-se de identificar as necessidades básicas que os consumidores buscam satisfazer.

---

[7] CHIAVENATO, I. *Administração de vendas*: uma abordagem introdutória. Rio de Janeiro: Campus/Elsevier, 2005c, p. 91.

c) *Segmentação pelo estilo de vida*: analisa como os consumidores passam seu tempo em atividades, as coisas que têm importância e interesse para eles, o que é de valor, bem como seus sentimentos a respeito deles próprios e do mundo que os rodeia.

A segmentação do mercado permite definir a quem será feita a oferta do P/S da empresa. Ou a que tipos de cliente a empresa deverá se orientar e como irá tratar cada diferente parcela do mercado. Para cada segmento, a empresa adota um esquema diferente e apropriado.

## A CONCORRÊNCIA

A concorrência é constituída pelas empresas que produzem P/S similares ou que disputam o mesmo mercado ou a mesma clientela. As empresas concorrentes competem entre si para conquistar o mesmo mercado consumidor. Um cliente real para uma empresa que concorre no mercado pode ser um cliente potencial para outra. Da mesma forma como existem clientes reais e potenciais, também existem concorrentes reais e potenciais. Concorrentes reais são as empresas que estão competindo e disputando o mercado e a clientela de uma empresa. Concorrentes potenciais são empresas que, embora não estejam competindo e disputando o mercado e a clientela da empresa, possuem condições para tanto, faltando apenas uma decisão nesse sentido. O problema quase sempre está em oferecer ao mercado um P/S que pode ser facilmente imitado e copiado por outros, dando oportunidade para concorrentes potenciais fazerem o mesmo. Daí a necessidade de diferenciar o P/S e estabelecer uma vantagem competitiva difícil de imitar.

Por outro lado, deve-se aprender continuamente com a concorrência fazendo *benchmarking*, ou seja, saber analisar profundamente o que a concorrência está fazendo melhor e aprender com ela. O *benchmarking* é uma técnica de análise das melhores práticas do mercado para ensinar a empresa a fazer o melhor do melhor e alcançar a competitividade.

## A CLIENTELA

O cliente constitui o maior capital intangível da empresa. A clientela representa o conjunto dos consumidores ou usuários dos P/S que a empresa coloca no mercado. São os tomadores dos resultados – produtos ou serviços –, das operações da empresa, e que, portanto, asseguram o seu sucesso. Constituem o alvo principal de toda a atividade empresarial. Sem a clientela de nada valeria o esforço da empresa, que seria inútil. É a clientela que permite a colocação dos P/S produzidos pela empresa. Nesse sentido, a clientela constitui um patrimônio valioso – um ativo intangível que faz parte do capital intelectual – e que a empresa não pode perder sob hipótese alguma.

A clientela é constituída pelos clientes da empresa. Os clientes podem ser empresas ou pessoas. Quando empresas, denominam-se clientes industriais ou comerciais; quando pessoas, clientes finais ou consumidores finais. Os clientes são denominados consumidores quando consomem os bens produzidos; e usuários quando utilizam os serviços prestados pela empresa. Isso significa que, quando a empresa é produtora de bens (como produtos ou mercadorias), seus clientes são consumidores desses bens. Quando a empresa é prestadora de serviços, seus clientes são usuários desses serviços.

**Box 5.2** Fidelização dos clientes

Por qual razão as empresas buscam a fidelização do cliente? Por qual razão elas procuram manter o cliente fiel à empresa, à sua marca ou a seus P/S? Entre muitos argumentos, o econômico parece falar mais alto. É muito mais barato manter os clientes atuais e, se possível, aumentar seu número. Pesquisas mostram que a substituição de um cliente perdido por um cliente novo significa uma despesa 7 ou 8 vezes maior que a de manter um cliente tradicional. Fidelizar um cliente – isto é, mantê-lo como cliente no longo prazo – é o caminho mais econômico e seguro.

Além disso, os clientes são chamados reais quando já consomem ou utilizam efetivamente os P/S da empresa. São os clientes reais que compram ou consomem, atualmente, os produtos da empresa. Os clientes são chamados potenciais quando, embora ainda não consumam ou utilizem os P/S da empresa, têm todas as condições para fazê-lo. Os clientes potenciais precisam ser conquistados pela empresa para poderem ser incluídos em sua clientela.

## Cadastro de clientes

Como as empresas podem conhecer seus clientes? Elas precisam cadastrá-los. O cadastro de clientes pode ser um arquivo virtual ou não, no qual deve constar todos os clientes reais da empresa, bem como as informações básicas a respeito de cada um deles de acordo com as necessidades da empresa. Esse arquivo pode ser transformado em um banco de dados à medida que vai acumulando todos os dados a respeito das vendas efetuadas e pagamentos realizados por clientes. As informações contidas no banco de dados são muito importantes para[8]:

1. Conhecimento dos hábitos de compra dos clientes.
2. Conhecimento do perfil dos clientes e de suas necessidades.
3. Definição dos meios a serem utilizados para promover os P/S junto aos clientes.
4. Planejamento das vendas e cronograma de contatos por meio dos vendedores.
5. Definição das políticas de vendas e cobrança que a empresa poderá adotar em relação aos seus clientes. Uma política de vendas estabelece como a empresa vai vender os seus P/S, para qual clientela e em que condições de pagamento.

## Classificação da clientela

A clientela pode ser classificada de diferentes maneiras, de acordo com as necessidades e conveniências da empresa: clientes reais e clientes potenciais, clientes industriais e comerciais, bem como clientes ou consumidores finais. A empresa pode utilizar a segmentação de mercado como forma de classificação de sua clientela. Se for adotada a segmentação geográfica, os clientes poderão ser classificados por região, por cidade e até por bairro. Se for adotada a segmentação demográfica, os clientes poderão ser classificados de acordo com os fatores demográficos escolhidos, como idade, sexo, renda familiar ou renda *per capita* e estado civil etc. O cadastro de clientes, o banco de dados sobre a clientela e as vendas passadas constituem um importante instrumento para se avaliar cada cliente e, sobretudo, para prever vendas em função do passado.

---

[8] CHIAVENATO, I. *Administração de vendas*: uma abordagem introdutória. Rio de Janeiro: Campus/Elsevier, 2005c.

## Relacionamento com a clientela

Como manter um relacionamento amplo com toda a clientela? As empresas estão intensificando seus relacionamentos com os clientes e, para tanto, elas utilizam a tecnologia da informação (TI) para desenvolver técnicas de gestão da clientela. Dentre os *softwares* utilizados, sobressai-se o *Customer Relationship Management* (CRM) para fortalecer os laços com os clientes.

**Box 5.3** Relacionamento

Manter um relacionamento com o cliente representa a base para facilitar o acesso dos clientes a informações relevantes e aos P/S oferecidos pela empresa. O importante é transformar o cliente em parte essencial da empresa, não simplesmente num comprador de seus produtos. Para isso, torna-se necessário um sistema integrado com base na TI e uma logística bem programada como ponto de partida para um tratamento impecável do cliente. O CRM utiliza *softwares* sofisticados no sentido de envolver o cliente e oferecer serviços pós-venda que possam servi-lo adequadamente. No atual cenário competitivo, a TI constitui fator diferenciador. O CRM funciona como uma ferramenta que permite envolver todos os parceiros do negócio e os clientes como uma comunidade.

## MARKETING

O marketing constitui uma ampla variedade de atividades multifacetadas e conjugadas em uma empresa. A American Marketing Association define marketing como o processo integrado de planejar e executar a concepção, o preço, a promoção e a distribuição de ideias, bens e serviços para criar intercâmbios capazes de satisfazer objetivos individuais e organizacionais[9].

O marketing (do inglês *market*, mercado) constitui uma filosofia de gestão que reconhece que o ponto focal de toda atividade da empresa está no consumidor: aquele que compra seus produtos ou serviços[10]. O marketing focaliza o mercado e põe o cliente no centro das atividades da empresa.

---

9 EBERT, R. J.; GRIFFIN, W. R. *Business essentials*. Upper Saddle River: Prentice Hall, 2000, p. 246.

10 SCHEWE, C. D.; SMITH, R. M. *Marketing*: concepts and applications. Nova York: McGraw-Hill, 1980, p. 56.

O conceito de marketing envolve ações como vender, divulgar, propagar, promover, distribuir, definir preço, construir marca, atender o cliente e, sobretudo, encantá-lo e fidelizá-lo. Na verdade, marketing constitui um conjunto integrado de todas essas ações focadas no mercado e no cliente. Embora muitas atividades de marketing estejam diretamente relacionadas com o contínuo fluxo de bens e serviços que vão do produtor para o consumidor, o processo de marketing começa com a cuidadosa análise dos clientes antes mesmo do produto ser projetado ou manufaturado. Todas as atividades de marketing são feitas em resposta às mutáveis necessidades e desejos do público consumidor. Assim, o marketing começa com a pesquisa e análise do mercado e do comportamento do consumidor para definir a estratégia competitiva por meio do produto, da distribuição, da promoção e do preço para conquistar o mercado e o consumidor. A venda faz parte fundamental desse esforço integrado e conjugado. O importante é construir relacionamentos duradouros e estáveis com o cliente para alcançar sua fidelização. O chamado marketing de relacionamento é feito exatamente para isso.

Existe o marketing de produtos ou bens de consumo destinado ao mercado consumidor (como roupas, automóveis, remédios) e o marketing industrial focado em bens de produção ou bens industriais (como instrumentos cirúrgicos, componentes e matérias-primas como transistores, prensas) que são utilizados por empresas industriais para produzir outros produtos. As técnicas de marketing são também aplicadas a serviços (produtos intangíveis, como seguros, consultoria, contabilidade, propaganda), constituindo o marketing de serviços. Todavia, mais que enfatizar uma simples transação, está na moda o marketing de relacionamento, que enfatiza as relações com clientes e fornecedores. Relacionamentos mais profundos podem resultar em maior satisfação no longo prazo e fidelização e retenção de clientes. Muitas empresas desenvolvem programas de lealdade oferecendo incentivos econômicos para encorajar relacionamentos duradouros. Bancos oferecem créditos cumulativos, que reduzem o preço de seus serviços; companhias aéreas oferecem milhas como incentivos.

## O foco no cliente

O marketing veio substituir o tradicional foco no produto pelo foco no cliente. Antigamente, as empresas punham todo seu esforço no produto, em sua concepção, desenvolvimento, especificações, produção e acabamento. Esse esforço concentrado continua até hoje, mas está se subordinando a um esforço maior: focalizar o cliente que vai utilizar o produto, e não somente o produto em si. Trata-se de localizar, entender e interpretar o cliente para conhecer a maneira como ele pensa, decide e compra. Ponha-se no lugar do cliente e saberá como ele visualiza o seu produto. Até recentemente, produtos e marcas constituíam o principal foco do marketing. Agora, o consumidor está no epicentro como a preocupação maior da agenda das organizações. Hoje predomina o chamado marketing de relacionamento.

**Box 5.4** Quanto vale seu cliente?[11]

A crescente importância do cliente tem esbarrado em uma questão central: quanto vale cada cliente da empresa? Nem todos os clientes proporcionam o mesmo valor. Alguns podem até reverter a situação. Somente agora é que a resposta para esta questão está sendo verificada sob o ponto de vista financeiro a fim de se ter a certeza de que nem sempre o marketing é uma área de desperdícios. Mas, para explicar aos acionistas e presidentes de empresas o programa de investimentos necessários em marketing e quais são os reais benefícios dos investimentos na área, está surgindo a necessidade de quantificar o retorno dos gastos com o marketing. Trata-se de tentar calcular quanto lucro cada novo cliente ou cada nova venda gera para a empresa. Isso permitiria avaliar com maior precisão a soma necessária para os investimentos em propaganda e promoção para conquistar ou manter clientes. A questão agora é: como avaliar e distinguir clientes fiéis e rentáveis daqueles que são perfeitamente descartáveis ou que nada agregam à empresa?

## Composto de marketing

De modo geral, marketing é o processo de planejar e executar a concepção do P/S, preço, promoção e distribuição de ideias, bens e serviços para criar intercâmbios que satisfaçam objetivos individuais e organizacionais. O marketing está intimamente relacionado com as transações de bens, serviços, ideias e valores. Para tanto, toma por base os objetivos estratégicos da empresa, os objetivos específicos de marketing e o conhecimento do mercado para definir o composto de atividades ligadas ao produto, preço, promoção e propaganda, distribuição e venda. É o que chamamos de composto de marketing ou marketing *mix*.

---

11 LEHMAN, D. R.; GUPTA, S. *Gerenciando clientes como investimentos*. São Paulo: Bookman, 2006.

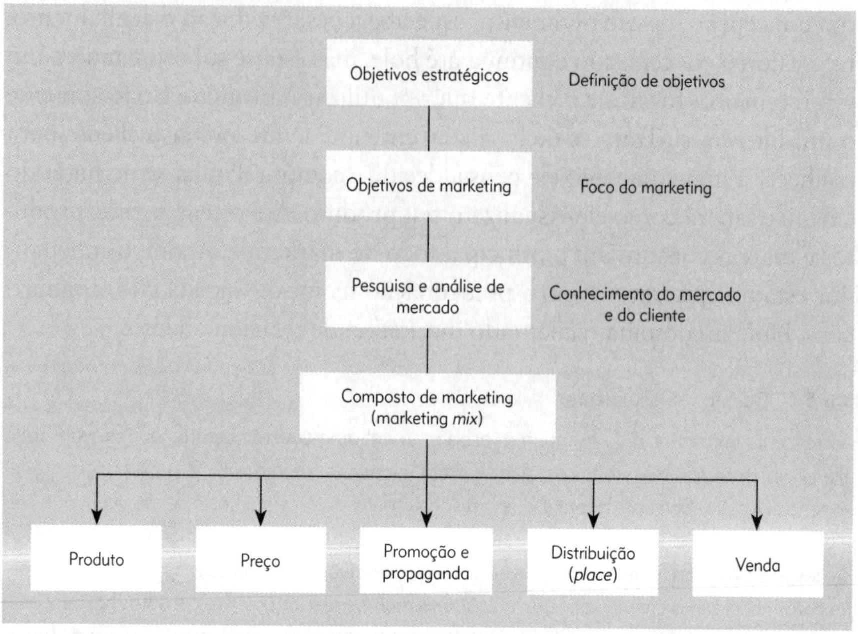


**Figura 5.5** O composto de marketing.

Marketing *mix*, ou composto de marketing, significa a combinação específica e única de atividades que cada empresa utiliza para proporcionar satisfação ao mercado em geral e ao cliente em particular. O composto de marketing é constituído de: produto, preço, promoção e propaganda, distribuição (*place*) e venda. A composição de cada um desses aspectos depende do tipo de produto ou serviço oferecido, do tipo de cliente e do mercado abordado. Produtos de primeira necessidade requerem menores investimentos em termos de promoção e propaganda. Quando se trata de produtos com elevada competição, o aparato comercial para convencer o público se torna muito grande. Algumas empresas incluem o pós-venda no seu composto mercadológico.

No fundo, marketing significa um processo de tomada de decisão e de resolução de problemas. O processo de resolução de problemas busca a solução para estes, enquanto tomar decisão significa escolher a melhor alternativa de solução. A informação obtida por meio da pesquisa e análise de mercado representa o insumo para a tomada de decisão eficaz da empresa.

## DIFERENCIAÇÃO

O P/S constitui o primeiro elemento do composto de marketing. As empresas escolhem seu mercado-alvo para nele colocar um P/S por um preço capaz de proporcionar um retorno de lucro razoável. Contudo, se uma empresa cobrar um preço elevado, a concorrência poderá entrar nesse mercado com preços mais baixos. Se o P/S não for diferenciado em relação aos concorrentes, é provável que os clientes deem preferência a outros P/S de preço mais baixo. A saída é diferenciar seu P/S em relação aos concorrentes para que o cliente perceba nele uma qualidade extra que o torne mais valioso que o dos concorrentes.

Todavia, nem todas as diferenças são realmente diferenciadoras. A empresa deve definir as maneiras pelas quais poderá se distinguir dos concorrentes. Cada diferença tem o potencial de gerar custos ou benefícios para a empresa. Kotler assevera que diferenciação é o ato de desenhar um conjunto de diferenças significativas para distinguir a oferta da empresa das ofertas dos concorrentes. Para ele, é preciso escolher uma diferença que atenda aos seguintes critérios[12]:

1. *Importância*: a diferença deve oferecer um benefício altamente valorizado para um número suficiente de compradores.
2. *Distintividade*: quando a diferença não é oferecida pelos concorrentes, ela pode ser oferecida pela empresa de maneira mais distintiva.
3. *Superioridade*: a diferença deve ser superior a outras maneiras de obter o mesmo benefício.
4. *Comunicabilidade*: a diferença é comunicável, visível e perceptível aos compradores.
5. *Previsibilidade*: a diferença não deve ser facilmente copiada pelos concorrentes.
6. *Disponibilidade*: o comprador dispõe de dinheiro para pagar pela diferença.
7. *Rentabilidade*: a empresa deve certificar-se de que a diferença é rentável.

---

[12] KOTLER, P. *Administração de marketing*: análise, planejamento, implementação e controle. São Paulo: Atlas, 1994, p. 269.

Em função disso, Kotler sugere quatro maneiras de diferenciar a oferta de uma empresa. A empresa pode criar maior valor ao cliente oferecendo[13]:

1. *Algo que seja melhor*: aprimorando um P/S já existente.
2. *Algo que seja mais novo*: desenvolvendo uma solução que não existia antes. Essa alternativa envolve maiores riscos que uma melhoria simples, mas oferece a chance de maiores ganhos.
3. *Algo que seja mais rápido*: reduzindo o tempo de desempenho ou de entrega no uso ou na compra de um P/S.
4. *Algo que seja mais barato*: um P/S que exija menos dinheiro do cliente.

Contudo, a diferenciação vai além da oferta do P/S. Ela envolve muito mais. Treacy e Wiersema definiram três estratégias que conduzem à diferenciação e à liderança de mercado[14]:

1. *Excelência operacional*: está em oferecer aos clientes P/S confiáveis e a preços competitivos e rapidamente disponíveis no mercado. Os autores citam a Dell Computer, o Wal-Mart, a Federal Express e a American Airlines como exemplos de excelência operacional.
2. *Intimidade com o consumidor*: a empresa deve conhecer intimamente os clientes e estar capacitada para responder rapidamente suas necessidades específicas. Os autores citam Kraft, Ciba-Geigy e Home Depot como empresas que têm intimidade com o cliente.
3. *Liderança em termos de P/S*: a empresa deve oferecer aos clientes P/S inovadores e que aumentem a utilidade e superem o desempenho dos concorrentes. É o caso da Nike, Sony e Apple.

**Box 5.5** Diferenciação

Transformar o P/S em algo especial e diferenciado dos demais P/S dos concorrentes é a preocupação do marketing. Isso exige se colocar no lugar do comprador. Os psicólogos chamam isso de empatia: pensar como o comprador, comportar-se como ele para interpretar seu comportamento e descobrir como ele toma decisões de compra. Esse é o segredo.

---

[13] KOTLER, P. *Administração de marketing*: análise, planejamento, implementação e controle. São Paulo: Atlas, 1994, p. 258.

[14] TREACY, M.; WIERSEMA, F. *A disciplina dos líderes de mercado*. Rio de Janeiro: Campus, 2001.

## POSICIONAMENTO

Para Kotler[15], o posicionamento significa o ato de desenvolver a oferta e a imagem de uma empresa a fim de que ela ocupe um lugar distinto e valorizado na mente dos consumidores-alvo.

O posicionamento não é o que se faz para uma empresa ou um P/S, mas o que você faz para a mente do comprador potencial. É preciso posicionar o P/S na mente do comprador potencial. Os P/S atuais já têm uma posição na mente dos consumidores: a Coca-Cola é a maior empresa de refrigerantes do mundo, o Porsche é um dos melhores carros esportivos do mundo. Isso torna difícil para um concorrente remover essas marcas de suas respectivas posições. Essas imagens estão na cabeça do consumidor, não apenas nos P/S oferecidos[16].

Existem várias estratégias de posicionamento[17]:

1. *Posicionamento por atributo*: é o caso da Disneylândia, que se anuncia como o maior parque de diversões do mundo, o que significa benefícios e maiores opções de entretenimento.
2. *Posicionamento por benefício*: quando a empresa oferece benefícios adicionais ou não ofertados pelos concorrentes.
3. *Posicionamento por uso ou aplicação*: quando a empresa oferece mais facilidade no uso, rapidez nas soluções e tranquilidade na utilização.
4. *Posicionamento por usuário*: quando a empresa identifica o P/S com um determinado tipo ou categoria de usuário.
5. *Posicionamento por concorrente*: quando a empresa anuncia que tem maior variedade ou mais características que os P/S concorrentes.
6. *Posicionamento por preço ou qualidade*: quando a empresa anuncia maior valor para o dinheiro do cliente.

Todas essas ações de marketing visam colocar a imagem da empresa e do P/S na mente do consumidor para que a venda se torne possível e efetiva.

---

15 KOTLER, P. *Administração de marketing*: análise, planejamento, implementação e controle. São Paulo: Atlas, 1994, p. 270.

16 RIES, A; TROUT, J. *Positioning*: the battle for your mind. Nova York: Warner Books, 1982.

17 WIND, Y. *Product policy*: methods and strategy. Reading: Addison-Wesley, 1982, p. 79-81.

**Box 5.6** Posicionamento

O posicionamento tem efeitos estratégicos em uma organização, pois não apenas busca sintonizar os esforços da empresa em relação aos clientes, mas também – e principalmente – em relação aos concorrentes. No fundo, o posicionamento deve envolver todo o comportamento da empresa, não apenas os seus esforços de venda.

## PREÇO

Preço é um conceito que expressa uma relação de troca de um bem por outro. Em termos mais práticos, preço representa a proporção de dinheiro que o cliente dá em troca de determinada mercadoria. O preço constitui a expressão monetária do valor de um bem ou serviço e tem um papel importante no composto de marketing e na satisfação das necessidades e desejos do consumidor. O preço pode receber varias denominações, como aluguel, tarifa, taxa, juro, pedágio, tributo, imposto, ingresso, prêmio, honorário, gorjeta etc. Mas todos esses nomes refletem uma coisa: aquilo que o cliente decide pagar por um determinado P/S. Toda transação pode ser vista como um intercâmbio de algo de valor, geralmente dinheiro (preço) para obter um pacote de satisfação (P/S). A chave determinante do preço de um P/S reside na compreensão do valor que o consumidor está disposto a pagar pelo P/S. E esse valor resulta de suas percepções da satisfação total que o P/S proporciona e do pacote total de utilidade que ele oferece. Por essa razão, o preço é formado no mercado pelo jogo da oferta e da procura, muito embora dependa de fatores internos inerentes à empresa, como os custos de produção. Do ponto de vista do mercado, as quantidades variam no sentido inverso ao do preço: quanto mais baixo o preço, maior a procura e vice-versa. Se os preços são altos, a retração da procura pode levar ao efeito de substituição, quando o consumidor substitui o P/S caro por outro mais barato. Além disso, existem P/S cuja procura aumenta sensivelmente com a queda dos preços – o fenômeno da elasticidade-preço da procura –, enquanto outros P/S conseguem manter uma demanda inalterada mesmo com preços mais baixos. De qualquer forma, o preço influencia poderosamente as vendas de um P/S[18].

---

18 CHIAVENATO, I. *Administração de vendas*: uma abordagem introdutória. Rio de Janeiro: Campus/Elsevier, 2005c.

**Box 5.7** Conceito de preço

O preço está intimamente associado com o P/S e apresenta variadas facetas, como:

- Facilitar o processo de compra e venda;
- Ser afetado pelo jogo do suprimento e demanda, ou seja, da oferta e procura;
- Ser uma ferramenta de promoção do produto;
- Poder tanto ajudar quanto restringir as vendas;
- Depender dos canais de distribuição;
- Poder afetar a imagem do produto para melhor ou pior;
- Estar relacionado com custos e lucros;
- Poder ser uma ferramenta valiosa quando utilizado como arma competitiva;
- Poder ser manipulado estrategicamente de um estágio do ciclo de vida do produto para o seguinte mais próximo.

Os objetivos da determinação de preço podem ser[19]:

1. *Objetivos de vendas*: o preço pode aumentar ou reduzir as vendas.
2. *Objetivos de lucros*: o preço pode aumentar ou reduzir o lucro da empresa.
3. *Objetivos competitivos*: o preço pode aumentar a competitividade da empresa.

**Box 5.8** Fatores relacionados ao preço

Existem outros fatores pertinentes ao preço, tais como:

- Preço dos concorrentes;
- Retorno desejado do investimento em capital;
- Condições econômicas;
- Nível de demanda do P/S;
- Localização geográfica do negócio;
- Fatores de mercado: oferta e procura do P/S;
- Fatores de P/S;
- Fatores sazonais;
- A relação entre preço e qualidade;
- Outros fatores psicológicos.

19 SCHEWE, C. D.; SMITH, R. M. *Marketing*: concepts and applications. Nova York: McGraw-Hill, 1980, p. 56.

## Política de preços

Políticas são regras genéricas para balizar as decisões da empresa quanto aos seus objetivos. Assim, políticas são linhas básicas que ajudam os membros da empresa a tomar suas decisões cotidianas. As políticas de preço decorrem dos objetivos da empresa e podem sofrer ajustamentos relacionados com demanda, possíveis alterações ou mudanças nos P/S; ou, ainda, do ciclo de vida dos P/S. Além disso, a gestão de preços pode sofrer ajustes em função de[20]:

1. Vendas feitas em diferentes quantidades.
2. Vendas feitas sob diferentes políticas de crédito ou coleção.
3. Vendas feitas a diferentes tipos de intermediários que desempenham diferentes funções.
4. Vendas feitas a consumidores em diferentes locais geográficos.

Além disso, o preço pode sofrer vários tipos de descontos, a saber[20]:

1. *Descontos por quantidade*: para incentivar compradores a adquirir mais que as quantidades normais. Esses descontos também podem ser de quantidades não cumulativas.
2. *Descontos para pagamento à vista*: servem para incentivar o pagamento imediato.
3. *Descontos por compensação*: são denominados descontos funcionais, quando os intermediários pelo desempenho de várias atividades de marketing recebem descontos adicionais. Servem para compensar os intermediários pelos serviços que proporcionam na venda dos produtos.
4. *Descontos promocionais*: servem como pagamento aos intermediários por atividades promocionais. Os P/S necessitam de esforços promocionais locais na forma de propaganda ou *displays* nos locais de vendas.
5. *Descontos sazonais*: quando a demanda pelos P/S é altamente sazonal, como no caso de sorvetes ou ares-condicionados. Servem para impulsionar vendas em épocas de baixa.

---

[20] CHIAVENATO, I. *Administração de vendas*: uma abordagem introdutória. Rio de Janeiro: Campus/Elsevier, 2005c.

## PROMOÇÃO E PROPAGANDA

O mercado precisa ser continuamente informado e persuadido a respeito dos P/S que estão à sua disposição. Isso custa muito esforço e dinheiro. Cada empresa precisa fazer sua presença no mercado e demonstrar a existência, a utilidade e as vantagens de seu P/S. Precisa transformar cada cliente potencial em cliente real, fazendo a cabeça das pessoas. Essa atividade de informar e persuadir recebe o nome de comunicação. Quanto maior a comunicação entre a empresa e seus clientes, maior será sua integração no mercado.

Propaganda é toda e qualquer forma de apresentação e promoção não pessoal de P/S. A propaganda é uma forma de comunicação entre a empresa e seu mercado. A empresa que paga a propaganda é denominada patrocinadora. As verbas destinadas à propaganda constituem um valor significativo nos custos comerciais da empresa.

### Veículos de propaganda

A propaganda utiliza veículos ou meios para comunicar ao mercado. Os veículos ou meios de propaganda são denominados mídia (do inglês, *media*), pois são os caminhos pelos quais a propaganda pode fazer chegar uma mensagem até o público-alvo. Público-alvo é o grupo de pessoas a quem é destinada a propaganda. Assim, os veículos constituem a ponte de ligação entre a empresa e o público-alvo. Os veículos (mídia) mais utilizados pela propaganda são[21]:

1. *Televisão e cinema*: constituem os únicos meios publicitários audiovisuais, pois oferecem simultaneamente imagem, cor, movimento, música e texto escrito. Utilizam o sentido da visão e da audição, o que proporciona uma imagem mais completa. A televisão e o cinema envolvem custos de produção elevados. A propaganda por televisão é vendida por duração de tempo, por horário e dia da semana. O horário no-

---

[21] CHIAVENATO, I. *Administração de vendas*: uma abordagem introdutória. Rio de Janeiro: Campus/Elsevier, 2005c, p. 121-7.

bre (das 20 às 22 horas) é mais caro, assim como determinados dias da semana (sábados e domingos).

2. *Rádio*: é uma mídia flexível e ágil, pois transmite mensagens de forma oportuna, integrando-se facilmente ao mundo de cada ouvinte. O rádio pode acompanhar as pessoas enquanto realizam outras atividades, como trabalhar, estudar, dirigir, tomar banho de sol etc. A propaganda cantada (*jingle*) pode popularizar marcas com mais rapidez que a televisão e por um custo muito menor. O rádio envolve custos de produção econômicos quando comparados aos de outros meios de comunicação.

3. *Imprensa*: é a chamada propaganda gráfica e envolve meios de comunicação como jornais e revistas. A propaganda gráfica é vendida por espaço, sendo que determinadas páginas são mais caras e a publicação em alguns dias da semana (como domingos) envolve preços mais elevados. Se título, ilustração e texto forem bem feitos, o anúncio chamará a atenção do leitor. Quanto mais especializado for o meio, maior a quantidade de informação escrita para convencer o leitor. A vantagem da propaganda escrita reside no fato de deixar o leitor determinar por si o ritmo e o tempo de exposição, lendo mais depressa ou devagar, relendo ou recortando o anúncio.

4. *Propaganda exterior*: em ruas, estradas, interior dos ônibus ou trens, paredes de edifícios, cabines telefônicas ou locais de alta circulação. É conhecida como *outdoor* e permite colocar o P/S na rua e ao ar livre. É feita por meio de cartazes, placas ou luminosos como se fossem gigantescas vitrines externas, atingindo o público-alvo várias vezes por dia.

5. *Propaganda no local de venda*: é a mídia mais próxima do momento da compra e permite recordar a mensagem publicitária do P/S. Permite apresentá-lo de forma atraente, ressaltando-o dos demais concorrentes. A propaganda no local de venda (PLV) é feita por meio de vitrines, cartazes, *displays* ou mostruários colocados próximos ao ponto de venda do P/S.

6. *Correspondência por meio de mala direta*: é uma das mídias mais baratas. Envia por correio aos clientes cadastrados as publicações da empresa, como catálogos de P/S, listas e guias de referência. A remessa postal é feita periodicamente.

7. *Internet:* é feita por meio de sites para anunciar P/S, disponibilizar contatos e assistência técnica, oferecer informações sobre P/S, locais físicos de atendimento etc.

Há uma diferença entre publicidade e propaganda. Publicidade é qualquer forma de notícia comercialmente significativa sobre um P/S, instituição ou pessoa publicada em jornal, rádio e televisão e que não é paga pelo patrocinador. Muitas pessoas empregam o termo publicidade com o mesmo sentido de propaganda, o que não é aconselhável.

Há um tipo de propaganda que não é dirigida ao P/S. É a propaganda institucional, que visa marcar o nome da empresa e firmar sua imagem frente ao público-alvo. A propaganda institucional procura realçar a empresa como instituição social e contribuir para manter sua presença no mercado.

**Box 5.9** Propaganda

Divulgar o P/S é uma coisa, divulgar a marca é outra. Divulgar a empresa é mais outra. A propaganda institucional nada tem a ver com o produto ou a marca, mas serve para criar uma imagem favorável da empresa que, direta ou indiretamente, ajuda a vender o P/S.

## Promoção de vendas

Promoção de vendas é toda ação comercial de duração limitada efetuada sobre os canais de distribuição para influenciar positivamente o volume de vendas e a rentabilidade de um P/S no curto prazo. Em geral, as campanhas de propaganda são destinadas ao consumidor final, enquanto as campanhas de promoção de vendas são destinadas aos canais de distribuição e, eventualmente, ao consumidor final. Enquanto a propaganda dá informação sobre as vantagens e benefícios de um P/S e visa diferenciá-lo dos concorrentes e aumentar a lealdade da marca, a promoção de vendas constitui um meio rápido e simples de aumentar o volume de compras dos atacadistas e varejistas ou de antecipar o momento da compra. Existem duas classes de promoção de vendas[22]:

1. *Promoção de vendas dirigida aos canais de distribuição*: tem por objetivo tornar mais ágeis os canais de distribuição e aumentar, no curto prazo, o volume de vendas e a participação no mercado. A promoção ao

[22] CHIAVENATO, I. *Administração de vendas*: uma abordagem introdutória. Rio de Janeiro: Campus/Elsevier, 2005c, p. 123-7.

canal oferece um incentivo econômico por um período limitado para que o canal modifique seu comportamento, comprando mais, antecipando suas compras ou realçando a exibição do P/S. Os principais tipos de promoção ao canal são os seguintes:

a) Descontos por volume de compras: o produtor oferece um desconto em dinheiro ou em porcentagem para cada volume de compras dentro de um determinado período. Existem outros tipos de desconto, como o famoso "treze por dúzia", a entrega gratuita de uma quantidade adicional de produtos ou, ainda, o abono especial.

b) Desconto por exibição ostensiva do produto no ponto de venda: o produtor oferece esse desconto geralmente com o desconto por volume de compras, para que o intermediário apresente o produto de maneira ostensiva no ponto de venda, isto é, no local em que as vendas são efetuadas ao consumidor final.

c) Desconto por pagamento à vista: é uma concessão quando o atacadista ou varejista paga à vista ou paga antes do prazo habitual de cobrança.

d) Desconto pela retirada da mercadoria no armazém: é uma modalidade utilizada quando o produtor entrega o produto e o canal aceita buscá-lo com seus próprios meios de transporte.

e) Desconto por avarias ou deterioração da mercadoria: para preservar a imagem da marca, o produtor concede um abono total ou parcial da mercadoria, quando a avaria é atribuível ao produtor.

f) Desconto especial pela introdução de novo produto: quando o canal tem pouco espaço para apresentar os produtos e quando estes são pouco diferenciados, o produtor faz concessões especiais para que o canal trabalhe o produto individualmente.

g) Incentivos ou brindes: são distribuídos ao pessoal do atacadista ou varejista (vendedores, empregados etc.) na forma de concurso de vendas ou sorteios para obter maior dedicação e atenção ao produto.

2. *Promoção de vendas dirigida ao consumidor final*: procura influenciar seu comportamento de compra no sentido de estimulá-lo a escolher o P/S do produtor. As alternativas de promoção de vendas ao consumidor final são:

a) Distribuição de amostras grátis: é uma técnica promocional que facilita a prova do P/S pelos consumidores que ainda não o conhecem. Seu custo é elevado e aplicável a novos lançamentos. A amostra grátis pode ser distribuída pelo correio, de porta em porta, no ponto de venda ou em pontos de muito trânsito de consumidores potenciais. Ou distribuída junto a outro produto como promoção.

b) Desconto no preço: o desconto no preço ou maior quantidade pelo mesmo preço consiste em um desconto especial pela compra de uma unidade ou no desconto pela compra de várias unidades (o clássico três pelo preço de dois) ou, ainda, na oferta de uma embalagem com capacidade maior pelo preço normal.

c) Cupons: são documentos que concedem desconto ao portador no momento da compra do P/S. Os cupons podem ser distribuídos por meio de jornais e revistas, inclusão na embalagem do produto ou distribuição direta pelo correio, de porta em porta ou na própria loja.

d) Devoluções em dinheiro: as ofertas de devolução em dinheiro ao consumidor do preço total ou parcial do P/S constituem meios para estimular a repetição da compra.

e) Brindes: são objetos concedidos gratuitamente ou a preço inferior aos compradores do P/S. Alguns brindes são incluídos na própria embalagem ou concedidos pela repetição da compra.

f) Concursos e loterias: nos concursos, o consumidor deve demonstrar capacidade para resolver charadas ou problemas, enquanto, nas loterias, o prêmio é dado por sorteio ou escolha ao acaso.

As empresas utilizam esses tipos de promoção de vendas individualmente ou em conjunto no sentido de incrementar vendas e neutralizar a atuação dos concorrentes.

**Box 5.10** Promoção

Quanto custa promover um P/S? Essa pergunta merece uma resposta relativa: o suficiente para que o P/S seja bem-sucedido no mercado. Todavia, quando a promoção custa mais que a margem de crescimento do P/S, a empresa está jogando dinheiro fora, a menos que ela pense no futuro: promover agora para que o produto seja mais vendido amanhã. De qualquer forma, o importante é saber a porcentagem das vendas do produto que está sendo gasta em promoção de vendas e se o custo compensa o benefício. Isso significa pensar sobre o retorno do investimento. Se estiver valendo a pena, ótimo. Se não, o negócio é buscar outro caminho.

## DISTRIBUIÇÃO

O quarto elemento do marketing *mix* é a distribuição (*place*). Distribuição é a movimentação dos P/S desde a fonte de produção até o ponto de consumo ou uso. Envolve o fluxo dos P/S do produtor até o consumidor final, com ou sem a presença de intermediários e que faz parte da logística da empresa. A distribuição pode ser feita por meio de venda direta ou indireta[23].

1. *Venda direta*: é a distribuição que não utiliza intermediários. A empresa produtora faz a venda diretamente ao consumidor final por meio de seus próprios órgãos, como filiais, agências, sucursais, representantes próprios.
2. *Venda indireta*: é a distribuição na qual o P/S passa por intermediários até chegar ao consumidor final. Os intermediários formam os canais de distribuição.

A distribuição envolve um sistema relativamente complexo como um conjunto ou combinação de atividades, formas de venda e intermediários que constituem um todo integrado e necessário para fazer com que o P/S da empresa chegue até o consumidor final. O sistema de distribuição quase sempre requer a presença de canais de distribuição. Canal de distribuição é a empresa ou o intermediário que adquire a propriedade dos P/S com a finalidade de revendê-los ao consumidor final ou a outro comerciante intermediário, assumindo o risco da compra e da venda. Daí a diferença entre sistema de distribuição (como é organizada a distribuição até o consumidor final) e canal de distribuição (o intermediário que leva o P/S até o consumidor final).

### Intermediação

A empresa pode ter os seus sistemas de distribuição próprios, como agências, filiais ou escritórios localizados em diferentes locais ou cidades. Os bancos espalham diversas agências bancárias de acordo com as necessidades e conveniências de cada cidade ou região. Os bancos regionais se concen-

---

[23] CHIAVENATO, I. *Administração de vendas*: uma abordagem introdutória. Rio de Janeiro: Campus/Elsevier, 2005c, p. 104.

**Box 5.11** Pós-venda

Não importa apenas vender, o mais importante é colocar o produto nas mãos do cliente ou consumidor. E tão rápido quanto possível. O sistema de distribuição adotado pela empresa constitui um recurso externo importantíssimo. Pode levar anos para ser construído e nem sempre pode ser mudado com facilidade. Talvez seja tão importante quanto os demais recursos da empresa, pois significa um compromisso que tem várias facetas: de um lado, o compromisso frente a um grande número de empresas cujo negócio é distribuição e aos mercados específicos que elas atendem; de outro lado, um compromisso frente a um conjunto de políticas e práticas de relações no longo prazo com tais empresas.

tram em uma região territorial, enquanto os bancos nacionais se espalham por todo o país. Bancos, lojas de departamento e supermercados são exemplos de empresas que distribuem seus P/S em extensas áreas geográficas por meio de órgãos próprios através da descentralização de suas operações.

Contudo, nem sempre a atividade principal da empresa lhe permite condições de explorar intensivamente o mercado consumidor ou espalhar órgãos próprios para vender seus P/S em áreas territoriais extensas. Torna-se necessário contratar empresas concessionárias que trabalhem com exclusividade. Ou, então, vender seus P/S a terceiros, a fim de que estes os vendam diretamente aos consumidores finais ou a outros que finalmente o façam. Fabricantes de automóveis precisam autorizar empresas concessionárias a vender carros e prestar assistência técnica. Fabricantes de geladeira precisam vender seus produtos para as lojas, a fim de que estas os vendam aos consumidores finais. Fabricantes de laticínios vendem para uma infinidade de supermercados e bares; fabricantes de cigarro, para uma enorme variedade de bares, tabacarias, supermercados. Os canais de distribuição são diferentes de um P/S para outro. Muitas vezes existe uma complicada cadeia de agentes intermediários. Os canais de distribuição formam sistemas de distribuição em que os intermediários assumem papel definitivo.

**Box 5.12** Canais de distribuição

Na verdade, não importa onde esteja sua empresa, o importante é que o cliente ou consumidor – também não importa onde ele esteja – receba o P/S o mais rapidamente possível. No fundo, o intermediário é um dos elos que conduz o P/S ao cliente. Ele pode ser também um mercado independente, ou seja, o foco de um enorme grupo de consumidores para os quais ele vende. Na prática, os canais de distribuição funcionam como conjuntos de organizações independentes que permitem tornar o P/S disponível para uso ou consumo.

## Utilidade de tempo e de lugar

Os canais de distribuição permitem duas grandes vantagens[24]:

1. *Utilidade de tempo*: os canais de distribuição compram e guardam os P/S de forma que estejam disponíveis para o consumidor no momento em que necessitarem deles, independentemente da época em que são produzidos.
2. *Utilidade de lugar*: os canais de distribuição levam os P/S dos centros de produção ou de onde existem em abundância para os lugares de consumo ou para onde exista escassez.

Essas duas utilidades constituem vantagens que a empresa pode aproveitar para melhor colocar seus P/S no mercado.

## Sistemas de distribuição

O sistema de distribuição depende do número e da dispersão dos consumidores ou usuários. Na realidade, existem três alternativas para estruturar um sistema de distribuição dos P/S de uma empresa, a saber[25]:

1. *Alternativa 1: produtor ao consumidor final*. É a venda direta ou distribuição direta, pois não exige canais de distribuição. A própria empresa produtora vende seus P/S diretamente ao consumidor ou usuário final. A distribuição direta pode ser feita por quatro meios diferentes:
    a) Do produtor ao consumidor doméstico através do correio. É a mala direta ou marketing direto. Trata-se de um sistema que envia periodicamente catálogos de produtos com códigos e preços aos clientes cadastrados. Estes preenchem os pedidos com os códigos e preços dos produtos escolhidos e enviam-nos pelo correio. A empresa remete os produtos solicitados também pelo correio, sem que haja contato

---

[24] CHIAVENATO, I. *Administração de vendas*: uma abordagem introdutória. Rio de Janeiro: Campus/Elsevier, 2005c, p. 108.

[25] CHIAVENATO, I. *Administração de vendas*: uma abordagem introdutória. Rio de Janeiro: Campus/Elsevier, 2005c, p. 109-13.

entre as partes. Esse sistema de distribuição está sendo utilizado por empresas que operam com cartões de crédito e envolve produtos como joias, livros, bebidas etc. A venda pelo correio ou mala direta está gradativamente se transformando em venda indireta pelo aparecimento de empresas comerciais especializadas, que formam um arquivo de clientes cadastrados e intermedeiam as vendas entre produtores e consumidores finais. A vantagem da mala direta é que o cliente não precisa sair de sua casa para fazer as compras.

b) Do produtor ao consumidor doméstico através do telefone. É uma forma de distribuição direta na qual o consumidor final efetua a compra pelo telefone. O produtor envia o pedido através de serviço de entrega próprio ou não, como caminhões, motocicletas ou ainda bicicletas, como nas farmácias, pizzarias, supermercados ou lojas de conveniência. Muitas empresas utilizam *call-centers*. É o telemarketing ou televendas.

c) Do produtor ao consumidor doméstico através de vendedores de porta em porta. É uma distribuição direta por meio da qual a empresa procura o cliente em sua casa para efetuar a venda. Esse sistema é utilizado pela Natura e Avon, que utilizam vendedoras não profissionais para vender seus produtos dentro de seu círculo de amizades.

d) Do produtor ao consumidor final através de lojas próprias. O próprio produtor estabelece uma cadeia de lojas ou filiais para efetuar suas vendas diretamente ao consumidor final. As vendas são realizadas nos estabelecimentos de propriedade do produtor, mas que parecem lojas de varejistas para o público. O próprio produtor estabelece uma cadeia de lojas ou estabelecimentos para efetuar suas vendas diretamente ao consumidor final, o que provoca investimentos em locais, instalações, pessoal e estoques. Muitos fabricantes de calçados, chapéus e livros têm optado por essa alternativa.

2. *Alternativa 2: produtor ao varejista e ao consumidor final.* O produtor utiliza intermediários para levar seus P/S ao consumidor final. Assim, o produtor vende seus P/S a varejistas para que estes os vendam aos consumidores finais. O varejista é um comerciante ou estabelecimento comercial que vende para o consumidor final. É também chamado de retalhista pelo fato de realizar vendas em pequenas quantidades ao consumidor, segundo suas necessidades. A alternativa 2 é também denominada

*circuito curto*. Nessa alternativa, o produtor utiliza canais de distribuição, pois vende a lojas independentes (pequenos, médios e grandes lojistas individuais) ou a cadeias de lojas, lojas de departamento, supermercados ou, ainda, a empresas comerciais de vendas por mala direta ou *call centers*.

3. *Alternativa 3: produtor ao atacadista ao varejista e ao consumidor final*. O produtor vende seus produtos a atacadistas, os quais vendem para varejistas que, por sua vez, vendem no varejo. O atacadista é um comerciante intermediário que vende para varejistas e outros comerciantes e consumidores industriais, institucionais e comerciais. Por atacadista entende-se a empresa comercial, distribuidora ou intermediária que serve de ponte na distribuição entre produtores e varejistas. Em geral, o atacadista não vende para consumidores finais. É conhecido como distribuidor ou fornecedor quando negocia com matérias-primas, produtos semiacabados, ferramentas e maquinário. O comércio atacadista é chamado de grossista por envolver grandes quantidades de compra e venda. A característica principal do atacadista é o seu papel de intermediário entre o produtor e o varejista. Embora não sejam conhecidos pelo grande público, alguns atacadistas se projetam muito, como o Makro, por exemplo.

A alternativa 3 é a mais complicada e a que mais distancia o produtor do consumidor final, a quem é destinado o P/S. Nela, o produtor tem pouco controle sobre as vendas finais ao consumidor, já que não sabe exatamente como os diversos varejistas venderão seu P/S ao consumidor final. Ela envolve um duplo estágio de canais de distribuição: os atacadistas (A) como primeiro estágio e os varejistas (V) como segundo estágio, até o P/S chegar às mãos do consumidor final (C).

Cada P/S requer uma alternativa diferente para sua distribuição. Muitas empresas utilizam canais de distribuição múltiplos para poder colocar adequadamente seu P/S no mercado. O sucesso das vendas de um P/S depende da escolha adequada do seu sistema de distribuição.

**Box 5.13** Distribuição

Os caminhos que o produto percorre desde o produtor até o consumidor final são muito variados e, algumas vezes, complexos, sobretudo no comércio internacional. Agilidade e rapidez são indispensáveis nesse percurso. Ainda mais no comércio internacional. A globalização tem provocado milagres nesse sentido.

## Critérios para definição do sistema de distribuição

As empresas produtoras escolhem seu sistema e canais de distribuição à medida que adquirem experiência com o mercado e ao longo do tempo. Algumas empresas mudam frequentemente o seu sistema de distribuição, alterando os canais de distribuição no sentido de aprimorar e melhorar continuamente o seu funcionamento. Existem três critérios principais que orientam os produtores de P/S na definição e escolha do seu sistema de distribuição[26]:

1. *Cobertura de mercado*: quanto maior a extensão do canal de distribuição, maior será a área de mercado coberta. O tamanho do mercado, seja ele real ou potencial, é um critério importante para selecionar o sistema de distribuição do P/S. Quanto maior o número de intermediários, mais aumenta o número de contatos e transações. Se uma empresa produtora utilizar varejistas, cada um deles poderá fazer muito mais contatos e transações com os consumidores finais.
2. *Controle sobre as vendas do P/S*: outro critério é a necessidade que o produtor tem de controlar a venda do P/S. À medida que a venda final é transferida para outras mãos, o produtor perde o controle sobre como é feita essa venda. Muitos produtores querem oferecer um P/S de qualidade e os intermediários podem misturá-lo com produtos de segunda categoria ou oferecer promoções de vendas com descontos que podem prejudicar sua imagem. Muitos produtores pretendem que a venda seja agressiva, enquanto os intermediários podem colocar o produto sobre a prateleira, e deixam que o consumidor faça a sua opção por outros produtos similares concorrentes. Por essas razões, muitos produtores que não podem fazer vendas diretas exigem a chamada distribuição exclusiva: o intermediário vende somente a marca e o seu P/S com exclusividade.
3. *Custos de distribuição*: há uma crença errônea de que, quanto mais curto o canal de distribuição entre produtor e consumidor final, menor será o custo de distribuição e mais baixo o preço de venda do

[26] CHIAVENATO, I. *Administração de vendas*: uma abordagem introdutória. Rio de Janeiro: Campus/Elsevier, 2005c, p. 114-5.

P/S. Isso leva muitos consumidores finais a procurar diretamente o produtor para fazer suas compras. Na realidade, quase sempre ocorre o inverso. Para fazer vendas diretas, o produtor precisa fazer investimentos em instalações, lojas, pessoal de vendas e estoques, a fim de atender o consumidor final. Os intermediários podem fazer a distribuição de modo mais eficiente que o produtor e com menores custos. Assim, quanto mais curto o sistema de distribuição, mais limitada fica a cobertura de mercado, embora o controle sobre a venda do P/S seja maior.

A escolha do sistema de distribuição deve ser feita no sentido de aumentar a cobertura de mercado, permitir que o produtor acompanhe a forma de venda do seu P/S e reduzir os custos de distribuição para reduzir o preço de venda.

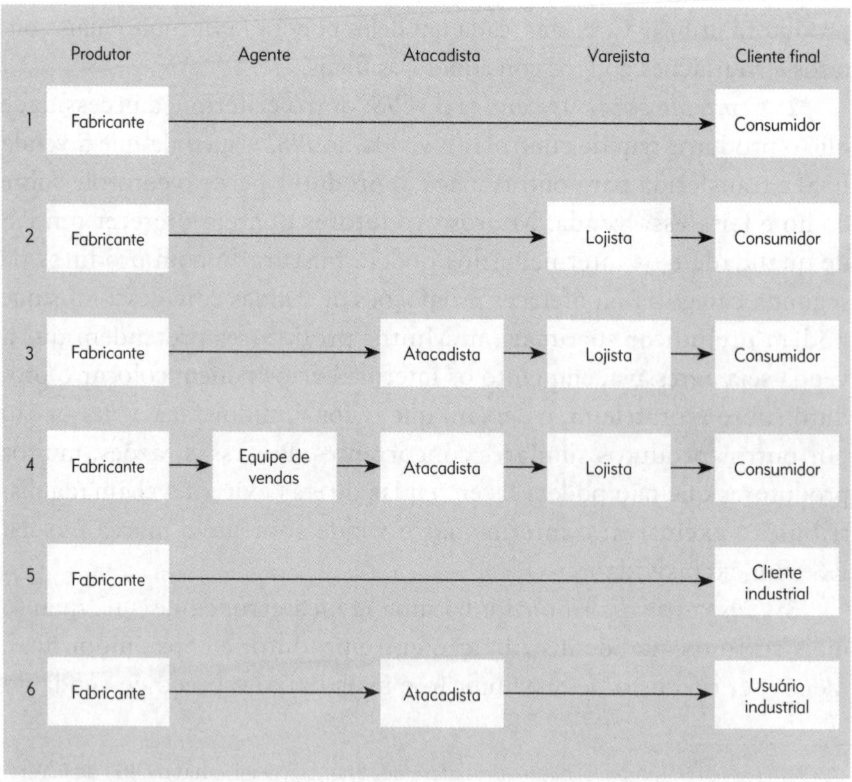


**Figura 5.6** As alternativas de canais de distribuição.

## VENDA

Vender constitui um intrincado processo de localizar o cliente, abordá-lo, persuadi-lo e fechar um negócio. Para tanto, é necessário saber quem é o cliente, onde ele está, do que ele necessita e quanto está disposto a pagar. Vender significa oferecer um P/S que tenha valor para o cliente, isto é, que lhe seja útil e vantajoso para que ele tome a decisão de comprá-lo, pesando os custos e benefícios de sua decisão. Além disso, o ato da venda se apoia em um P/S concebido e criado pela empresa como solução para os problemas do cliente. E para que a venda seja eficiente e eficaz torna-se necessária uma conjugação de esforços para que o cliente se sinta confortável e seguro na sua decisão de comprar. Esses esforços envolvem definição de preços competitivos, para que o cliente aceite trocar seu dinheiro pelo P/S; promoção e propaganda, para divulgar e promover o P/S; distribuição do P/S para que ele chegue prontamente às mãos do cliente etc.

A parte decisiva para tais relacionamentos e intercâmbios é a venda. Contudo, a venda não é a parte final ou conclusiva, pois, hoje, as empresas se preocupam mais com pós-venda, assistência técnica e atendimento contínuo ao consumidor quando ele necessita de esclarecimentos ou informações sobre o P/S comprado. A satisfação do cliente não se limita apenas à venda, mas ao antes, durante e após a venda, no intuito de garantir pleno atendimento às suas expectativas. O cliente deve estar seguro de que, após comprar o P/S, ele terá garantia necessária, assistência técnica adequada e certeza de que o P/S atenderá suas necessidades.

**Box 5.14** Venda

O que é venda? É o ato de induzir alguém a trocar seu dinheiro por algo – um P/S. Para os pesquisadores de marketing, a venda significa o encontro do agente de oferta com o agente de procura. Juntar a oferta e a procura: esse é o desafio do marketing.

### Previsão de vendas

Para poder vender seu P/S e produzi-lo na quantidade adequada às necessidades do mercado, a empresa precisa prever antecipadamente as vendas, a fim de planejar suas atividades de produção e comercialização. A previsão de vendas é a base para o planejamento da sua produção e comercialização. Saber qual a quantidade semanal, mensal ou anual de P/S a serem produzidos e como tudo isso será vendido é algo que depende da previsão de vendas.

**Box 5.15** Previsão de vendas

Como o futuro das vendas fica totalmente fora do controle da empresa – porque está nas mãos e na mente do cliente ou consumidor –, fala-se mais de previsão de vendas. A diferença é que a previsão é mais subjetiva que o planejamento. Planejar é programar com antecipação a perfeita execução de algo. Prever é estimar com alguma margem de erro os eventos futuros. Tanto o planejamento como a previsão são processos que abordam o futuro, só que o planejamento serve para determinar previamente o que deverá ser feito, como e quando, enquanto a previsão estima ou imagina aquilo que poderá acontecer.

A previsão de vendas representa a quantidade de P/S que a empresa pretende vender ou colocar no mercado durante um período. Ela deve especificar cada P/S da empresa e as vendas previstas ou esperadas para cada mês do exercício. Constitui, portanto, uma estimativa ou expectativa de vendas. Pode ser feita em unidades físicas ou em valores monetários para um determinado período, que geralmente é de um ano, subdividido em meses. A previsão de vendas pode envolver o mercado total ou apenas um segmento de mercado. Pode ser detalhada ou desdobrada por território ou vendedor, a fim de proporcionar melhor acompanhamento e controle das regiões e da equipe de vendas. A Tabela 5.1 detalha a previsão de vendas de produtos em três diferentes regiões.

**Tabela 5.1** Previsão de vendas em milhares de unidades.

| Produtos | Jan | Fev | Mar | Abr | Mai | Jun | Jul | Ago | Set | Out | Nov | Dez | Total |
|---|---|---|---|---|---|---|---|---|---|---|---|---|---|
| A | 200 | 200 | 300 | 300 | 300 | 300 | 300 | 300 | 300 | 300 | 300 | 300 | 3.400 |
| B | 100 | 200 | 300 | 300 | 300 | 300 | 300 | 300 | 300 | 300 | 300 | 300 | 3.300 |
| C | 100 | 200 | 300 | 300 | 300 | 300 | 300 | 300 | 300 | 300 | 300 | 300 | 3.300 |
| Totais | 400 | 600 | 900 | 900 | 900 | 900 | 900 | 900 | 900 | 900 | 900 | 900 | 10.000 |

A previsão de vendas é estimada em função de quatro fatores básicos[27]:

1. *Informações sobre as vendas passadas*: refletem a experiência da empresa em relação ao seu mercado. São as vendas efetuadas no passado e cujas informações são tiradas de registros e estatísticas de vendas e formam a base da previsão de vendas. Se não houvesse alterações no mercado, elas serviriam para projetar as vendas futuras como decorrência das vendas passadas. Em mercados estáticos ou estáveis, as informações sobre as vendas passadas constituem a previsão de vendas futuras.
2. *Informações sobre tendências do mercado*: são obtidas por meio da análise do mercado e, quando insuficientes, também pela pesquisa de mercado. Servem para detectar tendências de crescimento ou diminuição das vendas ou do aparecimento de clientes potenciais ou concorrentes potenciais.
3. *Capacidade de produção da empresa*: é a capacidade da empresa em produzir P/S no período considerado na previsão de vendas. Se a previsão de vendas for menor que a capacidade de produção da empresa, haverá capacidade ociosa e não aproveitada; se for maior, existem três alternativas de solução:
   a) Reduzir a previsão de vendas até o nível determinado pela capacidade de produção e cortar a estimativa excedente.
   b) Aumentar a capacidade produtiva da empresa até o nível de vendas previsto por meio da aquisição de máquinas, instalações, pessoal etc.
   c) Comprar serviços de produção de outras empresas, transferindo-lhes a produção que excede sua capacidade por meio de encomendas.
4. *Capacidade de vendas da empresa*: o que a empresa tem condições de vender e distribuir. A capacidade de vendas depende da organização das vendas da empresa e do seu sistema de distribuição.

As empresas fazem várias e diferentes previsões de vendas, cada qual representando uma estimativa provável de vendas de acordo com diferentes

27 CHIAVENATO, I. *Administração de vendas*: uma abordagem introdutória. Rio de Janeiro: Campus/Elsevier, 2005c, p. 93-4.

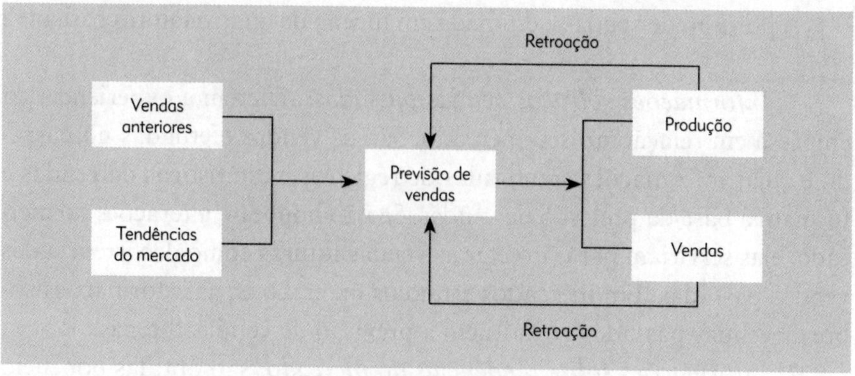


**Figura 5.7** Os fatores que influenciam a previsão de vendas.
Fonte: Chiavenato (2005c, p. 94).

planos comerciais ou diferentes análises do mercado. Assim, a previsão de vendas não é algo definitivo. Ela é feita e refeita continuamente à medida que vai sendo executada ou à medida que ocorrem alterações no mercado, na produção da empresa ou nas próprias vendas. Se houver algum atraso na produção ou nas vendas, ocorre uma retroação sobre a previsão, alterando-a. Embora ela cubra um período de doze meses, a previsão de vendas é atualizada mensalmente. O mês que passou reflete as vendas reais, enquanto os meses subsequentes refletem as vendas previstas ou prováveis.

## Objetivos da previsão de vendas

Embora pareça que a previsão de vendas sirva apenas para programar a produção e as vendas de P/S, na realidade seus objetivos são bem mais amplos, tais como conhecer previamente o que poderá ser vendido no período considerado ou preparar a organização de vendas para a realização das vendas previstas. Isso pressupõe o recrutamento e a seleção de vendedores, treinamento e supervisão.

Além disso, em função das vendas previstas e da receita a ser obtida, serve para calcular a porcentagem de comissões e, portanto, a remuneração do pessoal de vendas. Serve também para estabelecer as cotas de vendas para cada uma das unidades de vendas, isto é, cada vendedor ou filial, bem como para controlar o desempenho das vendas e dos vendedores ou para planejar os sistemas de distribuição.

### Elaboração da previsão de vendas

Cada empresa tem sua maneira de elaborar e reelaborar a previsão de vendas. Isso depende muito do P/S, do mercado, da concorrência etc. Porém, a previsão de vendas costuma ser feita por meio de[28]:

1. *Avaliação individual de cada vendedor*: o executivo de administração de vendas (AV) coleta de cada vendedor uma avaliação do passado, presente e futuro de seu território e uma projeção de vendas para o ano seguinte. A seguir, totaliza as informações para montar a previsão de vendas da empresa.
2. *Reunião periódica do pessoal de vendas*: para examinar detalhadamente as vendas passadas, o potencial do mercado, o comportamento dos clientes, as possíveis alterações do produto/serviço, as alternativas de campanhas de propaganda e de promoção de vendas, a concorrência etc.
3. *Reunião periódica com os principais clientes*: quando se verifica o grau de satisfação com o P/S, as expectativas de compras, a demanda de consumo futuro etc.
4. *Utilização da abordagem de acumulação*: a previsão se baseia em estimativas de vendas futuras que são fornecidas pelas diferentes unidades da empresa (vendedores, filiais, departamentos etc.). Essas estimativas são solicitadas periodicamente para todas as unidades da empresa que possam contribuir no processo, calculando-se as médias e tendências. Essas informações adicionais vindas de vendedores, distribuidores, varejistas, atacadistas e outras pessoas podem trazer contribuições interessantes.
5. *Reunião de cúpula da empresa*: quando se examinam as vendas passadas, a capacidade de produção da empresa, as tendências econômicas do país, o potencial de mercado a ser explorado, o grau de risco que a empresa pretende assumir para o futuro etc.

## COTAS DE VENDAS

Cota de vendas é o volume de vendas fixado para uma unidade – seja ela um vendedor, departamento, divisão ou seção, filial, território ou P/S –

---

[28] CHIAVENATO, I. *Administração de vendas*: uma abordagem introdutória. Rio de Janeiro: Campus/Elsevier, 2005c, p. 96-7.

para uso na AV. A cota de vendas representa a parcela das vendas totais que a empresa atribui a cada vendedor, departamento, filial, território ou P/S. Em geral, as vendas totais da empresa são divididas em cotas para cada unidade no sentido de servir como objetivos para cada uma delas. A cota de vendas é fixada para um determinado período – como dia, semana, mês ou ano – e pode ser expressa em unidades físicas ou em valores monetários. A determinação de cotas de vendas é feita no sentido de atingir vários objetivos[29]:

1. Como meio para avaliar a eficiência de cada unidade (cada vendedor, território, filial ou P/S). As vendas reais são comparadas com as vendas previstas, a fim de proporcionar um índice de eficiência. A eficiência das vendas é medida pelas vendas reais divididas pelas vendas previstas e multiplicada por 100.
2. Serve também para estimular o esforço do pessoal de vendas, definindo objetivos de vendas a serem cumpridos em cada período. Funciona como um balizamento ou meta para cada unidade (vendedor, território, filial ou P/S), de modo que cada um saiba antecipadamente o que alcançar.
3. Permite fixar a remuneração de vendedores ou equipes, pois facilita a fixação de porcentagens ou valores monetários de vendas nos períodos considerados quando a remuneração é feita por meio de comissões. As comissões funcionam como porcentagens de vendas reais, mas podem ser projetadas como porcentagens das cotas de vendas de cada um.
4. Proporciona excelente meio de controle do desempenho do pessoal de vendas, indicando o que foi realizado e quanto falta para cumprir a meta.

A cota de vendas pode ser feita regionalmente para cada cidade, filial, região ou país. Nesse caso, trata-se de um zoneamento de vendas ou cotas regionais de vendas, e confunde-se com a segmentação de mercado. A determinação das cotas de venda não deve ser inflexível, nem deve ser obtida apenas pela aplicação de fórmulas matemáticas ou estatísticas abso-

[29] CHIAVENATO, I. *Administração de vendas*: uma abordagem introdutória. Rio de Janeiro: Campus/Elsevier, 2005c, p. 98.

**Tabela 5.2** Cotas de venda em comparação com vendas realizadas

| Vendedor | Cota anual de vendas | Vendas realizadas | | | | | |
|---|---|---|---|---|---|---|---|
| | | Janeiro | | Fevereiro | | Março | |
| | | Venda | % | Venda | % | Venda | % |
| João | 100.000 | 10.000 | 10 | 20.000 | 20 | 40.000 | 40 |
| Pedro | 200.000 | 20.000 | 10 | 40.000 | 20 | 50.000 | 25 |
| Total | 300.000 | 30.000 | 10 | 60.000 | 20 | 90.000 | 30 |

Fonte: Chiavenato (2005c, p. 99).

lutamente exatas. Deve ser feita considerando os efeitos psicológicos sobre todo o pessoal de vendas no sentido de estimulá-lo, não desanimá-lo frente à tarefa a cumprir.

**Box 5.16** Processo de previsão de vendas

É necessário que participem todos os envolvidos no processo de previsão de venda da empresa. Ela deve ser desdobrada por todos os integrantes da força de vendas de maneira relativa e proporcional. Da mesma maneira como a previsão de vendas é feita em caráter diário, semanal, mensal, trimestral ou anual, as cotas de vendas também. Elas funcionam como uma espécie de planejamento de vendas para cada membro da força de vendas. Daí a ênfase em metas e resultados a alcançar. Funcionam como sinalização do futuro que se pretende transformar em realidade.

## Administração de vendas

A AV envolve planejamento, organização, direção e controle das atividades de vendas, incluindo recrutamento, seleção, treinamento, remuneração, previsão de vendas, definição de cotas e zonas de vendas, na medida em que essas atividades se aplicam diretamente ao pessoal de vendas.

A AV pode ser entendida como um processo sistêmico que começa com a previsão de vendas que se espera realizar e a organização de vendas adequada à realização dessa previsão com foco na clientela e no mercado. Assim, a previsão de vendas funciona como base para organizar o esquema de vendas, a fim de atender à clientela que existe no mercado.

Em geral, a AV assume uma organização departamentalizada conforme ilustra a Figura 5.8.

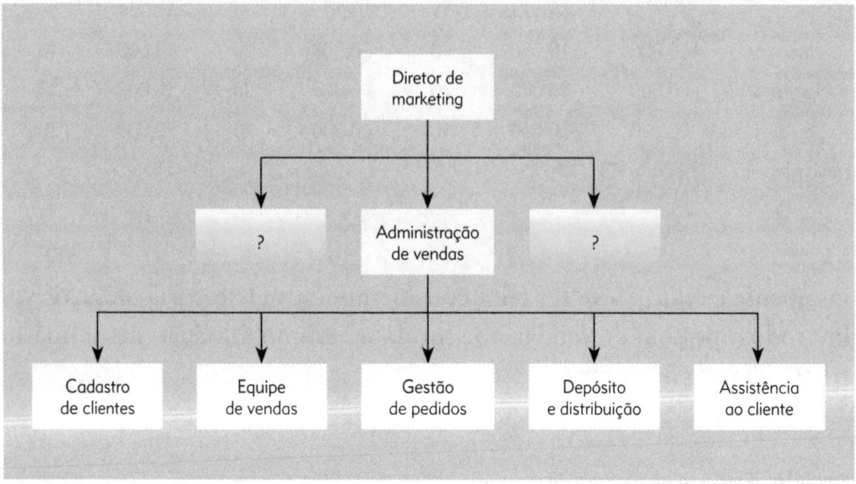


**Figura 5.8** Estrutura organizacional da administração de vendas.
Fonte: Chiavenato (2005c, p. 51).

A AV pode estar focada em P/S (a equipe de vendas é dividida em P/S, como produtos químicos, farmacêuticos, veterinários e inseticidas em uma empresa química) ou focada em áreas geográficas (na qual a equipe de vendas é dividida em regiões – Norte, Centro-oeste, Sul – em uma empresa de cobertura nacional) ou, ainda, focada na clientela (a equipe de vendas é dividida em departamento feminino, masculino, infantil e juvenil em uma loja de departamentos).

Tudo isso para atrair, encantar e manter o cliente.

CAPÍTULO 6

# Sexto passo
# Administração financeira: cuide bem das finanças

**Tópicos**

Foco nas finanças
Capital
Capital de giro
Fluxo de caixa
Ativos circulantes
Gestão das contas a receber
Gestão financeira de estoques
Financiamento
Balanço contábil e demonstrações financeiras
Fluxo de fundos

De nada adianta ter talentos, tecnologia e mercado se a empresa carece de recursos financeiros. Para poder funcionar e proporcionar resultados, as empresas necessitam de tais recursos. E o dinheiro constitui um dos recursos mais importantes, escassos e caros do nosso mundo de negócios. É difícil ganhá-lo e é muito mais fácil perdê-lo, tanto na atividade pessoal como na atividade empresarial; e sem ele não se pode fazer muita coisa. Planos de consolidação e expansão de negócios dependem da disponibilidade financeira e da força de garantir ingressos financeiros.

É o dinheiro que abre as portas para novos empreendimentos e garante o sucesso empresarial quando se requer força e flexibilidade financeira como base de apoio para novos investimentos, aquisição de novas tecnologias, novos projetos e inovação nos negócios[1].

Toda empresa precisa de dinheiro para poder operar e é principalmente por meio deste que ela pode expandir suas atividades e crescer. Isso é irrefutável. O simples fato de uma empresa precisar de um imóvel para se instalar, de máquinas e equipamentos para produzir, de pessoas para trabalhar, de matérias-primas para processar significa, no fundo, a necessidade de recursos financeiros que permitam alugar ou comprar o imóvel, adquirir máquinas e equipamentos, pagar os salários das pessoas, comprar matérias-primas, recolher impostos etc. Nenhuma empresa pode ser aberta sem um mínimo de capital inicial e nem pode funcionar sem algum capital de giro suficiente para suas operações. O dinheiro funciona como um combustível para os negócios e, quando falta, o negócio simplesmente estaciona.

Quanto ao objetivo que perseguem, existem empresas lucrativas, cujo objetivo final costuma ser o lucro, e empresas não lucrativas, cujo objetivo final é a prestação de algum serviço público ou social independentemente do lucro. Embora não seja o objetivo único e exclusivo de um negócio, o lucro se torna imprescindível para garantir sua continuidade e sustentabilidade. Todas as empresas – lucrativas ou não – precisam alcançar alguma dose de lucratividade para manter sua sustentabilidade. Mesmo aquelas totalmente focadas na filantropia precisam garantir um mínimo de retornos financeiros para que possam continuar existindo e assistindo os menos favorecidos.

Muitas empresas do governo estão procurando desenvolver sinergias para obter lucro e tornarem-se autônomas e autossuficientes. Estão deixando de depender de verbas do governo para alcançar sustentabilidade própria do ponto de vista financeiro. Com isso, elas têm condições melhores de investir em si próprias em termos de melhorias, desenvolvimento, crescimento, adoção de tecnologias mais modernas e construção de talentos. O lucro passa a ser um elemento importante para que isso possa acontecer.

---

1 Este capítulo está fortemente baseado em: CHIAVENATO, I. *Iniciação à administração financeira*: uma abordagem introdutória. Rio de Janeiro: Campus/Elsevier, 2006.

O lucro constitui o excedente entre a receita obtida e a despesa efetuada em uma determinada operação. Em outros termos, é o emergente sistêmico produzido pelo sistema empresarial. Para uma empresa lucrativa, significa a remuneração do empreendedor ou do investidor que assume os riscos do negócio. Para uma empresa não lucrativa, significa a maneira pela qual ela pode se autossustentar sem a ajuda do governo ou de terceiros. Mas, para consegui-lo, torna-se necessário cuidar bem das finanças. Esse é o sexto passo de nossa longa jornada neste livro.

## FOCO NAS FINANÇAS

Tanto interna como externamente, as empresas são avaliadas pelos resultados financeiros que proporcionam. Sempre foi assim e vai conti-

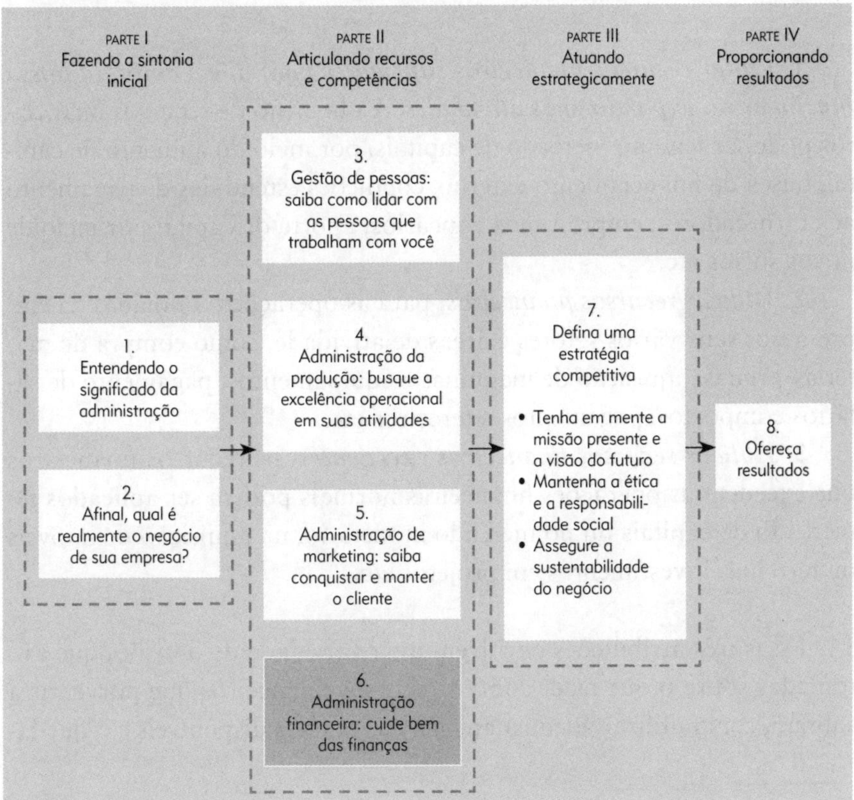


**Figura 6.1** A estrutura do livro.

nuar dessa forma por muito tempo. Os principais indicadores do sucesso empresarial são predominantemente de naturezas contábil e financeira. O balanço contábil e os demonstrativos financeiros constituem os documentos mais importantes que permitem tal avaliação por parte do mercado, dos proprietários e acionistas, dos investidores e dos bancos e das financeiras. Muitos executivos de empresas medem seu desempenho e sucesso pelos retornos financeiros que proporcionam à organização.

A administração financeira (AF) é a área que cuida dos recursos financeiros da empresa: capital, recebimentos, pagamentos, fluxo do dinheiro, aplicações, financiamentos, dividendos etc. Uma empresa pode ser bem-sucedida em relação aos clientes, aos seus P/S, alcançar excelente imagem no mercado, ser o melhor lugar para se trabalhar, mas pode estar em situação financeira crítica. Isso faz com que ela valha pouco. As principais atribuições da AF são três[2]:

1. *Obter recursos financeiros suficientes para que a empresa possa funcionar ou expandir suas atividades*. A obtenção de recursos financeiros pode ser feita no mercado de capitais, por meio do aumento de capital, busca de financiamento externo, condições estendidas de pagamento aos fornecedores, empréstimos bancários, aporte de capital por meio de novos sócios etc.
2. *Utilizar recursos financeiros*: para as operações cotidianas da empresa nos seus vários setores e áreas de atividade, como compra de matérias-primas, aquisição de máquinas e equipamentos, pagamento de salários e impostos, pagamentos a terceiros etc.
3. *Aplicar recursos financeiros excedentes*: os recursos financeiros que excedem as operações financeiras normais podem ser aplicados no mercado de capitais ou no mercado monetário, na aquisição de imóveis ou terrenos, investimentos em projetos etc.

Essas três atribuições envolvem uma variedade de decisões que são tomadas sobre o que fazer com os recursos financeiros que porventura sobram, como utilizar adequadamente os recursos disponíveis e o que fa-

---

[2] CHIAVENATO, I. *Administração financeira*: uma abordagem introdutória. Rio de Janeiro: Campus/Elsevier, 2006, p. 15.

zer para obter recursos adicionais em caso de insuficiência temporária. O papel da AF é proporcionar à empresa os recursos financeiros necessários às suas operações, captando as possíveis faltas e aplicando as possíveis sobras. Essas três áreas de decisão da AF envolvem diversas entradas e saídas de recursos financeiros da empresa e sua destinação, como mostra a Figura 6.2.

Assim, a AF envolve um processo financeiro cíclico e repetitivo. O ciclo financeiro da empresa depende do tempo existente entre a saída do dinheiro (para produzir um P/S e entregá-lo ao comprador) e a entrada do dinheiro (quando a empresa recebe do cliente ao comprar o P/S). O

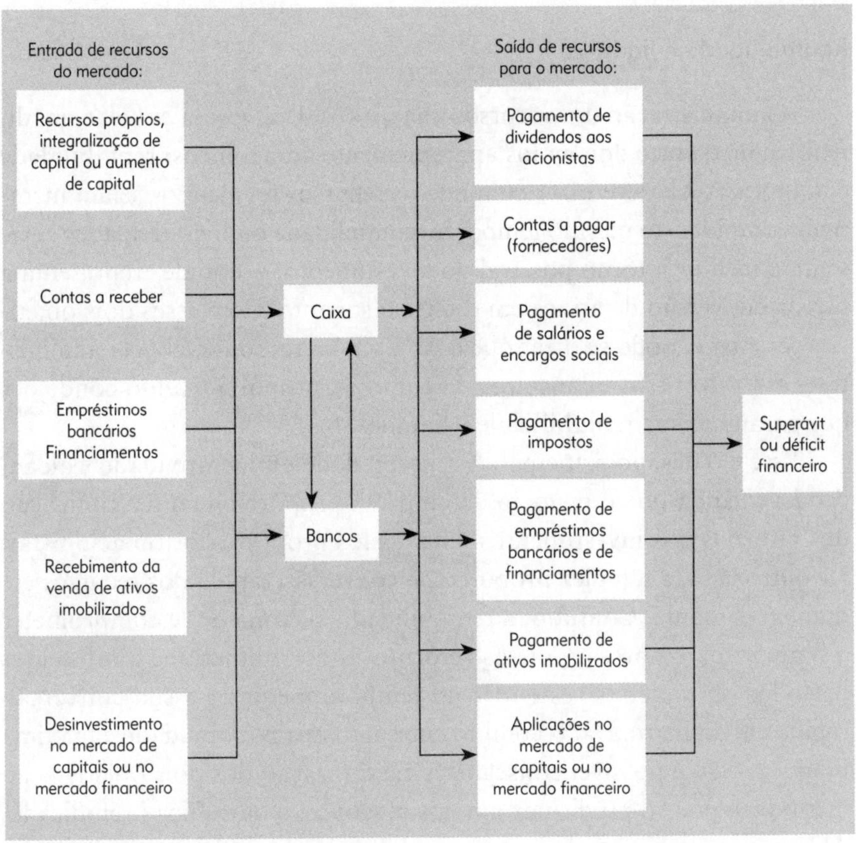


**Figura 6.2** O ciclo financeiro da empresa.
Fonte: Chiavenato (2005d, p. 21).

ciclo financeiro pode ser curto e rápido ou prolongado e extensivo, dependendo do tipo do P/S, do ramo de atividade e do mercado. O segredo está em reduzir ao máximo a duração do ciclo financeiro da empresa, encurtando todas as fases possíveis do processo produtivo e da comercialização, reduzindo prazos ou antecipando pagamento de terceiros. Ciclos financeiros longos exigem enorme disponibilidade de capital.

Em resumo, a AF tem por finalidade obter, utilizar e aplicar os recursos financeiros da empresa, alcançando índices elevados de rentabilidade e liquidez. Para tanto, deve analisar e avaliar a maneira como os recursos financeiros são obtidos, utilizados e aplicados pelas diversas áreas e setores de atuação da empresa, para que a rentabilidade e a liquidez não sejam prejudicadas.

## Rentabilidade e liquidez

A administração dos recursos financeiros da empresa envolve um difícil balanço entre dois polos aparentemente antagônicos: rentabilidade e liquidez. A AF deve fazer com que os recursos financeiros sejam lucrativos e líquidos ao mesmo tempo. A rentabilidade ou lucratividade representa o melhor retorno possível do investimento. A liquidez representa a rápida conversão de ativos em dinheiro sonante. Com esses dois objetivos em mente, pode-se dizer que a AF é a área responsável pela administração dos recursos financeiros da empresa, proporcionando condições que garantam sua rentabilidade e liquidez.

Esse é o desafio principal. A rentabilidade ou lucratividade é alcançada à medida que o negócio da empresa proporciona a maximização dos retornos dos investimentos feitos pelos proprietários ou acionistas. De outro lado, a liquidez proporciona conversão rápida dos recursos em dinheiro sonante. Contudo, a rentabilidade máxima pode comprometer a liquidez da empresa, pois os retornos estão submetidos a diferentes períodos ou podem se estender no tempo impedindo a sua conversão rápida em dinheiro. Daí o conflito entre máxima rentabilidade e máxima liquidez. Não é possível conseguir a maximização dos dois objetivos ao mesmo tempo. Ao privilegiar um dos objetivos, o outro fica prejudicado. Algumas empresas privilegiam a rentabilidade enquanto outras dão prioridade à liquidez. Algumas aplicam boa parte dos fundos disponíveis e mantêm inativa outra parte como proteção ou defesa contra riscos de não se conseguir pagar algum débito. Esses fundos inativos não produzem retorno aos investidores, mas garantem a liquidez. Assim, a maximização da rentabilidade e da liquidez ao mesmo tempo não é possível. Em vez de maximizar um ou outro, procura-se satisfazer ambos os objetivos: não obter o máximo de rentabilidade ou de liquidez, mas algo satisfatório ou relativo para que um objetivo não prejudique o outro. Para tanto, a AF deve obter recursos financeiros do mercado e utilizar e aplicar os recursos financeiros em seu negócio ou em atividades paralelas. Reduzir gastos e incentivar retornos é o lema. Trata-se de um frágil equilíbrio a ser mantido.

A AF deve analisar e avaliar a maneira como os recursos financeiros são obtidos, utilizados e aplicados pelas diversas áreas e setores da empresa a fim de que a rentabilidade e a liquidez não sejam prejudicadas. O problema é que as decisões sobre despesas, gastos, aquisições e investimentos nem sempre estão concentrados na área financeira, mas são compartilhadas por diversas áreas e pessoas dentro de cada empresa. O problema está em acompanhar, monitorar e controlar tudo isso.

**Box 6.1** A ênfase no capital financeiro

Durante toda a Era Industrial, predominou uma forte ênfase no capital financeiro. Era perfeitamente compreensível que as empresas – até então feitas de recursos físicos, materiais e concretos – tivessem que se preocupar com seus ativos contábeis. Eles refletiam dinheiro. As empresas eram empreendimentos físicos e dependiam de instalações físicas, as quais custavam dinheiro e deveriam produzir dinheiro. Era a lógica tradicional dos negócios. Hoje, em plena Era da Informação, as empresas físicas e concretas continuarão a existir – porque necessitamos de produtos físicos que somente elas podem produzir –, contudo, empresas e negócios virtuais estão se disseminando com enorme rapidez e os serviços estão em alta. Agora predomina o capital intelectual composto de ativos invisíveis e intangíveis. Não se trata mais de ter, mas de saber. Trata-se de recursos e competências.

## CAPITAL

Conceitualmente, o capital representa o valor líquido dos ativos tangíveis de uma empresa. Constitui o recurso financeiro básico da empresa, ou seja, o investimento efetuado pelos proprietários ou acionistas para a criação e operação da empresa. Na prática, não é apenas o capital investido pelos acionistas que dinamiza a empresa. Ela quase sempre utiliza capital de terceiros na operação dos seus negócios. Assim, do ponto de vista de sua propriedade, existem dois tipos de capital:

1. *Capital próprio*: composto pelos itens do não exigível, isto é, o capital pertencente aos proprietários ou acionistas da empresa.
2. *Capital de terceiros*: refere-se às exigibilidades correntes da empresa, como os empréstimos, financiamentos, debêntures e ações preferenciais.

O capital próprio, em geral, constitui um capital de risco na busca de um retorno que pode demorar e mesmo não acontecer. No entanto, quase sempre, a expectativa é de elevado retorno. Em outras palavras, os proprietários ou acionistas da empresa investem com dinheiro assumindo riscos, mas focados no provável retorno de seu investimento. Risco e retorno são conceitos importantes.

### Risco e retorno

Quando os proprietários ou acionistas ingressam com algum capital, eles assumem certo risco e esperam determinado retorno do seu investimento. Da mesma maneira, os terceiros (como fornecedores, bancos, financeiras e investidores) também fornecem capital para a empresa esperando um determinado retorno e correndo algum risco.

O retorno significa ganhos ou perdas em que o proprietário de um ativo incorre durante certo período, ou seja, um rendimento maior. O retorno é calculado por meio da soma dos pagamentos periódicos (dividendos ou juros) e da valorização de capital do ativo (retorno total). O risco é o grau de incerteza associado ao resultado de um investimento, ou seja, uma possibilidade de perda. Existem dois tipos de risco[3]:

1. *Risco econômico:* risco inerente ao negócio da empresa. É a incerteza ou a variabilidade relativa dos resultados da empresa e que depen-

[3] CHIAVENATO, I. *Administração financeira*: uma abordagem introdutória. Rio de Janeiro: Campus/Elsevier, 2005d, p. 50.

dem do ramo de atividade, mercado, conjuntura econômica do país, tipo de operação, tipo de P/S e características da demanda do mercado (venda sazonal, cíclica ou variável). Como a AF não determina o negócio, o ramo de atividade ou as operações da empresa, ela se restringe a oferecer subsídios para administrar o grau de risco assumido em consequência do ramo de atividade escolhido. Na realidade, o risco econômico é consequência da estrutura dos ativos e do negócio da empresa.

2. *Risco financeiro:* é o risco de não conseguir a remuneração ou retorno do investimento. Está relacionado com a remuneração do capital de terceiros e corresponde à variabilidade dos retornos para o acionista. Na realidade, o risco financeiro é consequência da estrutura das fontes de recursos da empresa (passivos exigíveis ou não), principalmente em termos de endividamento relativo. O risco financeiro está ligado à proporção de uso de recursos que exigem remuneração fixa e prioritária em relação à remuneração dos acionistas.

Quando o risco econômico proporcionado pelo mercado é elevado, torna-se necessário reduzir o risco financeiro para evitar alto endividamento e baixar a proporção de capital de terceiros.

**Quadro 6.1** Risco econômico e risco financeiro

| Risco econômico | Risco financeiro |
|---|---|
| Negócio arriscado | Possibilidade de retorno financeiro |
| Incerteza do negócio | Incerteza de pagamento de terceiros |
| Depende do ramo de atividade | Depende da estrutura das fontes de recursos |
| Depende do mercado | Depende da remuneração do capital de terceiros |

Aqui também o desafio está no equilíbrio: buscar um equilíbrio proporcional entre risco e retorno da empresa. O retorno (ou rentabilidade) é medido pelas receitas menos custos incorridos. O risco é medido pela probabilidade de a empresa tornar-se insolvente, isto é, tornar-se incapaz de pagar suas contas e dívidas nos respectivos vencimentos. O risco é sempre uma possibilidade de perda. O retorno de uma empresa é o lucro. E o lucro é sempre uma possibilidade de ganho adicional.

Assim, as duas preocupações fundamentais do administrador – e também seu desafio – ao cuidar das finanças são: aumentar o lucro e reduzir os custos. Pode-se elevar o lucro por meio de:

- Maior volume de receitas (aumento das vendas).
- Redução dos custos (maior eficiência e produtividade).
- Investimento em ativos mais rentáveis que produzam maiores receitas.

Por outro lado, os custos devem ser reduzidos de duas maneiras:

- Pagando-se menos pelos itens ou serviços utilizados.
- Administrando-se os recursos com maior eficiência para evitar desperdícios, perdas ou atrasos.

Pode parecer fácil, mas não é. Aliás, a preocupação em aumentar o lucro e reduzir os custos domina a cabeça do administrador o tempo todo. Aumentar as vendas ao mesmo tempo que se reduz os custos de vendas constitui sempre um quebra-cabeças. Quase sempre a preferência recai sobre aquilo que é mais fácil ou mais próximo, ou seja, reduzir custos. E nem sempre o que é mais fácil é o mais indicado. Eliminar perdas, desperdícios e atrasos é fundamental, mas existem certos custos que, quando cortados, podem não levar a cortes de gordura, mas a cortes de músculos necessários para o empreendimento.

### Tipos de capital

Voltando ao conceito de capital, pode-se classificá-lo quanto à sua utilização em dois tipos: o capital fixo e o capital de giro (ou capital circulante). O capital fixo e o capital de giro se complementam[4].

1. *Capital fixo*: é o capital constituído pelos ativos imobilizados. Os investimentos em ativos imobilizados são efetuados no longo prazo, são estáveis e sofrem poucas alterações ao longo do tempo. É o caso de edifícios, fábricas, máquinas e equipamentos, instalações, tecnologia etc.

---

[4] CHIAVENATO, I. *Administração financeira*: uma abordagem introdutória. Rio de Janeiro: Campus/Elsevier, 2005d. p. 532-53.

2. *Capital de giro*: ou capital circulante, é constituído de ativos circulantes (também chamados ativos correntes). Os investimentos em ativos circulantes sofrem alterações frequentes, quase cotidianas, pois o capital de giro está relacionado principalmente com as vendas que são realizadas diariamente e sofrem oscilações. Esses investimentos são efetuados no curto prazo em função do ciclo de operações da empresa. Boa parte das aplicações de fundos da empresa se destina ao seu capital de giro. É oportuno diferenciar o capital de giro bruto e o capital de giro líquido.

a) *Capital de giro bruto* (CGB): é constituído pelos seguintes itens:

Disponibilidades: disponível em caixas e bancos.

- Investimentos temporários: títulos e valores mobiliários.
- Contas a receber.
- Estoques: matérias-primas + materiais em vias + produtos acabados.

b) *Capital de giro líquido* (CGL): é o capital de giro bruto menos os compromissos de CP com fornecedores, funcionários, impostos, aluguel etc. O capital de giro líquido (CGL) é a diferença entre os ativos circulantes e os passivos circulantes da empresa. Assim:

CGL = ativos circulantes – passivos circulantes.

A empresa dispõe de CGL quando os ativos circulantes são maiores que os passivos circulantes. Toda empresa precisa de algum volume de CGL para garantir suas operações normais, que dependem do ramo de atividade e das condições do negócio. O CGL é um indicador da liquidez da empresa juntamente com outros índices de liquidez. Quanto maior o volume em ativos circulantes, mais fácil será converter parte deles em caixa para pagar as dívidas nas datas de vencimento. Assim:

CGL = CGB – passivos circulantes (salários, fornecedores, impostos, aluguéis etc.).

## CAPITAL DE GIRO

Provavelmente a atividade mais conhecida da AF é a gestão do capital de giro. Na prática, o cotidiano de quem administra recursos financeiros é tomado pela administração dos ativos correntes. O planejamento e a operação das entradas e saídas do caixa constituem talvez a parte mais representativa do trabalho da AF.

O capital de giro circula no curto prazo, definido como um período igual ao de um exercício social, que, na maioria dos casos, corresponde ao ano fiscal da empresa. A administração do capital de giro envolve as contas circulantes da empresa, inclusive os ativos e passivos circulantes. Os ativos representam o total de bens da empresa, enquanto os passivos se referem ao total das dívidas e obrigações. Assim, os ativos circulantes referem-se aos bens que giram no curto prazo, enquanto os passivos circulantes referem-se às contas a pagar e obrigações da empresa no curto prazo. Em geral, nas empresas industriais, os ativos circulantes representam praticamente a metade do ativo total e os passivos circulantes chegam a um terço do faturamento, razão pela qual a administração do capital de giro é uma das áreas mais importantes e conhecidas da AF. Toda empresa precisa dispor de um nível razoável de capital de giro, pois os ativos circulantes devem ser suficientes para cobrir os passivos circulantes com alguma margem de segurança[5].

A administração do capital de giro tem por objetivo administrar cada um dos ativos e passivos circulantes da empresa para garantir um nível aceitável de capital circulante líquido[5].

1. *Ativos circulantes*: envolvem o conjunto de bens e créditos que circula no curto prazo e que constitui um patrimônio da empresa, a saber:
    a) Caixa.
    b) Títulos negociáveis.
    c) Duplicatas a receber.
    d) Estoques.

Os ativos circulantes devem garantir a liquidez da empresa e evitar, simultaneamente, um nível elevado e sem aplicação adequada para qualquer um deles.

2. *Passivos circulantes*: representam o que a empresa deve no curto prazo. Os mais importantes são:
    a) Duplicatas a pagar.

---

[5] CHIAVENATO, I. *Administração financeira*: uma abordagem introdutória. Rio de Janeiro: Campus/Elsevier, 2005d, p. 54.

b) Títulos a pagar.

c) Despesas provisionadas a pagar (como provisões de passivos, salários, encargos sociais e juros a pagar, que são despesas já incorridas no regime de competência, mas ainda não foram pagas).

Os passivos circulantes devem estar garantidos pelas fontes de financiamento de curto prazo a serem usadas adequadamente.

### Como lidar com o capital de giro

Como a administração do capital de giro envolve aplicações em ativos circulantes, ela deve levar em consideração três dilemas que precisam ser conciliados[6]:

1. *Dilema da liquidez aprazada*: os ativos circulantes devem ter uma liquidez compatível com a composição dos prazos de vencimentos das dívidas de curto prazo. Isso significa que os ativos circulantes devem ter um prazo para se transformar em dinheiro e um risco de transformação em dinheiro. As contas devem ser pagas nos vencimentos e os ativos circulantes devem estar líquidos nos momentos certos. Os ativos circulantes devem ter sua liquidez aprazada em paralelo com as datas de vencimentos das contas a pagar.

2. *Dilema entre liquidez e rentabilidade*: os ativos circulantes constituem um investimento necessário para sustentar o volume de vendas da empresa. Contribuem para o objetivo de rentabilidade à medida que garantem o volume de vendas, mas seu retorno direto (rentabilidade) – nas disponibilidades e nos investimentos temporários – é bem menor que o dos investimentos em ativos fixos. Ao enfatizar a liquidez, os ativos circulantes podem perder rentabilidade. A dificuldade está no equilíbrio entre liquidez e rentabilidade dos ativos circulantes.

3. *Dilema do excesso ou escassez*: a administração dos ativos circulantes (principalmente das disponibilidades e estoques) deve proporcionar saldos adequados que não sejam excessivos de um lado ou insuficientes de outro. É preciso evitar os extremos: a manutenção de saldos excessivos (com investimentos e custos mais elevados) ou a manutenção de saldos insuficientes (com investimentos e custos menores, mas com riscos

---

6 CHIAVENATO, I. *Administração financeira*: uma abordagem introdutória. Rio de Janeiro: Campus/Elsevier, 2005d, p. 55.

maiores como falta de caixa ou falta de estoques). Para não pendular entre os custos do excesso e os riscos da insuficiência, o remédio é calcular o lote econômico. O lote econômico é o ponto satisfatório que minimiza as desvantagens do excesso e as da escassez. O desafio está em encontrar um meio termo que evite o excesso ou a escassez.

Todos esses três dilemas devem ser considerados na administração do capital de giro, abrangendo a administração das contas circulantes da empresa que incluem os ativos e passivos circulantes.

## Ciclo de caixa

Os ativos circulantes constituem o capital da empresa que gira até transformar-se em dinheiro dentro de um ciclo de operações que varia de empresa para empresa conforme a natureza de suas operações. O ciclo de operações da empresa (ou ciclo de caixa) constitui o tempo necessário para que uma aplicação de dinheiro em insumos circule inteiramente desde a compra de matérias-primas e o pagamento do pessoal até o recebimento pela venda do P/S ao cliente. Cada empresa tem o seu ciclo de caixa, o qual pode variar com as oscilações de mercado e com a própria natureza do negócio. A empresa que tem um ciclo de caixa curto e rápido possui um capital de giro capaz de circular mais vezes durante o ano. A empresa que tem um ciclo de caixa longo e demorado não tem condições de fazer girar rapidamente seu capital. É preciso saber encurtá-lo ao máximo.

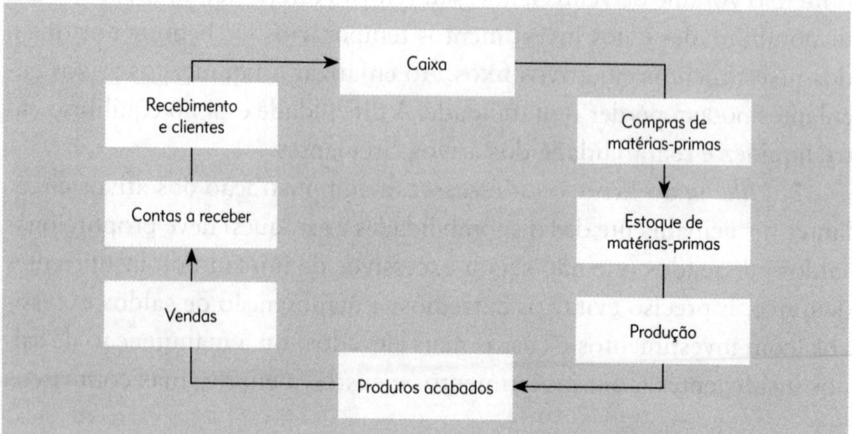


**Figura 6.3** O ciclo de caixa.
Fonte: Chiavenato (2005d, p. 56).

O caixa precisa ser planejado de acordo com o ciclo de caixa. O planejamento de caixa ou orçamento de caixa é que deve indicar o fluxo das entradas e saídas de recursos financeiros do caixa. Daí a previsão e controle de gastos por meio do fluxo de caixa.

## FLUXO DE CAIXA

O fluxo de caixa significa o movimento de entradas e saídas de recursos do caixa. Trata das origens (entradas) e aplicações (saídas) de caixa. As origens de caixa são entradas que aumentam o caixa da empresa, enquanto as aplicações de caixa são saídas que o reduzem, tal como na Figura 6.4.

Na prática, o planejamento ou orçamento de caixa constitui um planejamento financeiro de curto prazo que cobre o exercício fiscal de 12 meses. Permite planejar as necessidades de caixa de curto prazo, pois dá uma visão dos recebimentos e dos pagamentos previstos que ocorrerão durante o período. Se o orçamento de caixa indica algum excesso de caixa (mais recebimentos que pagamentos), pode-se planejar aplicações de curto prazo. Se, ao contrário, indica um déficit (mais pagamentos que recebimentos), deve-se planejar e contratar um financiamento de curto prazo[7].

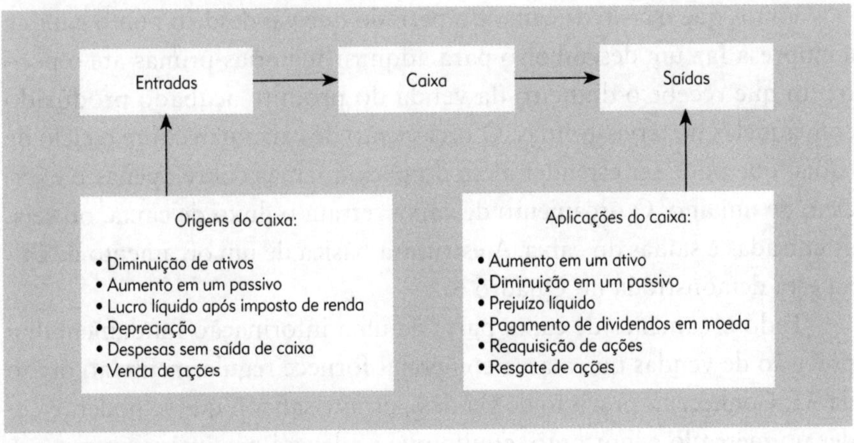


**Figura 6.4** Origens e aplicações de caixa.
Fonte: Chiavenato (2005d, p. 57).

---

7 CHIAVENATO, I. *Administração financeira*: uma abordagem introdutória. Rio de Janeiro: Campus/Elsevier, 2005d, p. 57.

**Box 6.2** Depreciação

Sandroni explica que, quando uma empresa retira uma parcela do caixa para converter em ativos fixos – como na compra de uma máquina ou equipamento –, ela espera repor o custo destes pela venda dos produtos da mesma maneira como espera repor o custo das matérias-primas que fazem parte dos produtos acabados. Como a máquina não é imediatamente consumida no produto da mesma forma como nas matérias-primas, faz-se necessário apropriar uma parcela do custo da máquina a cada peça produzida, dividindo o custo histórico da máquina pelo seu tempo de vida útil e, então, apropriar o custo previsto de cada ano de serviço aos produtos produzidos durante aquele ano. Quando a empresa fixa preços e vende seus produtos, ela está procurando repor os custos de pagamentos à vista – como mão de obra e matérias-primas e outros custos já realizados. Esse grupo de custos é representado pelos ativos fixos, enquanto a parcela dos custos originais que se tenta reaver atualmente é denominada depreciação. A depreciação é a redução do valor ativo de um bem em consequência de desgaste pelo uso, obsolescência tecnológica ou queda no preço de mercado. O cálculo da depreciação é feito pelo custo original (ou custo histórico) ou pelo custo atual (ou custo de reposição). Em resumo, a depreciação consiste na alocação do custo de um ativo com base em sua vida útil, para fins gerenciais ou fiscais.

Fonte: Sandroni (2003, p. 125).

## Orçamento de caixa

Vimos que o ciclo de caixa é o período que vai desde o ponto em que a empresa faz um desembolso para adquirir matérias-primas até o ponto em que recebe o dinheiro da venda do produto acabado produzido com aquelas matérias-primas. O orçamento de caixa não cobre o ciclo de caixa, que pode ser estender além do período, mas cobre apenas o exercício de um ano. O orçamento de caixa retrata o fluxo de caixa, ou seja, as entradas e saídas do caixa. A estrutura básica de um orçamento de caixa está demonstrada no Quadro 6.2.

Todo orçamento de caixa parte de uma informação fundamental: a previsão de vendas que a área comercial fornece regularmente ao órgão da AF. Conhecer a previsão de vendas permite saber o que se poderá vender no mercado e, portanto, aquilo que se deverá produzir e entregar e, posteriormente, receber como entrada do processo. Tendo por base a previsão de vendas, pode-se estimar as entradas e receitas da empresa e os gastos relacionados com a produção, estoques e distribuição, isto é, o fluxo de entradas e saídas de dinheiro. Também é possível determinar o nível

**Quadro 6.2** Composição do orçamento de caixa

| | Itens | Janeiro | Fevereiro | Março |
|---|---|---|---|---|
| | Recebimentos: | | | |
| Mais | Vendas a vista | | | |
| Mais | Cobrança de vendas a crédito | | | |
| Menos | Pagamentos: | | | |
| Igual | Fluxo líquido de caixa | | | |
| Mais | Saldo inicial de caixa | | | |
| Igual | Saldo final de caixa | | | |
| Menos | Saldo de caixa excedente | | | |
| Igual | Financiamento necessário | | | |
| Ou | Saldo de caixa excedente | | | |

Fonte: Chiavenato (2005d, p. 59).

de imobilizado necessário e o financiamento a ser captado para assegurar o nível previsto de produção e vendas.

A elaboração do orçamento de caixa exige os seguintes passos:

1. Projeção dos recebimentos com base na previsão de vendas.
2. Projeção dos pagamentos também com base na previsão de vendas.
3. Elaboração do fluxo líquido de caixa.

## Projeção dos recebimentos

O primeiro passo na elaboração do orçamento de caixa é projetar os recebimentos. A previsão de vendas funciona como o principal subsídio para dimensionar as receitas operacionais da empresa em decorrência das vendas esperadas dos P/S produzidos. As vendas previstas em termos monetários devem ser colocadas a cada mês no orçamento de caixa. Exemplo:

Vendas em janeiro = R$ 1.000.000,00
Vendas em fevereiro = R$ 2.000.000,00
Vendas em março = R$ 3.000.000,00

Suponha que a empresa espera vender nas seguintes proporções: 30% das vendas à vista, 40% com faturamento para 30 dias e 30% com faturamento para 60 dias, devendo-se projetar tais expectativas. Assim, a projeção de recebimentos para o orçamento de caixa será:

**Quadro 6.3** Programação dos recebimentos para compor o orçamento de caixa

| Itens: | Janeiro | Fevereiro | Março |
|---|---|---|---|
| Recebimentos: | | | |
| Vendas à vista (30%) | 300.000 | 600.000 | 900.000 |
| Vendas para 30 dias (40%) | 400.000 | 800.000 | 1.200.000 |
| Vendas para 60 dias (30%) | 300.000 | 600.000 | 900.000 |
| Outros recebimentos | 100.000 | 100.000 | 100.000 |
| Total recebimentos: | 1.100.000 | 2.100.000 | 3.100.000 |

## Projeção dos pagamentos

O segundo passo na composição do orçamento de caixa é projetar os pagamentos a serem feitos, incluindo todos os desembolsos de caixa no decorrer do período considerado. Os pagamentos mais comuns são:

a) Compras à vista.
b) Pagamentos de duplicatas.
c) Pagamentos de dividendos a acionistas.
d) Aluguéis.
e) Salários do pessoal e encargos sociais.
g) Recolhimento de impostos.
h) Aquisição de equipamentos.
i) Pagamento de juros.

Suponha que as compras representem tradicionalmente 50% das vendas da empresa (definidas no item anterior), sendo 20% delas pagas à vista, 40% com faturamento para 30 dias e os 40% restantes com faturamento para 60 dias. Deixando de lado provisoriamente os demais itens de pagamentos, pode-se programar os pagamentos de compras no orçamento de caixa da seguinte maneira:

Compras em janeiro = R$ 500.000,00
Compras em fevereiro = R$ 1.000.000,00
Compras em março = R$ 1.500.000,00

**Quadro 6.4** Programação dos pagamentos para compor o orçamento de caixa

| Itens: | Janeiro | Fevereiro | Março |
|---|---|---|---|
| Pagamentos: | | | |
| Compras à vista (20%) | 100.000 | 200.000 | 300.000 |
| Compras para 30 dias (40%) | 200.000 | 400.000 | 600.000 |
| Compras para 60 dias (40%) | 200.000 | 400.000 | 600.000 |
| Total pagamentos: | 500.000 | 1.000.000 | 1.500.000 |

## Fluxo líquido de caixa

O terceiro passo na elaboração do orçamento de caixa é o cálculo do fluxo líquido de caixa. Isso se faz subtraindo os pagamentos dos recebimentos em cada mês. A seguir, soma-se o saldo inicial de caixa de cada mês ao fluxo líquido de caixa para obter o saldo final de caixa para cada mês. E, finalmente, subtrai-se do saldo final de caixa o saldo mínimo de caixa, para verificar se há excesso (saldo positivo) ou insuficiência (saldo negativo). Se o saldo final de caixa for menor que o saldo mínimo de caixa, há necessidade de financiamento. Se o saldo final de caixa for superior ao saldo mínimo de caixa, existe um saldo de caixa excedente que deve ser aplicado de alguma forma. Cada um dos itens do orçamento de caixa pode ser desdobrado e detalhado de acordo com as necessidades de cada empresa.

Em resumo, o objetivo do orçamento de caixa é assegurar um mínimo de dinheiro em caixa. Para tanto, alguns cuidados devem ser seguidos[8]:

**a)** Retardar ao máximo o pagamento de duplicatas a pagar sem prejudicar o conceito de crédito da empresa.

**b)** Aproveitar ao máximo quaisquer descontos financeiros nos pagamentos.

**c)** Girar os estoques com a maior rapidez possível, mas evitar faltas de estoque que podem interromper a linha de produção ou perder vendas.

**d)** Receber as duplicatas a receber no menor tempo possível, sem perder vendas por cobrar rigidamente. Esse objetivo pode ser alcançado por meio de descontos financeiros adequados.

---

[8] CHIAVENATO, I. *Administração financeira*: uma abordagem financeira. Rio de Janeiro: Campus/Elsevier, 2005d, p. 62

O fluxo de caixa com suas entradas e saídas pode ser representado pela Figura 6.5.

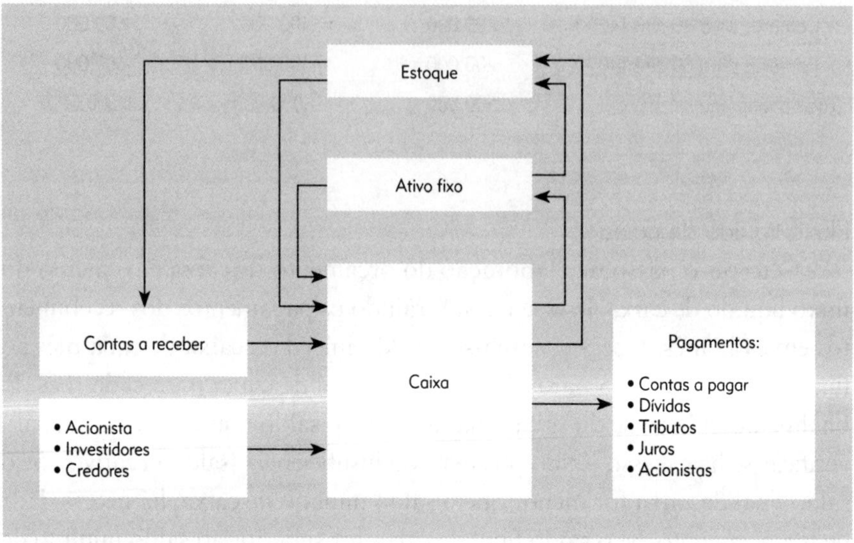


**Figura 6.5** O fluxo de caixa.
Fonte: Chiavenato (2005d, p. 63).

Em termos práticos, o fluxo de caixa mostra como a empresa está se comportando quanto aos recebimentos e pagamentos de suas operações cotidianas. É um poderoso indicador da liquidez da empresa.

O planejamento e a execução do fluxo de caixa são mandatórios para que as finanças possam ser bem conduzidas no dia a dia da empresa. Embora pareça um mecanismo focado no curto ou médio prazo, o fluxo de caixa permite garantir a liquidez da empresa.

## ATIVOS CIRCULANTES

Quase sempre, os ativos circulantes da empresa são constituídos pelas contas a receber e pelos estoques. São ativos dinâmicos que se movimentam o tempo todo e que mudam a cada instante. Em geral, ambos representam cerca de 80% de todos os ativos circulantes das empresas industriais de porte médio. Como se trata de uma proporção considerável, abordaremos separadamente a gestão das contas a receber e a gestão financeira dos estoques.

## GESTÃO DAS CONTAS A RECEBER

As contas a receber – principalmente as duplicatas – representam a concessão de créditos em conta corrente aos clientes. Na realidade, as contas a receber existem para conservar os atuais clientes e atrair novos ou potenciais clientes. As contas a receber são necessárias em todas as atividades comerciais no mundo moderno e sua gestão deve ser feita de modo a minimizar o investimento e, ao mesmo tempo, manter um nível adequado de serviço aos clientes. Os três aspectos mais importantes da gestão de contas a receber são: política de crédito, condições de crédito e política de cobrança.

### Política de crédito

Serve para indicar as bases para a concessão de crédito ao cliente e o valor máximo desse crédito. Oferece os padrões de crédito para o atendimento aos clientes. Estes definem os critérios mínimos para concessão de crédito ao cliente, como as classificações de crédito, referências de crédito, prazos médios de pagamento, índices financeiros etc. A política de crédito depende de certas variáveis que podem afrouxar ou apertar os padrões de crédito, tais como[9]:

1. *Volume de vendas*: a alteração nos padrões de crédito pode aumentar ou diminuir as vendas se os padrões forem afrouxados (para facilitar o acesso dos clientes aos P/S da empresa) ou apertados (para dificultar seu acesso e com isso evitar inadimplência de clientes com pouca liquidez).

2. *Período médio de cobrança*: a manutenção de contas a receber em carteira representa um custo para a empresa. Quanto maior o volume de duplicatas a receber, maior será o custo de mantê-las. Ao afrouxar os padrões de crédito, poderá ocorrer um aumento nas duplicatas a receber e do custo de sua manutenção. Se a empresa apertar os pa-

---

[9] CHIAVENATO, I. *Administração financeira*: uma abordagem introdutória. Rio de Janeiro: Campus/Elsevier, 2005d, p. 64-5.

drões de crédito, ocorrerá uma diminuição das duplicatas a receber e do custo de sua manutenção.

3. *Perda com devedores incobráveis*: o risco de uma conta tornar-se incobrável aumenta quando os padrões de crédito são afrouxados e diminui quando os padrões se tornam mais exigentes e restritivos.

Após definir os padrões de crédito, a empresa também precisa estabelecer procedimentos para avaliar os clientes que solicitam crédito (credibilidade) e o montante máximo de crédito que cada cliente pode receber. A empresa deve definir uma linha de crédito (montante máximo de crédito) que o cliente pode receber em qualquer época, independentemente de nova avaliação. A análise do crédito vai depender de informações e referências bancárias e comerciais, demonstrações financeiras, além do próprio histórico do cliente quanto a compras e pagamentos já efetuados.

### Condições de crédito

Estão relacionadas com as condições de pagamento exigidas dos clientes que compram a crédito. As condições de crédito costumam especificar[10]:

1. Desconto para pagamento antecipado ou para pagamento à vista.
2. Período no qual o cliente pode pagar com o desconto financeiro.
3. Período de crédito, ou seja, o prazo para o pagamento.

Deve-se atentar para as condições de crédito, pois elas afetam a lucratividade da empresa. Quanto maiores os descontos financeiros, períodos de desconto e prazos de crédito concedidos, menor a lucratividade da empresa.

### Políticas de cobrança

Representam os procedimentos adotados pela empresa para recebimento das contas a receber nas datas de seus vencimentos. As políticas

---

[10] CHIAVENATO, I. *Administração financeira*: uma abordagem introdutória. Rio de Janeiro: Campus/Elsevier, 2005d, p. 65.

de cobrança são avaliadas pelo número de clientes que pagam em dia e pelo número de inadimplentes ou incobráveis. Esses números dependem também das políticas de crédito nas quais a empresa se baseou para conceder crédito aos clientes.

Para a empresa reduzir o nível dos devedores duvidosos ou incobráveis, ela aumenta os gastos em cobrança. Porém, esses gastos adicionais de cobrança devem reduzir as perdas com devedores incobráveis. Caso contrário, os esforços adicionais de cobrança representarão apenas um gasto a mais e sem retorno para a empresa. Assim, a gestão das contas a receber deve ter critérios baseados em políticas de crédito, condições de crédito e políticas de cobrança que sejam adequados às necessidades da empresa. Saber soltar ou prender nas ocasiões oportunas é indispensável.

## GESTÃO FINANCEIRA DE ESTOQUES

Do ponto de vista da produção e operações, a gestão de estoques é o processo de determinação e manutenção de níveis ótimos de estoques na empresa. Ela é quase sempre conduzida pela área de produção da empresa e, por isso, torna-se necessária uma avaliação financeira para que os custos de estocagem sejam adequadamente controlados.

Contudo, do ponto de vista financeiro, os estoques constituem um ativo circulante necessário para que a empresa possa produzir e vender com um mínimo de risco ou preocupação. Assim, os estoques representam um meio de investimento de recursos e podem alcançar uma proporção enorme dos ativos totais. A gestão dos estoques apresenta aspectos financeiros que exigem um estreito relacionamento entre o órgão da empresa que cuida dos estoques – como produção, almoxarifado ou vendas – com o órgão da AF. O órgão que cuida dos estoques sempre está focado na facilitação do fluxo físico de produção e comercialização, enquanto a AF se preocupa com o lucro, a liquidez da empresa e a boa aplicação dos recursos empresariais.

Os estoques constituem um vínculo entre as etapas do processo de compra e venda (no processo de comercialização em empresas comerciais) e entre as etapas de compra, transformação e venda (no processo de produção em empresas industriais). Em qualquer ponto do processo formado por essas etapas, os estoques desempenham um papel importante na flexibilidade operacional da empresa. Funcionam como amortecedores das entradas e saídas entre as duas etapas dos processos de comercialização e produção, pois minimizam os efeitos de erros de planejamento e oscilações inesperadas de oferta e procura, ao mesmo tempo que isolam ou diminuem a interdependência das diversas partes da organização empresarial. No fundo, os estoques funcionam como um colchão protetor para evitar possíveis paradas da produção ou atrasos nas entregas de produtos acabados[11].

Ainda do ponto de vista financeiro, os estoques constituem um investimento e, portanto, torna-se necessário minimizar esse investimento por meio da rotação mais rápida dos estoques como objetivo financeiro. Mas esse objetivo pode conflitar com a manutenção dos estoques suficientes para atender às necessidades da produção e reduzir o risco de faltas de estoque. Assim, a empresa precisa determinar o nível ótimo de estoques capaz de conciliar esses dois objetivos antagônicos e conflitantes.

Existem três tipos de estoque: matérias-primas, produtos em fabricação e produtos acabados[12].

1. *Estoque de matérias-primas (MP)*: é constituído de todos os itens comprados de fornecedores e que são utilizados para a produção dos P/S produzidos pela empresa. O nível de estoque de cada MP depende do tempo de espera para receber novos pedidos, da frequência de utilização, características físicas do estoque e, sobretudo, do investimento exigido. Em geral, as MP ficam estocadas no almoxarifado.

   Nas indústrias que adotam o *just in time*, os fornecedores entregam as MP diretamente nos pontos locais de produção em condições de qualidade assegurada e participação direta e ativa no processo produtivo, o que exige estoque próximo ao zero.

2. *Estoque de produtos em fabricação*: estoque de semiacabados ou ainda estoque de materiais em vias, é constituído dos itens que estão sendo utilizados no processo produtivo. Na realidade, são produtos parcialmente acabados que estão em algum estágio intermediário de produção

[11] CHIAVENATO, I. *Administração financeira*: uma abordagem introdutória. Rio de Janeiro: Campus/Elsevier, 2005d, p. 66.

[12] CHIAVENATO, I. *Administração financeira*: uma abordagem introdutória. Rio de Janeiro: Campus/Elsevier, 2005d, p. 66-7.

e que são estocados ao longo das diversas seções que compõem o processo produtivo da empresa. Seu nível de estocagem depende da extensão e complexidade do processo produtivo.

3. *Estoque de produtos acabados (PA)*: é constituído dos itens que foram produzidos, mas ainda não estão vendidos ou não foram entregues aos clientes. As empresas que produzem sob encomenda costumam manter baixos estoques de PA, pois os itens são vendidos antes de serem produzidos. Nas empresas que produzem em lotes ou em produção contínua, a maior parte dos produtos é produzida antes da venda. Nelas, o nível de estoque de PA é determinado pela previsão de vendas, pelo processo produtivo e pelo investimento exigido em produtos acabados. Enquanto não são vendidos, os PA ficam estocados no depósito de PA.

## Gestão de estoques

Do ponto de vista financeiro, o estoque é um investimento à medida que exige que a empresa empregue nele o seu dinheiro. O investimento médio em estoque pode ser calculado a partir do estoque médio. As técnicas mais utilizadas na gestão financeira de estoque são as mesmas da administração da produção ou de materiais: o sistema ABC e o modelo do lote econômico. Do ponto de vista financeiro, é interessante notar o seguinte[13]:

1. *Sistema ABC*: é um sistema de controle de estoque que separa o estoque em três grupos: A, B e C.

   a) Grupo A: composto por itens que requerem o maior investimento financeiro em estoque. Algo como 20% dos itens estocados são responsáveis por aproximadamente 90% do investimento da empresa. São os itens mais caros e de giro muito lento. Pouca quantidade de itens, mas que tem um forte impacto no investimento em estoque.

   b) Grupo B: composto por itens que representam o maior investimento financeiro depois dos itens A. Compõem algo como 30% dos itens e representam cerca de 8% do investimento em estoques.

---

[13] CHIAVENATO, I. *Administração financeira*: uma abordagem introdutória. Rio de Janeiro: Campus/Elsevier, 2005d, p. 68-9.

c) Grupo C: composto por itens que representam cerca de 50% ou mais de todos os itens do estoque e são responsáveis por apenas 2% do investimento financeiro. Constituem uma imensa quantidade de itens de pequeno valor e que representam pouquíssimo do investimento.

A classificação do estoque em itens A, B e C permite determinar o nível e os procedimentos adequados para o controle de estoques. O controle dos itens A deve ser mais intenso em virtude do elevado investimento, enquanto o dos itens B e C permite procedimentos de controle mais simples.

2. *Lote econômico de estoque* (LEC): técnica que determina a quantidade ótima e econômica de estoque para cada item. É mais indicado para controlar itens do grupo A. Significa a quantidade de um item que, quando comprado regularmente, minimiza os custos de compras e de armazenagem. É um cálculo que considera custos operacionais e financeiros de estocagem e determina a quantidade ótima do pedido de compra. Os custos de estocagem são divididos em três grupos:

a) Custos da emissão de pedidos: são os custos decorrentes do ato de pedir ou solicitar. Incluem os custos fixos administrativos para efetuar e receber um pedido, como os de preencher o pedido de compra, processar o serviço burocrático e receber um pedido e conferi-lo de acordo com a fatura. O custo da emissão de pedidos é calculado pela soma de todos os custos (pessoal, aluguéis, material, processamento, contatos etc.) e dividido pelo número de pedidos feitos em cada período mensal ou anual. Os custos de pedido são expressos em termos monetários por pedido.

b) Custos de manutenção do estoque: são os custos variáveis decorrentes da manutenção de um item em estoque durante determinado tempo. Incluem custos de armazenagem, custos de seguro, pessoal envolvido, aluguel de áreas de armazenagem, custos de deterioração e obsolescência e custos financeiros por empatar dinheiro em estoques. Os custos de manutenção são expressos em termos monetários por unidade.

c) Custos totais: representam a soma dos custos de pedido e manutenção de estoques.

Em função desses custos, pode-se estimar o lote econômico de estoque, ou seja, o nível de estocagem que apresenta o menor custo possível.

Ter estoque significa ter capital empatado, espaço físico ocupado, riscos de incêndio ou alagamento, despesas de seguro e de MO para cuidar dele. O importante é avaliar e comparar esses custos com a possibilidade de paralização da produção por falta de estoque. Dessa forma, pode-se tomar uma decisão racional sobre o assunto.

A função da AF consiste em avaliar se não existem demasiados recursos investidos em todos os tipos de estoque da empresa. Para a AF, o estoque é um investimento que consome dinheiro e precisa ser dimensionado exatamente de acordo com as necessidades da empresa. Quando esse investimento é demasiado, a empresa está perdendo dinheiro.

## FINANCIAMENTO

É uma operação por meio da qual a empresa obtém recursos financeiros de terceiros para alimentar o capital de giro, ativos circulantes temporários ou permanentes, bem como para possíveis investimentos. O objetivo do financiamento é captar fundos temporariamente como uma antecipação de futuras entradas de caixa para permitir o pagamento de dívidas da empresa. Muitas empresas com vendas sazonais, concentradas em certas épocas do ano, precisam aumentar seus estoques antes do aumento das vendas e, para tanto, tomam dinheiro emprestado para produzir com antecipação, a fim de atender a demanda sazonal. O financiamento pode ser de curto, médio ou longo prazo.

### Financiamento de curto prazo

É uma operação por meio da qual a empresa levanta recursos no curto prazo (CP) (período inferior a um ano) destinados à manutenção de aplicações em créditos a clientes e em estoques. Os recursos podem ainda ser destinados ao financiamento a clientes ou para cobrir deficiências de fundos quando as entradas de caixa são insuficientes para cobrir aumentos imprevistos de despesas. O objetivo do financiamento de CP é preencher lacunas de necessidades de financiamento, evitando a necessidade de financiamento de longo prazo e, com isso, eliminando possíveis excessos de fundos ociosos e suas despesas decorrentes. Pode ser obtido por meio de bancos comerciais privados e públicos. Pode também ser obtido em sociedades de crédito, financiamento e investimento, as chamadas financeiras. O financiamento a CP consiste em obrigações que devem vencer dentro de um ano ou menos para proporcionar ativos circulantes da empresa (caixa, títulos negociáveis, contas a pagar e estoques).

O financiamento de CP pode envolver quatro tipos de operações financeiras[14]:

1. *Desconto de duplicatas*: as duplicatas são títulos exatamente iguais em valor e outras características às faturas emitidas pela empresa. São, portanto, duplicatas, espelhos ou cópias das faturas. Quando a empresa vende a prazo, ela permanece em posição de espera até a data de vencimento da fatura, quando recebe a importância vendida ao cliente. Se, porém, a empresa tiver necessidade antecipada de recursos para o giro normal de suas operações, ela pode descontar duplicatas em um banco comercial, recebendo dele um empréstimo de recursos cujo prazo vai desde o momento em que a empresa recebe o empréstimo bancário até a data do vencimento da fatura. A empresa faz uma cessão de direitos sobre os valores a receber dos seus clientes, pagando antecipadamente os juros e o desconto bancário de praxe para receber recursos com relativa rapidez para o financiamento de capital de giro temporário. O banco exige solidez dos títulos submetidos ao desconto, saldo médio ou reciprocidade em substituição a esse saldo médio, ou seja, a atribuição ao banco de todas as operações de recolhimento de tributos ao poder público federal, estadual e municipal.

2. *Empréstimos bancários em conta corrente*: é um serviço denominado linha de crédito ou adiantamento em conta corrente. Trata-se de um compromisso pelo qual o banco comercial concede à empresa um crédito numa conta corrente que pode ser movimentada à vista. Enquanto, no desconto de duplicatas, os recursos são entregues integralmente, aqui os

---

[14] CHIAVENATO, I. *Administração financeira*: uma abordagem financeira. Rio de Janeiro: Campus/Elsevier, 2005d, p. 40-2.

fundos são obtidos gradativamente pela empresa segundo suas necessidades e disponibilidade de saldo em sua conta bancária. A empresa pode efetuar depósitos para reduzir a dívida. Os juros são calculados sobre o movimento diário dos saldos devedores. O banco exige saldo médio, taxa de juros e entrega em caução de títulos para garantir a devolução do valor principal na data de vencimento da operação.

3. *Crédito direto ao consumidor*: é uma operação de financiamento destinada ao comprador final dos produtos da empresa. O comprador do produto assina um contrato de financiamento com uma sociedade de crédito, financiamento e investimento (financeira), que paga o valor da compra à empresa vendedora, com a alienação fiduciária do produto à financeira até o pagamento da última prestação pelo comprador. Serve para facilitar ao comprador a aquisição de um bem durável e permitir maior volume de vendas para as empresas produtoras e comerciantes.

4. *Crédito mercantil*: enquanto as três modalidades de financiamento a CP anteriormente mencionadas são efetuadas por meio de intermediários financeiros (como bancos comerciais e financeiras), o crédito mercantil é uma fonte espontânea de recursos financeiros proporcionada pelos fatores de produção que a empresa utiliza sem o pagamento instantâneo. No caso dos empregados, os salários são pagos quinzenal ou mensalmente. No caso de compras de mercadorias ou matérias-primas junto aos fornecedores, a empresa pode obter um prazo de financiamento dos fornecedores, o que lhe permite processá-los e transformá-los em PA para serem vendidos proporcionando recebimentos antes do pagamento aos fornecedores. O custo do crédito mercantil pode ser avaliado em função do desconto que o fornecedor efetuaria se a venda fosse à vista.

### Financiamento de médio e longo prazos

O financiamento de médio (MP) e longo prazos (LP) se destina à obtenção de recursos de terceiros a prazos superiores a seis meses ou a um ano, respectivamente. Em geral, é efetuado junto a organismos ou programas geridos pelo poder público, como Banco do Brasil, Banco Central, bancos de desenvolvimento, Caixa Econômica Federal e as caixas econômicas estaduais.

O financiamento de MP ou LP pode ser obtido por fundos especiais de instituições públicas, recursos captados no exterior, debêntures e recursos próprios. A seguir, constam alguns exemplos de financiamentos a MP ou LP[15]:

1. *Fundos especiais de instituições públicas*: são fundos especiais provenientes de receitas tributárias, de resultados de empréstimos internacionais ou de exercícios anteriores e de depósitos do público, à vista e a prazo fixo, que os órgãos governamentais canalizam para investimentos públicos ou para as empresas privadas. Os organismos que concedem financiamentos a MP ou a LP por meio de fundos especiais são: Banco Nacional do Desenvolvimento Econômico e Social (BNDES), Banco do Brasil S.A., bancos estaduais e regionais de desenvolvimento, como o Banco do Nordeste do Brasil (BNB) e o Banco da Amazônia (Basa), Caixa Econômica Federal (CEF), caixas econômicas estaduais e Agência Especial de Financiamento Industrial (Finame).
2. *Recursos captados no exterior*: são constituídos pelas operações de empréstimos em moeda com recursos captados no exterior e aprovados previamente pelo Banco Central do Brasil e pelos financiamentos de importações, isto é, financiamentos de compras da empresa por fornecedores estrangeiros.
3. *Debêntures*: são títulos de dívida emitidos pela empresa para levantar grandes volumes de dinheiro no LP de diversos grupos de investidores ou de aplicadores. A emissão e venda de debêntures proporciona – como as ações – flexibilidade na utilização dos recursos, pois permite a obtenção de financiamento de LP para as operações da empresa. As debêntures podem ser nominativas ou ao portador. São certificados que dão ao seu comprador o direito de receber juros pré-fixados no próprio título, correção monetária variável e o valor nominal na data de resgate (data de vencimento previamente fixada). Difere da ação preferencial pela fixação do prazo e do valor de resgate pela empresa. É uma alternativa de financiamento de LP e a um custo pré-fixado.

---

[15] CHIAVENATO, I. *Administração financeira*: uma abordagem introdutória. Rio de Janeiro: Campus/Elsevier, 2005d, p. 42-4.

As debêntures são títulos mobiliários que garantem ao comprador uma renda fixa, enquanto as ações proporcionam renda variável. O portador de uma debênture é um credor da empresa que a emitiu, enquanto o acionista é um dos proprietários dela. A garantia das debêntures é todo o patrimônio da empresa. Existem debêntures conversíveis, aquelas convertidas em ações de acordo com condições previamente estabelecidas.

4. *Recursos próprios*: os recursos próprios da empresa são o seu capital social, as reservas e os lucros acumulados, itens que integram o patrimônio líquido do balanço da empresa. A obtenção de recursos externos para aumentar o capital social se faz por meio do lançamento de novas ações ao público ou da oferta de direitos de subscrição aos acionistas atuais. O lançamento ao público deve ser previamente registrado na Comissão de Valores Mobiliários (CVM) e intermediado por uma ou mais instituições financeiras (bancos de investimento) escolhidas pela empresa. Essa interveniência recebe o nome de colocação, subscrição ou *underwriting*. É onde o banco de investimento desempenha seu principal papel de reorganizar o mercado de capitais.

Conforme a prioridade no recebimento de dividendos, as ações podem ser classificadas em ordinárias ou preferenciais.

a) Ações ordinárias: são as ações adquiridas pelos acionistas comuns, que são os verdadeiros proprietários da empresa. São os últimos a receber qualquer retorno de seu interesse societário. Ao adquirirem ações ordinárias, esses acionistas esperam recompensas pelos dividendos periódicos em dinheiro ou do aumento (ou pelo menos da não redução) do valor da ação. As ações ordinárias asseguram ao portador uma parcela proporcional da propriedade dos bens e do controle da administração da empresa por meio de direito de voto em assembleias gerais. Além disso, asseguram direitos absolutos sobre os lucros residuais (lucro líquido depois do Imposto sobre a Renda), ou seja, uma remuneração não fixada sujeita a risco que o investidor assume quando investe em ações de uma empresa.

b) Ações preferenciais: estão limitadas a dois terços do total das ações emitidas e têm prioridade no recebimento de dividendos com valor mínimo anual estabelecido nos estatutos da empresa. As ações preferenciais asseguram ao portador a prioridade no recebimento de dividendos conforme o que for estabelecido nos estatutos da empresa, além da acumulação dos dividendos atrasados. Possibilitam também eleger em votação em separado um ou mais membros de órgãos da administração da empresa e garantir a participação nos lucros em iguais condições das ações ordinárias quando não tiverem dividendo fixo ou quando seus dividendos ultrapassarem o mínimo fixado pelos estatutos.

As duas modalidades de ações – ordinárias e preferenciais – afetam diferentemente o custo do capital em face dos diferentes riscos e direitos dos investidores e das diferentes obrigações assumidas pela empresa.

Em resumo, o financiamento de CP serve para cobrir insuficiências de caixa e permite condições para administrar no imediato as contas a pagar e os estoques. Já o financiamento a MP e LP serve para angariar recursos de terceiros por prazos superiores a seis meses ou a um ano e permite condições para aumentar a capacidade de produção e, consequentemente, das vendas da empresa, para planos de expansão ou para desenvolvimento tecnológico.

As taxas de juros são muito elevadas em nosso país, o que leva o administrador a avaliar constantemente os custos de qualquer tipo de financiamento. Muitas vezes, o ganho obtido com o financiamento pode ser inferior ao seu custo. Todo cuidado é pouco.

## BALANÇO CONTÁBIL E DEMONSTRAÇÕES FINANCEIRAS

É fundamental conhecer o conteúdo das demonstrações financeiras. Para poder realizar tanto o planejamento financeiro como o controle financeiro, a AF precisa constantemente acompanhar e avaliar os efeitos das operações da empresa sobre suas próprias condições financeiras e avaliar se os ativos da empresa estão sendo adequadamente administrados sob o ponto de vista de liquidez, rentabilidade e eficiência operacional. Além disso, a AF precisa demonstrar os resultados financeiros das operações da empresa à alta direção e ao mercado para que estes possam ter uma ideia de como os fundos disponíveis estão sendo utilizados e aplicados e tomar futuras decisões. Assim, a AF precisa oferecer demonstrações financeiras que permitam dois tipos de análise[16]:

---

16 CHIAVENATO, I. *Administração financeira*: uma abordagem introdutória. Rio de Janeiro: Campus/Elsevier, 2005d, p. 76.

1. *Análise interna para uso da própria empresa:* no sentido de obter informação relevante e retroação do ponto de vista financeiro sobre suas próprias atividades e proporcionar bases sólidas para as decisões empresariais em todas as áreas da empresa.

2. *Análise externa para uso de terceiros:* é a análise feita por pessoas do mundo dos negócios ou organizações que realizam transações com a empresa e que precisam medir e avaliar sua situação geral ou analisar sua liquidez, rentabilidade, eficiência operacional e endividamento. São bancos ou instituições financeiras (que fornecem recursos financeiros, por meio de empréstimos ou financiamentos), investidores (pessoas físicas ou jurídicas que pretendem adquirir ações da empresa), concorrentes (que desejam comparar sua atuação com a empresa). São variados grupos de interesse que constantemente procuram conhecer o desempenho da empresa por meio da análise das demonstrações financeiras.

Há um ditado que diz: "o que não se pode medir não se pode administrar". Os mensuradores e indicadores são elementos vitais para avaliar a saúde financeira da empresa. Existem técnicas de avaliação das condições financeiras e operacionais de uma empresa, como demonstrações primárias e secundárias, métodos horizontal e vertical e uma variedade de índices financeiros. Tudo isso representa um arsenal de meios e métricas para avaliar e medir o desempenho e as condições de saúde financeira da empresa.

### Demonstrações financeiras

A análise de demonstrações financeiras é um conjunto de meios e métricas através dos quais se examinam as condições financeiras e operacionais de uma empresa por meio de dados fornecidos pelas demonstrações financeiras, sejam elas primárias ou secundárias. A utilização de demonstrações financeiras proporciona uma medida relativa do desempenho da empresa e permite comparações com exercícios anteriores bem como com outras empresas no mercado. Permite avaliar os padrões históricos da própria empresa ao longo de suas operações, como também fazer previsões a respeito de suas futuras operações. Sua finalidade é proporcionar uma visão comparativa da situação financeira e do desempenho da empresa, bem como os resultados por ela proporcionados.

As demonstrações financeiras podem ser de dois tipos[17]:

1. *Primárias*: como o Balanço Patrimonial e a Demonstração dos Resultados do Exercício (DRE).
2. *Secundárias*: como a Demonstração das Origens e Aplicações de Recursos (DOAR).

### Balanço patrimonial

O balanço patrimonial é um tipo de demonstração financeira que reflete com concisão e clareza a situação do patrimônio da empresa em um determinado período. Constitui a representação sintética dos elementos que compõem o patrimônio da empresa em uma determinada data.

O patrimônio da empresa é constituído de bens, direitos e obrigações. A estrutura do balanço patrimonial é composta por dois grandes grupos: do lado esquerdo, o ativo (constituído pelos bens e direitos pertencentes à empresa, ou seja, as aplicações de recursos em bens e direitos) e, do lado direito, o passivo (constituído pelas obrigações com credores e terceiros, ou seja, as várias fontes de recursos que permitem as aplicações no ativo). Por definição, a soma dos dois lados do balanço deve ser equivalente. De um lado, as entradas, do outro, as saídas; de um lado, os direitos e, do outro, as obrigações, créditos e débitos, tudo isso equacionado de maneira comparativa. O ativo mostra em que a empresa aplicou seus recursos (como dinheiro, estoques, créditos, valores mobiliários, bens de uso etc.). O passivo mostra a origem desses recursos (capital, lucros, fornecedores, bancos etc.). Assim, o balanço patrimonial tem uma estrutura que pode ser assim esquematizada[18]:

---

[17] CHIAVENATO, I. *Administração financeira*: uma abordagem introdutória. Rio de Janeiro: Campuys/Elsevier, 2005d, p. 77-80.

[18] CHIAVENATO, I. *Administração financeira*: uma abordagem introdutória. Rio de Janeiro: Campus/Elsevier, 2005d, p. 78.

**Quadro 6.5** Estrutura simplificada do balanço patrimonial

| Ativo | Passivo |
|---|---|
| **Ativo circulante** | **Passivo circulante** |
| Disponível em caixa/bancos<br>Contas a receber<br>Estoques<br>Aplicações temporárias<br>Títulos e valores mobiliários | Fornecedores<br>Instituições financeiras<br>Contribuições a pagar<br>Impostos a pagar<br>Títulos e contas a pagar |
| **Realizável a longo prazo** | **Exigível a longo prazo** |
| Empréstimos a sócios e diretores<br>Empréstimos a firmas interligadas | Instituições financeiras<br>Debêntures<br>Outras exigibilidades |
| **Ativo permanente** | **Patrimônio líquido** |
| Investimentos<br>Outros ativos<br>Imobilizados<br>Bens de uso<br>Outros ativos<br>Diferido | Capital realizado<br>Reservas<br>Lucros acumulados |
| **Total do ativo** | **Total do passivo** |

O balanço patrimonial pode ser resumido pela seguinte equação:

$$A = PE + PL$$

Em que:

**A**: ativo total. Soma dos bens e direitos da empresa. É o total de recursos que estão à disposição da empresa.

**PE**: passivo exigível. Soma das obrigações e dívidas com terceiros.

**PL**: passivo líquido. Soma do capital, das reservas e dos lucros acumulados menos a soma do capital a integralizar e dos prejuízos acumulados. É o capital próprio ou que pertence aos proprietários ou acionistas da empresa. Mede a riqueza da empresa.

No balanço patrimonial, os valores enumerados constituem os saldos das várias contas do Plano de Contas de ativo e passivo em um determinado dia ou período. Nessa data, o balanço especifica qual o estoque existente, o quanto a empresa vendeu no período, quanto pagou de salários, quanto deve de impostos, proporcionando uma visão prática da situação da empresa.

O balanço patrimonial constitui um dos mais importantes documentos a respeito do desempenho de uma empresa, pois mostra como ela está cuidando de seus ativos e passivos. É extremamente útil não somente para o administrador, mas para todos os *stakeholders* – principalmente os *shareholders*, isto é, os proprietários, acionistas e investidores – poderem analisar o andamento da empresa e decidirem sobre possíveis investimentos no negócio.

## Demonstração do Resultado do Exercício

A Demonstração do Resultado do Exercício (DRE) é um demonstrativo financeiro que serve para exprimir com clareza o resultado que a empresa obteve no exercício social. A DRE mostra a consequência – lucro ou prejuízo – das operações da empresa realizadas em um determinado período, bem como os fatores – despesas e receitas – que provocaram esse resultado positivo ou negativo. A demonstração do resultado do exercício é também denominada demonstração dos lucros ou prejuízos acumulados.

A DRE começa com a receita bruta (valor do faturamento das vendas ou dos serviços, isto é, a receita total da empresa) e, por meio de sucessivas adições e subtrações, demonstra o resultado líquido do exercício[19].

**Quadro 6.6** Esquema de DRE

| Demonstração do resultado do exercício | |
|---|---|
| (menos) – | **Receita bruta**<br>Deduções da receita bruta |
| (igual a) =<br>(menos) – | **Receita líquida**<br>Custo da receita |

*(continua)*

[19] CHIAVENATO, I. *Administração financeira*: uma abordagem introdutória. Rio de Janeiro: Campus/Elsevier, 2005d, p. 81.

**Quadro 6.6** Esquema de DRE *(continuação)*

| Demonstração do resultado do exercício | |
|---|---|
| (igual a) = | **Lucro bruto** |
| (mais) + | Outras receitas operacionais |
| (menos) – | Despesas operacionais |
| (igual a) = | **Lucro operacional** |
| (menos) – | Despesas extraoperacionais |
| (mais) + | Receitas extraoperacionais |
| (mais) + | Resultado da correção monetária |
| (igual a) = | **Resultado antes do imposto de renda** |
| (menos) – | Provisão para imposto de renda |
| (menos) – | Participações diversas (diretores/empregados) |
| (igual a) = | **Lucros líquidos ou prejuízo líquido** |
| | **Lucro líquido por ação** |

No final de todas as contas, o lucro líquido representa o resultado do exercício depois de descontada a provisão para o Imposto de Renda. Dividindo o lucro líquido pela receita e multiplicando-o por 100, chega-se à margem de lucro sobre vendas. Esta mede quanto a empresa lucrou para cada R$ 100 faturados.

O resultado final, o lucro líquido por ação (LLA) da empresa, constitui uma informação importante para a direção e para os acionistas atuais ou potenciais, pois representa o ganho para cada ação ordinária emitida. O LLA nada tem a ver com os lucros efetivamente distribuídos aos acionistas. Seu cálculo é feito pela equação: lucro disponível aos acionistas dividido pelo número de ações ordinárias emitidas.

A análise das demonstrações financeiras é um exercício básico para o executivo de AF, para quem queira investir em ações da empresa ou para quem pretenda oferecer empréstimos ou contratar investimentos. Para aprofundar essa análise, é comum utilizar uma variedade de índices financeiros e análise do fluxo de fundos.

## Índices financeiros

Indicadores e métricas são importantes ferramentas para analisar o desempenho e os resultados obtidos por uma empresa. Índice representa o quociente resultante de uma equação. Os índices financeiros correspondem à comparação entre valores monetários absolutos contidos no balanço patrimonial e na DRE e que proporcionam um dado relativo e comparativo entre eles. Assim, para proporcionar decisões corretas, as demonstrações financeiras são quase sempre submetidas à aplicação de quatro índices financeiros[20]:

1. *Índices de liquidez*: a liquidez representa a capacidade de a empresa cumprir suas obrigações de curto prazo na data dos respectivos vencimentos. Constitui a solvência financeira, isto é, os recursos não imobilizados disponíveis para cada real de dívida. Para avaliar o grau de liquidez ou de solvência da empresa, utiliza-se uma variedade de índices de liquidez, a saber:

a) Índice de liquidez corrente (ILC): avalia a capacidade de uma empresa para saldar seus compromissos em dia. É o quociente obtido pela divisão entre ativo circulante (AC) e o passivo circulante (PC), isto é, entre os ativos e passivos de curto prazo. Quando é igual a 1,0, o AC é igual ao PC, isto é, o capital circulante líquido é igual a 0. Se o ILC for menor que 1,0, seu capital circulante líquido será negativo e a empresa dependerá de lucros futuros, renovação de dívidas ou venda de ativo fixo para manter sua solvência. O mercado aceita um ILC igual a 2,0 como bom. Contudo, o ILC depende do ramo de atividade da empresa e da previsibilidade dos fluxos de caixa: quanto maior, menor o ILC exigido.

b) Índice de liquidez seco (ILS): é um índice que tenta resolver a deficiência do ILC eliminando os estoques quando os estoques são o ativo circulante menos líquido. Em geral, os estoques são convertidos em contas a receber e, na sequência, em disponibilidades. O ILS é calculado pela divisão do AC menos o estoque pelo PC. Deve ser superior a 1,0. Contudo, depende do ramo de negócios da empresa, pois, se os estoques forem líquidos e puderem ser convertidos facilmente em caixa, o ILC pode ser mais indicado para medir a liquidez da empresa. Quanto maior a diferença entre o ILC e o ILS, maior a dependência da liquidez da empresa em relação à realização de seus estoques.

---

20 CHIAVENATO, I. *Administração financeira*: uma abordagem introdutória. Rio de Janeiro: Campus/Elsevier, 2005d, p. 85-98.

c) Índice de liquidez imediata (ILI): compara as obrigações com vencimento de CP ao que a empresa possui em dinheiro ou em títulos conversíveis em dinheiro (excedentes de caixa ou aplicações temporárias). É calculado pela divisão das disponibilidades mais as aplicações temporárias pelo PC.

d) Capital circulante líquido (CCL): é chamado de capital de giro líquido (CGL) e representa a proporção de ativos transformáveis em dinheiro para saldar os compromissos de CP. Permite um valor monetário absoluto. Em geral, quando o ILC for igual a 1,0, o CCL será igual a 0. Quando o ILC for menor que 1,0, o CCL será negativo. Não deve ser utilizado para comparar a empresa com outras.

De modo geral, os índices de liquidez retiram dos dados do balanço patrimonial os quocientes para indicar as relações entre as dívidas da empresa e os meios disponíveis para pagá-las. Não se deve, contudo, esquecer o dilema entre liquidez e rentabilidade. A AF deve balancear a liquidez da empresa com a sua rentabilidade.

2. *Índices de rentabilidade*: são medidas que indicam a relação entre o lucro da empresa e alguns itens tomados como base de referência. Recebem o nome de índices de lucratividade ou de retorno, pois mostram relações entre os retornos da empresa com suas vendas, seus ativos ou seu patrimônio líquido. Permitem avaliar os lucros da empresa em relação às suas vendas, ao nível de ativos ou aos investimentos dos proprietários.

a) Margem bruta (MB): indica a porcentagem de cada real de venda que sobrou após terem sido pagas as mercadorias. Quanto maior a MB, menor o custo das mercadorias vendidas. A MB é calculada pelas vendas menos o custo das mercadorias vendidas (lucro bruto) sobre as vendas.

b) Margem operacional (MO): indica a porcentagem de lucros puros obtidos em cada real de vendas efetuadas. O lucro operacional não considera despesas financeiras ou imposto de renda e mede apenas os lucros obtidos por meio das operações da empresa. A MO é calculada por meio da divisão do lucro operacional pelas vendas.

c) Margem líquida (ML): define a porcentagem de cada real de venda que sobrou após a dedução de todas as despesas, inclusive do

Imposto de Renda. É uma medida do êxito da empresa que varia enormemente conforme o ramo de atividade, pois algo como 20% seria baixo para uma joalheria, enquanto 1% ou menos seria normal para um supermercado. A ML é calculada pela divisão do lucro líquido pelas vendas ou pelo resultado líquido do exercício pela receita operacional líquida.

d) Retorno sobre o investimento (ROI): mede a remuneração obtida pelo investimento dos acionistas, os fornecedores do capital de risco. Calcula a eficiência global da empresa quanto à obtenção de lucros por meio dos ativos disponíveis. Pode ser chamado de retorno sobre o ativo total da empresa. Quanto mais elevado, melhor é o retorno sobre o investimento efetuado. É obtido pela comparação do resultado líquido do exercício (que é o lucro que realmente pertence aos acionistas, qualquer que seja a decisão quanto à sua destinação) em relação ao patrimônio líquido médio (que é o investimento médio mantido pelos acionistas do negócio).

e) Lucro por ação (LPA): representa o valor obtido para cada ação ordinária emitida, informação importante tanto para a empresa como para os acionistas atuais ou potenciais. É considerado pelo mercado como um importante indicador do desempenho da empresa. O LPA é calculado por meio da divisão do lucro disponível para os acionistas sobre o número de ações ordinárias emitidas.

3. *Índices de atividade*: quando os índices de liquidez e de rentabilidade não conseguem cobrir todas as facetas do balanço patrimonial, torna-se necessário utilizar outros índices capazes de indicar as operações executadas pela empresa e como foram utilizados seus recursos na realização dessas operações. Os índices de atividade – ou de eficiência operacional ou de desempenho – medem a rapidez com que determinados ativos giram dentro de um exercício em relação ao volume de operações da empresa, ou seja, são convertidos em vendas ou em caixa.

a) Rotação do ativo operacional (RAO): indica o número de vezes que os ativos operacionais líquidos são utilizados em um determinado período. Quanto maior for o giro, menor será o investimento em ativos para alcançar a receita operacional líquida e, portanto, mais eficiente será a administração desses recursos. É calculado por meio da divisão da receita operacional líquida pelo ativo operacional líquido médio.

b) Rotação do capital empatado (RCE): também indica a rapidez (eficiência ou velocidade) com que são utilizados os recursos da empresa para alcançar certo volume de atividade. Todavia, restringe-se à parcela do capital dos acionistas, isto é, do capital próprio ou acionário. É obtida por meio da divisão da receita operacional líquida pelo patrimônio líquido médio.

c) Rotação do estoque de produtos acabados (REP): relaciona o volume médio investido em estoques com a quantidade vendida no exercício. É calculado por meio da divisão do custo dos produtos acabados pelo estoque médio dos produtos acabados.

d) Rotação do saldo de contas a receber (RSCR): indica o número de vezes em que o saldo médio de operações de venda a crédito está contido no volume total de vendas a crédito de um exercício. Utiliza a equação de vendas a prazo sobre o saldo médio de contas a receber.

4. Índices de endividamento: servem para avaliar a proporção do capital de terceiros que é aplicada aos negócios da empresa. Endividamento significa o volume de dinheiro de terceiros que está sendo utilizado pela empresa na atividade de gerar lucros. Quanto maior o grau de endividamento, maior o volume de compromissos da empresa com relação aos credores. Servem para indicar o grau de risco da empresa e medem a participação de recursos financiados por terceiros. Os principais são:

a) Índice de participação de terceiros (IPT): avalia a proporção dos ativos totais fornecidos pelos credores da empresa. Quanto maior o IPT, tanto maior será o volume de dinheiro de terceiros que está sendo emprestado para gerar lucros. É calculado por meio da divisão do passivo total pelo ativo total, e o resultado é multiplicado por 100.

b) Índice de cobertura de juros (ICJ): constitui uma medida da capacidade de honrar dívidas, ou seja, a maneira como a empresa pode pagar prontamente os pagamentos programados ao longo da duração da dívida. É calculado pela divisão do lucro antes dos juros e do Imposto de Renda pelas despesas financeiras. Um resultado entre 3,0 ou 5,0 é perfeitamente aceitável.

Por meio desses índices é possível fazer uma análise mais profunda e rigorosa das demonstrações financeiras. Como o uso de um índice apenas não explica muita coisa, torna-se necessário utilizar vários índices que permitam uma visão mais ampla do negócio. Na prática, os índices utilizados normalmente são poucos. Os mais utilizados são o índice de liquidez corrente, índice de liquidez seco, capital de giro líquido e o retorno sobre o capital empatado.

O mercado avalia e compara as empresas por meio dos índices financeiros para decidir sobre aplicações financeiras e até mesmo para especulação. A empresa de capital aberto que oferecer os melhores índices financeiros será a favorita para aquisição de ações ou investimentos de risco.

## FLUXO DE FUNDOS

A análise do fluxo de fundos – denominada Demonstração das Origens e Aplicações dos Recursos (DOAR) – permite analisar as origens e aplicações históricas dos recursos da empresa. Conhecer o passado permite trabalhar melhor o futuro. Da mesma maneira, conhecer os padrões históricos da utilização dos recursos permite melhores condições para planejar as necessidades futuras de recursos a médio e longo prazo. Embora o fluxo de recursos seja analisado e projetado para o futuro, a análise da sua movimentação é importante, tanto para verificar a adequação entre as aplicações (planos de investimento) e as origens (disponibilidades), como para financiá-las no decorrer do período.

### Origens de recursos

São as variações de saldos que representam aumentos de recursos recebidos pela empresa, seja por fornecimento direto de sua origem, pela liquidação de investimentos anteriores ou por deduções escriturais que não representam saídas de recursos. A palavra *origem* pode significar caixa ou capital de giro líquido (que constitui o excedente do ativo circulante em relação ao passivo circulante). As origens de recursos são representadas por[21]:

---

[21] CHIAVENATO, I. *Administração financeira*: uma abordagem introdutória. Rio de Janeiro: Campus/Elsevier, 2005d, p. 101.

1. Aumentos de saldos de contas de exigível e não exigível.
2. Reduções de saldos de contas de ativo.
3. Despesas não desembolsadas, como a depreciação. Sua origem vem dos recursos gerados pelas vendas, mas, por serem deduzidos para apuração do lucro tributável, são novamente adicionados para permitir a visualização dos fundos gerados pelas operações da empresa.
4. Lucro (mesmo que incluído nas contas de lucro do exercício ou lucros acumulados), quando ajustado pela soma das despesas não desembolsadas.

Aplicações de recursos

São as variações dos saldos de contas relativas a investimentos feitos com os recursos obtidos. As aplicações de recursos são representadas por aumentos de saldos de contas de ativo ou por reduções de saldos de contas de exigível e não exigível.

A DOAR é uma demonstração financeira que tem por finalidade evidenciar a movimentação líquida de entradas e saídas de recursos, bem como as causas da variação do capital de giro líquido. Suas funções são[21]:

- Proporcionar uma estimativa das necessidades de recursos de fontes externas.
- Indicar a proporção entre os investimentos em ativos e a evolução das vendas.
- Apontar a relação entre dividendos e lucros, bem como as exigências de fundos da empresa.
- Estabelecer a relação entre as fontes e as aplicações de CP e LP.

Ao lado dos indicadores financeiros (sobre liquidez, atividade, endividamento e lucratividade), a DOAR representa uma importante ferramenta de diagnóstico da atuação e situação da empresa. Saber usar tal diagnóstico para medir e avaliar a empresa sob o ponto de vista financeiro é vital para o sucesso do negócio. A estrutura da DOAR costuma ser a seguinte[22]:

22 CHIAVENATO, I. *Administração financeira*: uma abordagem introdutória. Rio de Janeiro: Campus/Elsevier, 2005d, p. 103.

**Quadro 6.7** A estrutura convencional da DOAR

**Origens:**
Resultados líquidos do exercício
Depreciação/amortização
Variações escriturais (líquido)
Dividendos de coligadas
Realização de reservas de reavaliação
Outras origens das operações
**Total de operações:**

Realização de capital
Ágio na realização de capital
**Total de acionistas:**

Alienação de ativo permanente
Emissão de debêntures
Financiamentos de longo prazo
Outras origens de terceiros
**Total de terceiros:**

Total das origens:
**Aplicações:**
Dividendos propostos
Aquisição de ativo permanente
Outras aplicações
Total de aplicações
**Variação de capital de giro líquido (origens menos aplicações)**

Em síntese, nada melhor que um bom contador para ajudar a cuidar de toda essa parafernália de demonstrativos contábeis e financeiros para retratar e monitorar adequadamente a situação financeira da empresa. Para maiores explicações sobre balanço patrimonial, demonstrações financeiras e índices financeiros, sugere-se a leitura de livros especializados sobre o assunto[23].

Na verdade, o lado financeiro da empresa constitui uma forte preocupação do administrador. Esse lado envolve o conhecimento das fontes de recursos externos e da adequada utilização dos recursos internos. Um bom contador e um bom consultor financeiro podem ajudar muito nessa empreitada.

---

[23] CHIAVENATO, I. *Administração financeira*: uma abordagem introdutória. Rio de Janeiro: Campus/Elsevier, 2005d.

PARTE III

# Atuando estrategicamente

Uma das características das empresas bem-sucedidas é a longevidade. Elas duram muito tempo, atravessam tranquilamente várias gerações e planam como águias sobre desafios, eras históricas, ciclos financeiros, mudanças econômicas ou políticas, épocas de vacas magras e outros vendavais que sucedem no ambiente de negócios. Para conseguir tal proeza, as empresas bem-sucedidas precisam ostentar sustentabilidade no longo prazo. E a sustentabilidade representa, hoje, o indicador principal do sucesso empresarial. Para conseguir e manter a sustentabilidade, essas empresas aprendem, com o passar do tempo, a aproveitar todas as oportunidades que surgem eventualmente e a esquivar-se rapidamente das ameaças que rondam permanentemente o ambiente de negócios. Isso requer um extraordinário jogo de cintura, uma incrível flexibilidade acompanhada de uma agilidade ímpar para perceber e entender a situação, tomar decisões, mudar de curso, manobrar, frear ou acelerar rapidamente. E tudo isso sem perder de vista o objetivo a alcançar e sem deixar de lado a rigorosa retidão nos negócios. Assim, a atuação estratégica da empresa impõe que se tenha em mente a missão do presente, assim como a visão de futuro do negócio e a busca de um comportamento pautado por normas éticas e de responsabilidade social, financeira e ecológica, a fim de que se possa assegurar a sustentabilidade do negócio no longo prazo. E tudo isso corresponde ao sétimo passo deste livro: definir uma estratégia competitiva para a empresa.

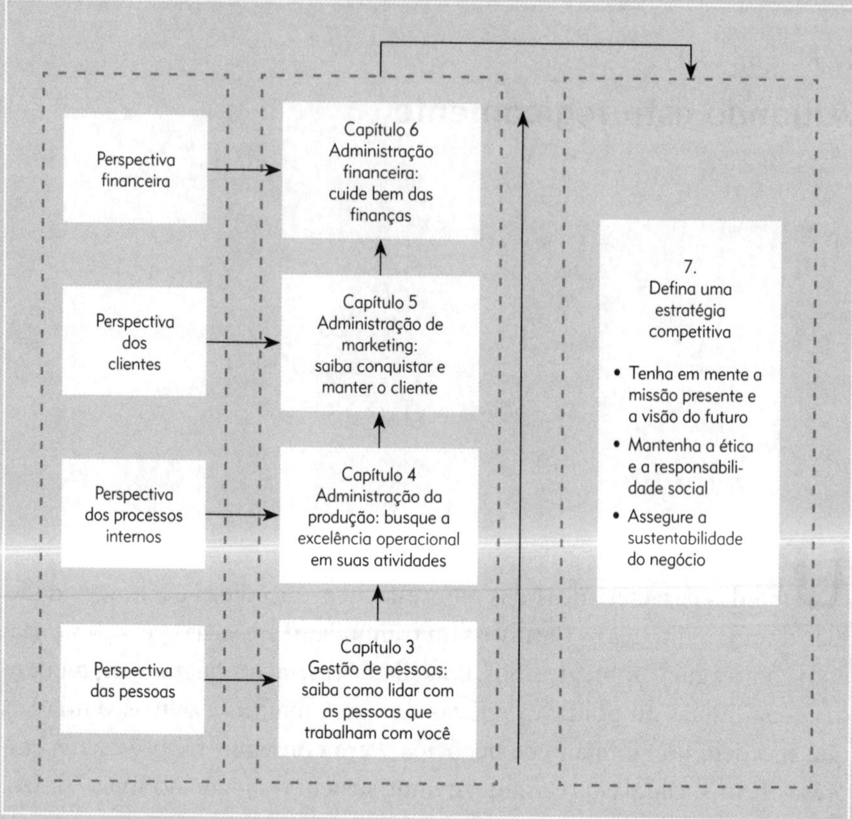


**Figura III.1** Atuando estrategicamente.

A estratégia empresarial constitui a maneira pela qual uma empresa navega por um mar dinâmico, mutável e agitado, utilizando todos os seus recursos e competências em direção aos seus objetivos globais de maneira eficaz e eficiente. Por meio da estratégia, o administrador trabalha como o almirante que dá a orientação ao timoneiro no leme do negócio, decide sobre a condução da rota e atua na direção de todas as atividades internas e externas que fazem parte do navio, ou melhor, da empresa. O administrador não trabalha apenas com as mãos, nem "põe a mão na massa". Ele não executa e nada produz em termos de atividade física ou esforço muscular. Sua atividade é predominantemente mental, cerebral, totalmente decisória, de prospecção, diagnóstico e orientação. Sua produção pessoal consiste em agregar valor para possibilitar o alcance de metas e objetivos previamente fixados. O produto final do trabalho do administrador é a oferta de resultados. Seu trabalho é o planejamento, a organização, a direção e o controle da atividade das pessoas que utilizam os recursos da empresa e aplicam suas competências individuais para a realização do negócio.

Atuar estrategicamente é o segredo dos administradores bem-sucedidos. Isso implica ter um olho lá fora – no mercado, no cliente, na concorrência e no contexto ambiental – e ter outro aqui dentro da empresa – nos recursos e competências a serem aplicados nas áreas de produção/operações, marketing e finanças. A estratégia corresponde à adequação de todos os recursos e competências da organização às demandas e necessidades do ambiente externo, isto é, da sociedade e do mercado. O balanço disso tudo vai certamente significar uma contínua e incessante adaptação e ajustamento de todos os esforços internos da empresa em direção às oportunidades e ameaças que a circundam no ambiente em que opera. Como o mundo lá fora não está parado e nem é estático, tal adaptação e ajustamento precisam ser constantes e inadiáveis. Isso significa mudança. O mercado não fica esperando por indecisões ou indefinições e os concorrentes não aguardam a iniciativa das outras empresas. Errar quando se faz algo no momento oportuno, quase sempre, traz menos prejuízos que esperar por uma próxima oportunidade que certamente não virá. As oportunidades não tocam a campainha, não apitam na curva, nem agendam antecipadamente sua chegada. Elas aparecem quando menos se espera e somem abrupta e repentinamente. Esteja sempre preparado para elas. É preciso aproveitá-las antes que os concorrentes o façam ou antes que elas desapareçam ou migrem para outro contexto.

Estratégia não é uma ação organizacional fragmentada ou parcial, tampouco uma coleção de blocos de construção. Estratégia envolve necessariamente uma visão global e holística. Detalhes são importantes, desde que ajustados e integrados à totalidade, que é o que realmente importa. Já pensou se, para tratar da água, você tivesse que intervir no hidrogênio e no oxigênio que a compõem? A água é completamente diferente dos elementos que a constituem. O mesmo se dá com a empresa. Ela é um sistema e como tal deve ser tratada.

CAPÍTULO 7

# Sétimo passo
# Defina uma estratégia competitiva

**Tópicos**

O que é estratégia?

Tenha em mente a missão do presente e a visão do futuro

Mantenha a ética e a responsabilidade social

Assegure a sustentabilidade do seu negócio

A articulação interna dos recursos e competências que vimos na Parte II deste livro constitui a longa preparação para impulsionar fortemente a estratégia competitiva da empresa em uma ação integrada e coesa por meio da qual todos os esforços convergem para o alcance dos objetivos globais do negócio. É o que chamamos de foco ou convergência, sem os quais a empresa perde sua consistência e sua capacidade de ação ordenada.

Para alcançar esse foco ou convergência, torna-se necessário o alinhamento dos recursos e competências em relação ao rumo a tomar, ou seja, à direção a seguir para alcançar objetivos organizacionais. Esse é o papel fundamental da estratégia empresarial: aglutinar recursos e competências e direcioná-los aos objetivos a serem alcançados pela empresa.

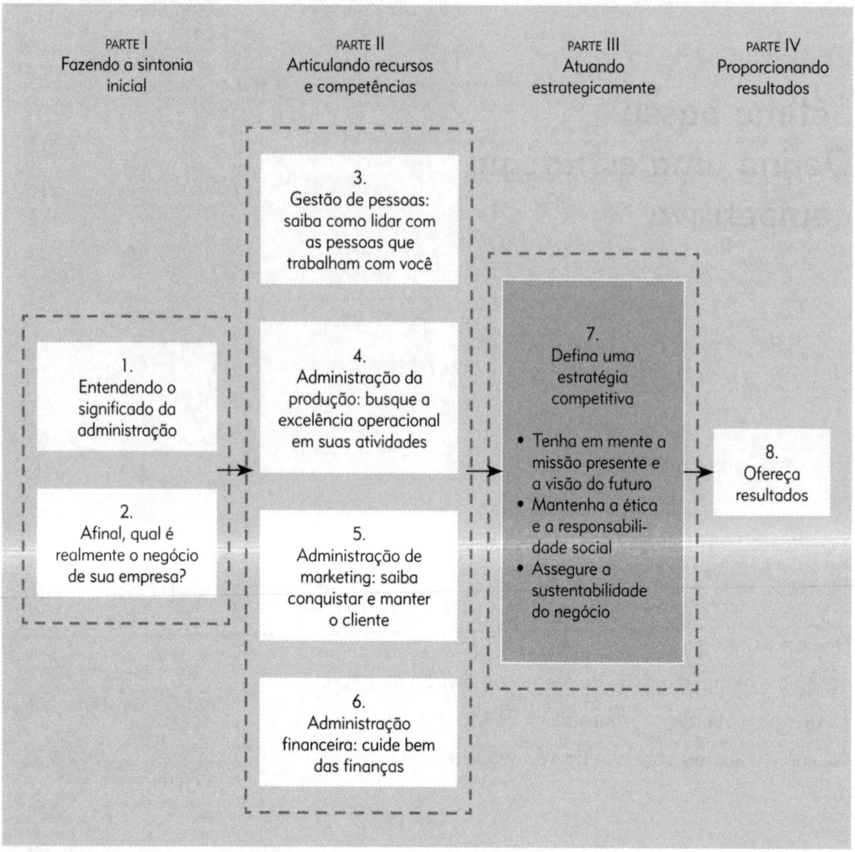


**Figura 7.1** A estrutura do livro.

## O QUE É ESTRATÉGIA?

A estratégia empresarial é um dos aspectos mais sofisticados e complicados de toda a literatura administrativa. Ela constitui o elemento integrador e direcionador de todas as ações da empresa. O conceito de estratégia baseia-se em quatro aspectos básicos[1]:

1. A estratégia é definida e formulada na cúpula da organização. Em geral, é o executivo maior da empresa que assume o papel de responsá-

---

[1] CHIAVENTO, I. *Introdução à teoria geral da administração.* 7. ed. Rio de Janeiro: Campus/Elsevier, 2004.

vel pela gestão estratégica. É ele quem deve aglutinar todos os assuntos estratégicos da empresa, embora muitas vezes delegue a uma equipe a incumbência de ajudá-lo nessa empreitada. A estratégia não pode ser assumida de maneira esparsa e fragmentada. Sua maior peculiaridade é a ação conjunta e integrada da empresa.

**2.** A estratégia está centrada no futuro, ou seja, no longo prazo. É um comportamento de mudança em direção ao futuro, determinando as linhas mestras da ação futura da organização e definindo as decisões globais de hoje que afetarão o futuro curso da empresa.

**3.** A estratégia envolve a organização como um todo integrado. Relaciona-se com a ação empresarial global, constituindo uma ação holística da empresa. Daí o seu efeito sinergístico: integra todos os esforços de tal maneira que a reciprocidade entre eles provoque um resultado sistêmico ou multiplicador, ou seja, o resultado da ação conjunta, integrada e recíproca de todas as partes da empresa que conduz a um resultado muito maior que a soma das partes. Essa é a aritmética organizacional: 2 + 2 é sempre maior que 4.[2]

**4.** Sua execução requer que a estratégia seja desdobrada em planos táticos, e estes em planos operacionais. Para ser implementada na prática, a estratégia global é desdobrada em ações táticas ou departamentais, as quais são decompostas em ações operacionais. A estratégia vai do todo para as partes, dos objetivos globais para os objetivos táticos e destes para as metas operacionais.

As empresas que não definem sua estratégia organizacional simplesmente andam a esmo e sem direção. É preciso ter um foco integrado e direcionado para o futuro da organização. A estratégia constitui a bússola da empresa em um mar carregado de oportunidades e desafios.

## Características da estratégia empresarial

As principais características da estratégia empresarial são[3]:

---

2 A entropia é diferente da sinergia. Significa perda de energia dentro do sistema. Sua aritmética é: 2 + 2 é sempre maior que 4.

3 CHIAVENATO, I. *Administração*: teoria, processo e prática. 4. ed. Rio de Janeiro: Elsevier/Campus, 2006.

1. A estratégia é um comportamento global e sistêmico da empresa. Em outras palavras, a estratégia não é exatamente a soma das partes de um sistema, mas o comportamento global do próprio sistema que condiciona e integra as partes que o constituem. Por essa razão, a estratégia se inicia com os objetivos globais, com seu desdobramento em objetivos táticos, e estes em objetivos operacionais. Uma verdadeira cascata ou hierarquia de objetivos a partir dos objetivos estratégicos da organização tomada como uma totalidade.

2. A estratégia representa o comportamento de uma empresa frente ao seu ambiente externo. No fundo, a estratégia indica a resposta empresarial frente aos estímulos, pressões, contingências, ameaças e oportunidades vislumbradas e interpretadas no ambiente de tarefa. Estratégia significa o comportamento da organização em seu contexto ambiental para fazer face ao seu ambiente de tarefa e sob as influências genéricas do macroambiente. A estratégia está mais voltada para fora – no negócio da empresa – que para dentro dela.

3. A estratégia está focada no futuro, isto é, no longo prazo. Embora formulada no presente, a estratégia focaliza o futuro da empresa, o que ela pretende ser ou o que ela pretende fazer dentro de certo lapso de tempo. Quase sempre o horizonte temporal da empresa está dimensionado para dois ou mais anos pela frente. Esse horizonte pode ser de 20 anos ou mais quando se trata de empresas de tecnologia fixa e intensiva, como siderúrgicas, químicas, petroquímicas, cimenteiras ou usinas hidrelétricas que requerem grandes prazos para o retorno do investimento. Pode, ainda, ser um horizonte estratégico de meses, quando se trata de empresas relacionadas com moda, costumes ou tecnologia de ponta, como é o caso de telefones celulares. No fundo, a estratégia significa a construção do futuro que a empresa pretende criar.[4]

4. A estratégia é discutida, formulada, definida e decidida no nível institucional da empresa. Ela deve ser apresentada, comunicada e cobrada intensivamente aos demais níveis empresariais. Como a estratégia é um comportamento global da empresa, todos os níveis e participantes preci-

---

[4] KAPLAN, R. S.; NORTON, D. P. *Organização orientada para a estratégia*: como as empresas que adotam o balanced scorecard prosperam no novo ambiente de negócios. Rio de Janeiro: Campus, 2001.

sam estar de acordo e inteiramente convencidos de sua adequação. Mais que isso: totalmente engajados e imersos em sua execução e em seu sucesso. O consenso a respeito da estratégia é fundamental para que ela seja bem-sucedida. A estratégia não deve ficar restrita à cabeça dos executivos principais; ela precisa estar nas mãos, na mente e no coração de todas as pessoas da organização.

**5.** A execução da estratégia requer o esforço conjugado de todos os níveis e participantes da organização: para que ela proporcione um efeito global, sistêmico e holístico. A execução ou implementação da estratégia é tarefa de todos, não apenas de alguns. Significa que todos os seus participantes devem ter pleno conhecimento disso, a fim de que possam contribuir efetivamente para seu sucesso. Um dos aspectos mais problemáticos da estratégia é a sua execução. De nada adianta uma estratégia maravilhosamente formulada e integrada se a sua execução não for adequadamente realizada na prática e no cotidiano dos negócios da empresa. Em geral, as estratégias empresariais não falham por causa de sua formulação, mas, principalmente, por imperfeições em sua execução e implementação no cotidiano da empresa. Todas as pessoas nela envolvidas precisam transportar a estratégia em suas ações cotidianas[5].

**6.** A estratégia significa sempre um movimento de mudança organizacional. Mesmo sendo a estratégia simplesmente defensiva e realizada para manter o *status quo* dos negócios da empresa e defender seu domínio dos concorrentes, ela sempre representa mudança e transformação no sentido de criar novos e diferentes mecanismos para ficar na crista da onda. Como as ondas vêm e vão, a estratégia significa manter a empresa no alto. Assim, estratégia significa movimento, ação conjunta, manobrabilidade, alcance de resultados globais.

**7.** A estratégia deve ser definida em um planejamento estratégico: a estratégia precisa ser planejada para o alcance eficaz de objetivos globais. O planejamento estratégico deve ser desdobrado em planos táticos (para o alcance de objetivos departamentais), e cada um destes deve ser igualmente desdobrado em planos operacionais (para o alcance de metas ope-

---

5 BURGELMAN, R. A. *Strategy is destiny*: how strategy-making shapes a company's future. Nova York: Simon & Schuster, 2002.

racionais). A Figura 7.2 mostra o desdobramento dos planos estratégicos em táticos, e estes em planos operacionais.

O planejamento estratégico deve ser desdobrado em planos táticos para cada área ou departamento da empresa (unidade organizacional). E cada plano tático deve ser desdobrado em planos operacionais, como mostra a Figura 7.2.

Não basta que o administrador seja operacional nas tarefas e operações, é preciso pular para os andares de cima: ser tático (cuidando da respectiva área ou unidade organizacional) e, principalmente, ser estratégico

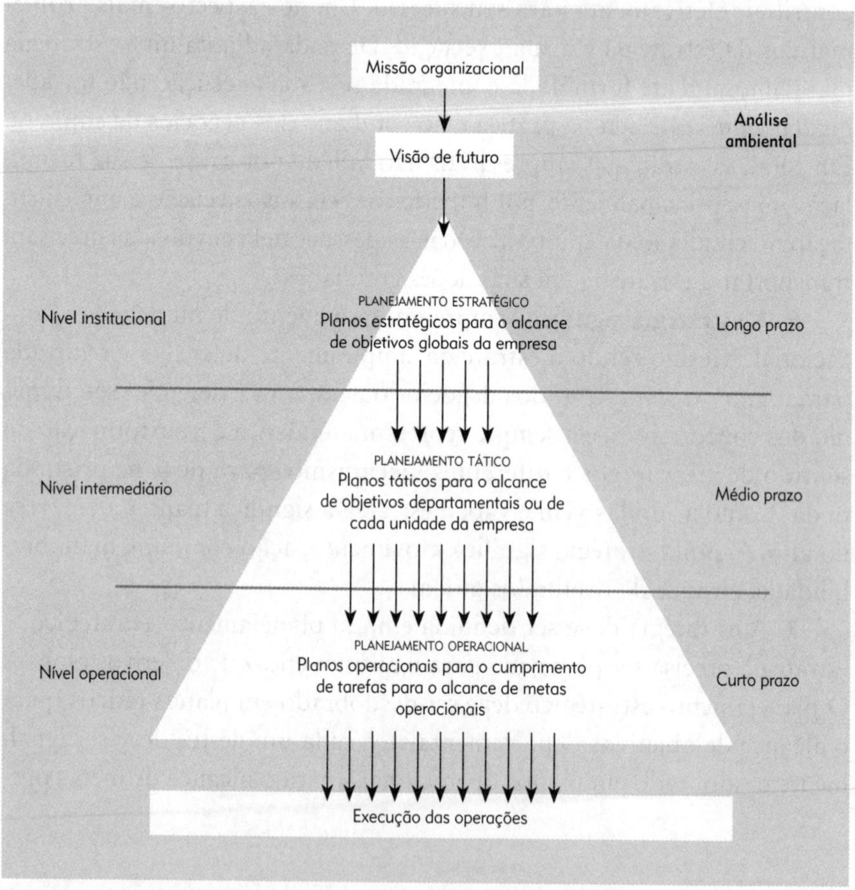


**Figura 7.2** O desdobramento de planos estratégicos em planos táticos e operacionais.
Fonte: Chiavenato (2006).

(cuidando de toda a empresa). É preciso pensar globalmente no negócio da empresa em relação ao contexto ambiental que a circunda, não apenas nos aspectos financeiros, operacionais, mercadológicos ou tecnológicos.

## Definição dos objetivos globais da empresa

Nenhuma empresa existe a esmo ou opera ao sabor das circunstâncias. Toda empresa precisa definir sua missão, seu papel na sociedade. E toda empresa precisa ter um ou mais objetivos pela frente. Quando a empresa define sua visão de futuro, ela está implicitamente fixando seus objetivos globais. Os objetivos de uma empresa têm varias finalidades, a saber[6]:

- Indicar a direção a seguir, o rumo a tomar e facilita a compreensão das pessoas envolvidas;
- Permitir que várias pessoas trabalhem em conjunto para o alcance de uma meta comum;
- Constituir um indicador de desempenho, uma métrica de avaliação do desempenho;
- Constituir um indicador que permite mostrar o progresso alcançado e o saldo ainda a alcançar;
- Funcionar como um legitimador de toda ação;
- Fazer com que várias pessoas possam convergir seus esforços em uma única direção comum.

Há um provérbio chinês que diz que "sem objetivos claros, corremos o risco de redobrar nossos esforços e mesmo assim não chegar aonde queremos". E quais são os objetivos de uma empresa? Depende de cada empresa. Em geral, o lucro constitui muito mais uma decorrência do bom funcionamento que propriamente um objetivo empresarial. Embora tenha grande importância, o lucro quase sempre é tratado como um retorno do investimento feito no negócio, uma retribuição e uma consequência em vez de um objetivo empresarial propriamente dito. Quando o lucro é definido como o objetivo principal, ele passa a prejudicar o negócio e a inter-

---

6 CHIAVENATO, I. *Recursos humanos*: o capital humano das organizações. 9. ed. Rio de Janeiro: Elsevier/Campus, 2009b.

ferir negativamente no sucesso da organização. A razão é simples: em primeiro lugar deve estar o cliente, não o acionista ou proprietário. A empresa deve ser feita para o cliente e não apenas para o acionista.

O objetivo constitui a bússola, o caminho, a direção, a meta a ser alcançada. Sem objetivo, a empresa ou o administrador andam a esmo, ao acaso, à guisa das circunstâncias. O objetivo é imprescindível para a plena utilização dos recursos e competências organizacionais.

Os principais objetivos globais que as empresas perseguem e seus indicadores de desempenho quase sempre são:

- Satisfação do cliente: o indicador de desempenho é o grau de fidelização do cliente ou o nível de satisfação deste;
- Participação no mercado: o indicador de desempenho é o faturamento da empresa dividido pelo faturamento do setor;
- Inovação: o indicador de desempenho é o número de novos P/S criados por ano;
- Crescimento do negócio: o indicador de desempenho é o faturamento ou produção da empresa;
- Rentabilidade ou retorno do investimento: o indicador de desempenho é a receita líquida dividida pelo patrimônio líquido ou o lucro líquido dividido pelo patrimônio líquido da empresa;
- Competitividade no mercado: o indicador de desempenho é o faturamento por empregado ou vendas por metro quadrado;
- Responsabilidade social empresarial: o indicador de desempenho é o volume de ações da empresa que se refletem positivamente no seu entorno ambiental, na comunidade ou na sociedade.

Em geral, as empresas definem uma hierarquia de objetivos. Em primeiro lugar estão os objetivos globais ou estratégicos; abaixo de cada um deles, os objetivos táticos ou departamentais; e, finalmente, abaixo de cada um deles, os objetivos operacionais. Os objetivos são atribuídos às pessoas que constituem as posições-chave das empresas. A Figura 7.3 dá uma ideia desse desdobramento de objetivos.

Alguns objetivos são mais importantes, relevantes, prioritários que outros, mas essa hierarquia não é definitiva muito menos imutável. Tudo de-

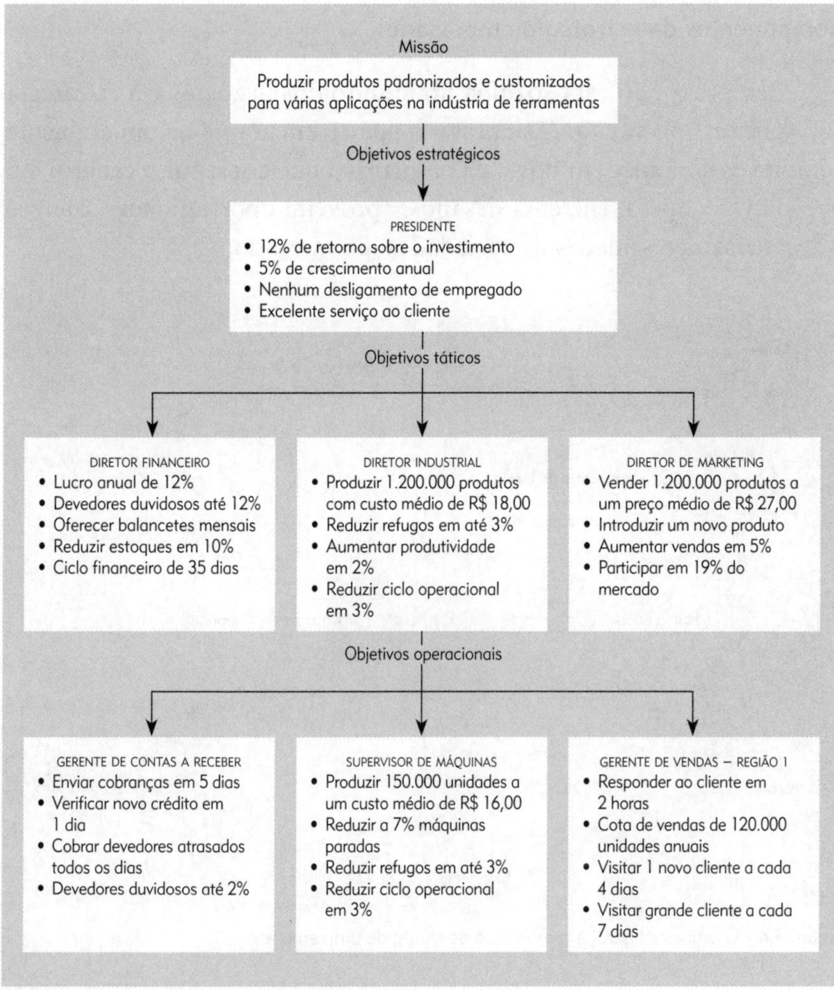


**Figura 7.3** Hierarquia de objetivos em uma empresa de manufatura.
Fonte: Chiavenato (2004).

pende da missão e da visão de futuro, da situação, da concorrência e, principalmente, da sustentabilidade que se pretende para a empresa.

Definida a hierarquia de objetivos, o passo seguinte está em definir a maneira como se poderá alcançá-los. Essa é a função da estratégia empresarial: desbravar o modo como os objetivos globais da empresa (e seus desdobramentos em objetivos táticos e operacionais) deverão ser alcançados de forma integrada e conjunta.

## Componentes da estratégia empresarial

A empresa não está sozinha no mundo dos negócios e a estratégia não funciona no vácuo. A empresa faz parte integrante de um ambiente complexo, dinâmico, mutável e competitivo que constitui o cenário em que ela vive, opera, enfrenta desafios, aproveita oportunidades, oferece P/S, satisfaz necessidades da sociedade e do mercado.

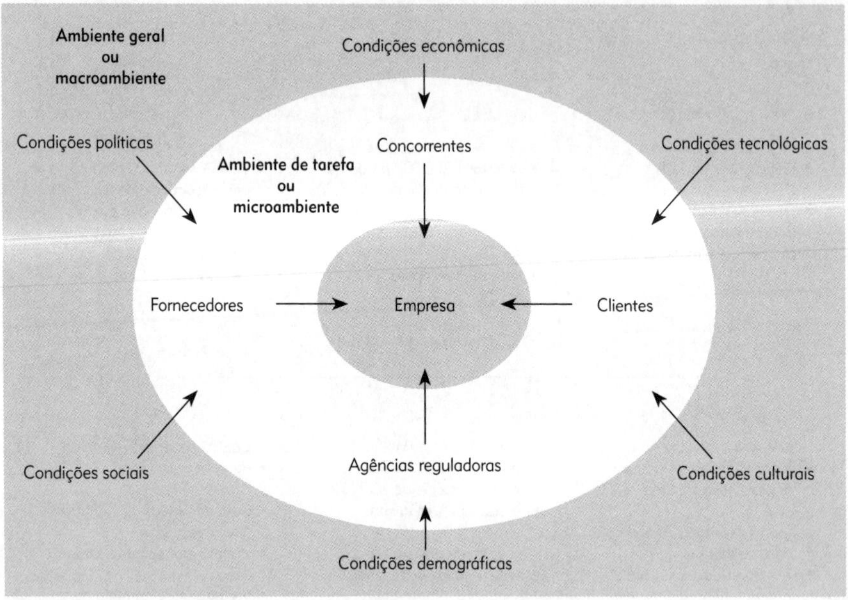


**Figura 7.4** O ambiente geral e o ambiente de tarefa de uma empresa.

A estratégia representa o comportamento de uma empresa em face do ambiente que a circunda. Assim, os três componentes básicos da estratégia empresarial são[7]:

1. *Ambiente*: é tudo o que envolve externamente a organização e está ao seu redor. É preciso visualizar as oportunidades no ambiente externo que envolve a empresa, e mais especificamente no mercado, bem como as

[7] CHIAVENATO, I. *Administração*: teoria, processo e prática. 4. ed. Rio de Janeiro: Elsevier/Campus, 2006.

restrições, limitações, contingências, coações e ameaças nele existentes. O ambiente externo funciona como o cenário das operações de uma empresa. Dois aspectos são importantes nesse cenário:

a. Macroambiente: dentro de um contexto mais amplo estão os fatores políticos, econômicos, tecnológicos, culturais, sociais, demográficos que afetam profundamente a atividade empresarial. Todas as empresas estão sujeitas às mesmas influências que tais fatores exercem em seus negócios.

**Quadro 7.1** Os fatores que intervêm no macroambiente

- *Fatores políticos*: decisões governamentais nos âmbitos federal, estadual e municipal.
- *Fatores econômicos*: desenvolvimento econômico, inflação, juros, câmbio, impostos, tarifas.
- *Fatores legais*: legislação vigente, normas e regulamentações legais.
- *Fatores tecnológicos*: desenvolvimento tecnológico, pesquisa e desenvolvimento, ciências.
- *Fatores culturais*: hábitos e comportamentos de compra, carências e necessidades.
- *Fatores sociais*: nível de educação, hábitos de consumo, nível de aspiração.
- *Fatores demográficos*: distribuição de idade, sexo, poder aquisitivo, nível sociocultural.

b. Ambiente de tarefa: é a parte do ambiente mais imediato em um contexto mais restrito e particularmente próximo a cada empresa. Nele estão seus clientes (consumidores ou usuários, como tomadores de suas saídas), fornecedores (como os fornecedores de suas entradas, como matérias-primas, serviços, tecnologias), os seus concorrentes (que disputam no mercado as suas entradas e suas saídas) e agências reguladoras (como sindicatos, órgãos governamentais, entidades de classe).

**Quadro 7.2** Fatores que intervêm no ambiente de tarefa da empresa

- *Clientes*: consumidores ou usuários dos P/S da empresa.
- *Fornecedores*: provedores de recursos, insumos ou serviços necessários ao funcionamento da empresa.
- *Concorrentes*: agentes ambientais que disputam as entradas (fornecedores) e/ou saídas (clientes) da empresa.
- *Agências reguladoras*: são os agentes ambientais que exercem algum grau de controle ou monitoração das atividades da empresa, como sindicatos, órgãos governamentais, associações de classe, agências reguladoras. A opinião pública é um forte componente informal que impacta o sucesso da empresa.

2. *Empresa*: envolve sua organização, missão e visão de futuro, os recursos de que ela dispõe ou pode utilizar com vantagem, suas competências e habilidades, bem como seus pontos fortes (que precisam ser utilizados) e fracos (que devem ser corrigidos ou melhorados), compromissos e objetivos.

3. *Adequação entre ambos*: para avaliar qual postura a empresa deverá adotar para compatibilizar seus objetivos, recursos, competências, potencialidades e limitações com as condições ambientais no sentido de extrair o máximo das oportunidades externas e expor-se ao mínimo às ameaças, coações e contingências ambientais. Essa adequação deve necessariamente produzir alguma vantagem competitiva frente aos concorrentes. Por essa razão, a estratégia é quase sempre uma maneira de compatibilizar recursos e competências da empresa com os fatores ambientais.

A essência da estratégia reside na criação de uma posição única e valiosa no seu ambiente, envolvendo a escolha de um arranjo interno de atividades que permita à empresa diferenciar-se de seus concorrentes para oferecer algo que eles não conseguem fazer. A estratégia competitiva significa escolher um diferente arranjo de atividades para entregar um com-

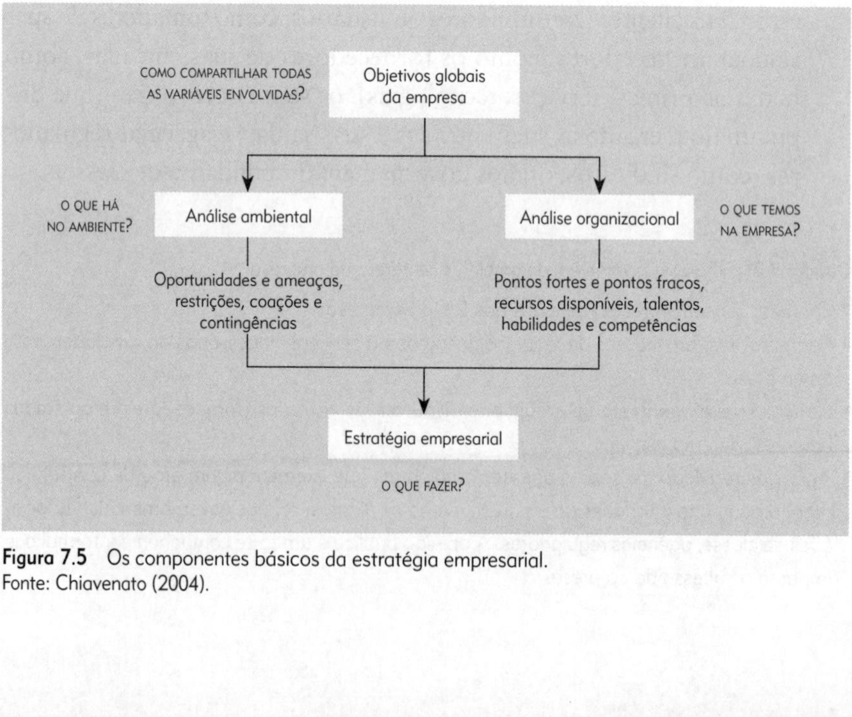


**Figura 7.5** Os componentes básicos da estratégia empresarial.
Fonte: Chiavenato (2004).

posto de valor único e marcando uma posição estratégica competitiva. Assim, o posicionamento estratégico deve ser feito com base em três fontes distintas que não são mutuamente excludentes, a saber[8]:

1. *Variedade de produtos e serviços*: a ideia central está em oferecer um leque de produtos e serviços e desenvolver atividades que permitam produzi-los e entregá-los da melhor forma possível. Mesmo quando a empresa tem um único produto ou serviço, ela deve fazer um séquito de atividades correlatas que proporcionem valor ao cliente.
2. *Atendimento às necessidades específicas de um determinado grupo de consumidores*: é fundamental que as atividades da empresa sejam diferenciadas (em relação aos concorrentes) para que tal atendimento específico seja claramente percebido pela clientela.
3. *Particularidades de modalidades de acesso*: o cliente precisa ter acessibilidade fácil e instantânea em relação ao P/S oferecido. Em outras palavras, o P/S deve estar sempre à mão do cliente.

Assim, o posicionamento – a escolha de uma posição adequada no ambiente de tarefa – deve buscar uma definição de quais atividades a empresa deve executar, bem como quais não deve executar. Para tanto, a empresa precisa procurar as atividades que têm maior impacto sobre os resultados e conceber uma configuração interna que seja singular e particular para realizar tais atividades e relacioná-las entre si. Esse inter-relacionamento entre tais atividades se faz no sentido de alcançar uma compatibilização e, acima de tudo, um reforço recíproco (busca de sinergia) entre elas para aumentar o potencial de vantagem competitiva. Essa busca de sinergia precisa ser feita em três níveis de compatibilização[9]:

1. *Consistência entre a estratégia empresarial e cada atividade no âmbito funcional*: para que haja acumulação e concentração – e não contradição – das vantagens competitivas dessas atividades. Cada unidade

---

8 PORTER, M. *Vantagem competitiva*: criando e sustentando um desempenho superior. Rio de Janeiro: Campus, 1989.

9 PORTER, M. E. How competitive forces shapes strategy. *Harvard Business Review*, nov.-dec. 1979, p. 137-45.

da empresa deve estar perfeitamente alinhada e sintonizada com a estratégia. Isso serve para criar uma visão única da estratégia capaz de facilitar sua implementação, sua comunicação para todas as pessoas envolvidas e sua transmissão para os clientes e acionistas.

2. *Reforço mútuo das atividades*: para produzir efeitos que se reforcem reciprocamente. No fundo, fazer com que cada atividade dê impulso às demais para que o resultado não seja uma simples soma de atividades, mas um resultado multiplicador, alavancado e sinergístico. Em outras palavras, cada unidade da empresa deve proporcionar reforço às demais unidades organizacionais. A empresa deve funcionar como um sistema integrado de vasos comunicantes.

3. *Otimização dos esforços*: esse terceiro nível de compatibilização envolve fluxo de informações e coordenação para eliminar redundâncias e minimizar desperdícios e outras formas mais sofisticadas de entropia. Entropia significa perda de energia e dispersão de esforços com a consequente exaustão do sistema.

Assim, é o conjunto das atividades integradas da empresa – em vez de cada atividade em si – o mais importante para o estabelecimento e manutenção da vantagem competitiva[10]. A busca de eficiência no desempenho de atividades individuais de cada departamento ou unidade da empresa é apenas uma característica da eficiência operacional, não da estratégia em si. A vantagem competitiva – e, por consequência, o sucesso da estratégia – decorre da totalidade do sistema de atividades. A eficiência em atividades individuais pode ser facilmente copiada pelos concorrentes, enquanto a integração dessas atividades da empresa dificilmente poderia ser imitada.

### Tipos de estratégia

Cada empresa está envolvida em uma rede de interdependências com o seu ambiente – principalmente com seu ambiente de tarefa que é pluralista e multifacetado – e, para efetuar suas transações externas, precisa utilizar vários tipos de estratégia. A empresa – dependendo do seu con-

[10] PORTER, M. E. What is strategy. *Harvard Business Review*, nov.-dec., 1996, p. 61-78.

texto – tanto pode desenvolver estratégias cooperativas (como ajuste, cooptação e coalizão) como estratégias competitivas (competição)[11].

1. *Ajuste ou negociação*: a empresa busca um acordo ou compromisso com outras empresas para a troca de bens ou serviços. O ajuste supõe uma interação direta de compromisso com outras empresas e, como não pode presumir a constância e continuidade dessas relações de compromisso, a empresa precisa efetuar revisões periódicas nas suas relações com fornecedores (por meio de contratos, pedidos de compras, orçamentos etc.), distribuidores (por meio de convênios e acordos, fixação periódica de cotas de vendas, contratos de qualidade assegurada etc.) e agências reguladoras (por meio de convenções coletivas ou acordos sindicais renovados anualmente, cartas-patentes com órgãos fiscalizadores, planilhas de preços de seus produtos para aprovação governamental etc.). Assim, o ajuste é uma negociação sobre decisões que afetam o comportamento futuro que regerá as relações entre duas ou mais empresas em relação a um determinado objetivo. O ajuste é uma permuta de compromissos e, portanto, um meio de redução da incerteza para as partes envolvidas. Pode ser feito por meio de uma contratação ou entendimento, mas sempre repousa na fé e confiança de que a outra parte cumprirá o prometido. Com o ajuste, o processo decisório de uma empresa é invadido ou, pelo menos, afetado pelo processo decisório de outras empresas do seu ambiente de tarefa, o que também lhe tira um bom pedaço de sua liberdade de ação ou de escolha.
2. *Cooptação*: é um processo por meio do qual a empresa absorve novos profissionais, provindos de fora, para a sua liderança ou a estrutura de decisão, como um meio de impedir ameaças ou pressões à sua estabilidade ou existência[12]. Por meio dela, a empresa conquista e absorve grupos inimigos ou ameaçadores, fazendo com que alguns líderes desses grupos venham a fazer parte de seu próprio processo decisório, para inibir sua ação contrária aos interesses da empresa. O termo *cooptação* indica

---

11 THOMPSON, J. *Dinâmica organizacional*: fundamentos sociológicos da teoria administrativa. São Paulo: McGraw-Hill, 1976, p. 48-53.

12 SELZNICK, P. Cooptation. In: BRINKERHOFF, M. B.; KUNZ, P. R. (Orgs.). *Complex organizations and their environments*. Dubuque: C. Brown, 1961, p. 141-51.

fusão, junção, união, isto é, a aceitação no grupo dirigente da empresa de representantes de outras organizações com as quais mantém interdependência (como bancos, instituições financeiras, fornecedores, credores, investidores etc.), para ali participar, a fim de reduzir ameaças ou pressões daquelas organizações ou para assegurar o suporte ou consenso. Assim, a cooptação também significa uma invasão externa no processo de decisão da empresa e limita sua liberdade de escolher seus objetivos de maneira arbitrária e unilateral. Todavia, a cooptação traz a vantagem de reduzir possibilidades de ações antiéticas entre duas ou mais empresas e de auxiliar a integração de partes heterogêneas ou antagônicas.

3. *Coalizão*: é uma combinação de duas ou mais empresas que se juntam para alcançar um objetivo comum. Por meio dela, duas ou mais empresas agem como uma só com relação a determinados objetivos, quando há necessidade de mais apoio ou de recursos que uma só empresa não teria condições de assegurar isoladamente. A coalizão exige o compromisso de decisão conjunta quanto a atividades futuras, limitando decisões arbitrárias e unilaterais. Ela é uma forma extrema de condicionamento ambiental dos objetivos de uma empresa. Boa parte das associações entre empresas visando a políticas conjuntas de preços, dos consórcios de empresas que se associam para um empreendimento comum (construção de hidrelétricas ou de grandes construções) e os empreendimentos conjuntos (*joint ventures*) são exemplos típicos de coalizão.

Entre as estratégias de colaboração e cooperação podemos citar[13]:

1. *Outsourcing*: ou terceirização, é um relacionamento por meio do qual se pode comprar bens e serviços de fora, isto é, de outras empresas, em vez de produzi-los internamente. Representa a compra de uma atividade de um fornecedor externo que é capaz de gerar valor. Serviços como propaganda, pesquisa de mercado e contabilidade podem ser comprados – e não realizados internamente – de quem os façam melhor e mais baratos que a própria empresa. O *outsourcing* transforma custos fixos em custos variáveis e possibilita o desinvestimento em atividades não essenciais.

---

13 CHIAVENATO, I; SAPIRO, A. *Planejamento estratégico*: da intenção estratégica ao resultado. 2. ed. Rio de Janeiro: Elsevier/Campus, 2009.

2. *Parcerias*: são alianças que envolvem um relacionamento mais próximo entre empresas, podendo ser de curto prazo com coordenação limitada ou de longo prazo de modo integrado. A parceria pode ser permanente e as empresas parceiras funcionam como extensões.
3. *Joint ventures*: são alianças em que a propriedade de um projeto ou operação é compartilhada entre as empresas envolvidas.
4. *Integração vertical*: quando uma dada atividade é executada pela empresa núcleo e complementada por alianças estratégicas com outras empresas.

Redes de negócios são redes de atividades envolvendo várias empresas em duas dimensões, controle (auto-organizado ou contratado) e integração de valor. A partir dessas duas dimensões, surgem quatro padrões de redes de negócios[14]:

1. *Ágora*: redes virtuais nas quais compradores e vendedores se conectam para negociar livremente e atribuir valor aos bens. Representa um modelo com baixo nível de controle e baixo índice de integração. É encontrada em sites de barganha da internet (como Ibazar ou Lokau.com, nos quais existe uma cadeia não horizontal), em que há um núcleo – o site – que controla apenas eticamente os *players* eletrônicos (anunciantes e compradores) no processo de distribuição do item adquirido.
2. *Licença e franquia*: redes de negócio em que uma empresa lidera no papel de intermediário agregador, como é o caso das franquias. O agregador idealiza o modelo de negócios, seleciona os P/S oferecidos, fixa preços, contrata licenciados e fiscaliza todo o processo de operações.
3. *Alianças*: redes de negócio altamente integradas, porém sem grande controle entre as organizações constituintes, como é o caso dos programas de milhagem das companhias aéreas.
4. *Cadeias de valor*: redes que produzem uma proposta integrada e de valor agregado, como é o caso dos serviços de telefonia celular que dependem de várias empresas que trabalham de modo integrado e com forte controle dos provedores do serviço. É o caso da Amazon.com, site de

---

14 CHIAVENATO, I; SAPIRO, A. *Planejamento estratégico*: da intenção estratégica ao resultado. 2. ed. Rio de Janeiro: Elsevier/Campus, 2009.

*e-commerce* que necessita de uma integração cronometrada entre fabricantes, ela própria e um distribuidor que funciona como entregador das encomendas.

5. *Competição*: é uma forma de rivalidade entre duas ou mais empresas que são mediadas por um terceiro grupo. Quando duas empresas são concorrentes, o terceiro grupo pode ser o comprador, o fornecedor, a força de trabalho ou outros. A competição envolve um complexo sistema de relações: inclui a concorrência tanto na busca de recursos (por exemplo, no mercado de capitais, mercado de máquinas e equipamentos, mercado de matérias-primas, mercado de mão de obra etc.) como na busca de clientes ou compradores (mercado consumidor), ou ainda de participantes potenciais. A competição é uma estratégia pela qual o objetivo escolhido pela empresa é parcialmente controlado pelo ambiente de tarefa, que lhe tira boa parte de sua liberdade de ação ou de escolha (Figura 7.6).

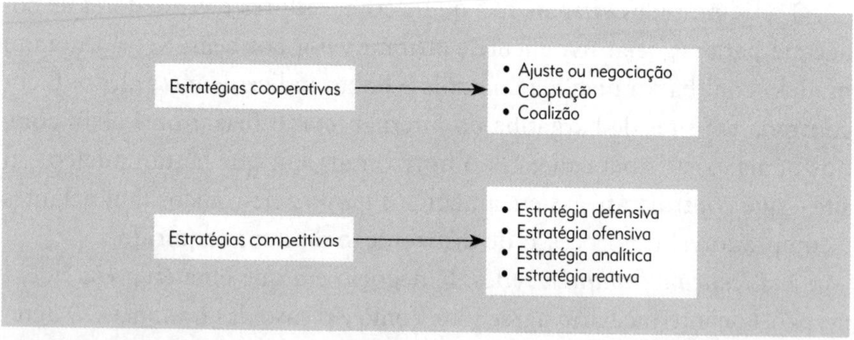


**Figura 7.6** Os tipos de estratégia empresarial.
Fonte: Chiavenato (2005).

## Estratégias competitivas

As empresas utilizam estratégias competitivas no sentido de combinar movimentos de ataque e defesa visando construir uma posição mais forte (domínio) no mercado escolhido. Existem três tipos de estratégia competitiva[15]: defensiva, ofensiva e analítica. Há um quarto tipo, a estratégia reativa, a qual é considerada uma estratégia instável.

[15] MILLES, R.; SNOW, C. *Organizational strategy*. Nova York: McGraw-Hill, 1972.

1. *Estratégia ofensiva*: a empresa busca ampliar seu domínio por meio de novas oportunidades de mercado e aproveitar tendências emergentes do mercado. É uma estratégia agressiva e de ataque que utiliza meios ofensivos e agressivos para conquistar novos mercados e faz com que a empresa seja um elemento criador de mudanças e incertezas no meio ambiente. A incerteza é a variável que afeta os concorrentes que veem perturbado o seu universo de operações. A preocupação com mudanças e inovações faz com que essas empresas não se esmerem o suficiente para extrair de suas operações atuais o máximo de rendimento possível, o que as torna pouco eficientes. Tal fato explica por que todo e qualquer domínio de P/S-mercado, do ponto de vista da estratégia ofensiva, sempre é transitório e substituível pela inovação que virá a caminho. A inovação constitui a arma principal da empresa.

Na estratégia ofensiva, a empresa está focada de maneira proativa e extrovertida para novas oportunidades em termos de P/S-mercados. E quando um objetivo de crescimento é perseguido em um mercado que não pode ser ampliado, o sucesso deve ocorrer à custa dos concorrentes. Isso conduz a um confronto entre os concorrentes para conquistar clientes.

A estratégia ofensiva pode ser feita de vários modos[16]:

a. Ataque frontal: representa um ataque total contra o território do oponente e que se choca com alguma fortificação ou posição de defesa. O resultado desse confronto dependerá do poder e da resistência das duas partes. Para derrotar um concorrente bem entrincheirado e que tenha construído uma posição de mercado sólida, exige-se a superioridade substancial em alguma área-chave. Para que um ataque frontal tenha sucesso, é necessário dispor de recursos suficientes e forte vantagem em relação ao concorrente atacado e que as perdas sejam tanto previsíveis como suportáveis.

b. Ataque pelo flanco: representa um ataque que concentra os pontos fortes do atacante contra os pontos fracos do concorrente. Na guerra, o ataque pelo flanco distancia o campo de batalha dos pontos fortes do inimigo em direção aos flancos desguarnecidos ou não tão bem defendidos. Nos negócios, um ataque pelo flanco é feito em regiões geográfi-

---

16 CHIAVENATO, I; SAPIRO, A. *Planejamento estratégico*: da intenção estratégica ao resultado. 2. ed. Rio de Janeiro: Elsevier/Campus, 2009.

cas em que o defensor não tem grande presença ou por meio do ataque a segmentos de mercado não atendidos pelo concorrente. A escolha do momento certo e das lacunas do concorrente é fundamental.

c. Ataque de cerco: consiste em cercar o inimigo cortando suas vias de suprimento para forçar sua rendição. Nos negócios, existem duas maneiras de executar o ataque de cerco: a primeira é tentar isolar o concorrente de seu suprimento de matérias-primas, das quais ele depende, e/ou dos clientes para os quais ele tenta vender; a segunda maneira é tentar oferecer um P/S melhor que o do concorrente em todos os aspectos possíveis.

d. Flanqueamento (*bypass*): significa a mudança do campo de batalha para evitar as fortificações inimigas. A linha Maginot, construída pela França para se proteger contra uma invasão, foi flanqueada e ignorada pelos exércitos alemães durante a Segunda Guerra Mundial. O flanqueamento é feito por meio de um salto tecnológico. A Casio flanqueou a indústria suíça de relógios ao desenvolver o marketing de relógios digitais e flanqueou os fabricantes de réguas de cálculo com as calculadoras eletrônicas de bolso.

e. Guerrilha: quando a estratégia da guerra convencional fracassa, entram em cena as táticas de guerrilha. Nos negócios, as táticas de guerrilha ou táticas não convencionais são empregadas com reduções seletivas de preços, especialmente durante a fase de teste ou lançamento de um produto concorrente, propaganda testemunhal, alianças, roubo de executivos e outras manobras legais. As táticas de guerrilha são usadas por empresas com o intuito de enfraquecer o concorrente antes de desferir o golpe final. Sua eficácia reside na dificuldade que a vítima tem de se defender contra elas em virtude de sua intempestividade ou imprevisibilidade.

2. *Estratégia defensiva*: é adotada por empresas que possuem domínios já definidos de P/S-mercados que pretendem manter ou defender da ação de concorrentes. Em geral, os dirigentes da cúpula são capacitados e eficientes unicamente na área restrita às atuais operações da empresa e evitam buscar novas oportunidades ou experimentar mudanças na empresa ou no mercado. Em vista dessa perspectiva conservadora e estreita, essa estratégia raramente implica modificações em tecnologia, estrutura organizacional ou métodos de operação. Pelo contrário, procura concentrar todas as atenções na manutenção do *status quo* ou aumento da eficiência nas operações atuais ou redução de custos (estratégia de não

diversificação). Como as operações não sofrem alterações, a experiência adquirida permite melhorar a excelência operacional, graças ao aumento gradativo da qualidade, produtividade e eficiência.

Na estratégia defensiva, a empresa busca a previsibilidade no domínio para poder voltar-se introverdidamente para a eficiência de suas operações. Contudo, o esforço para manter uma posição alcançada depende do grau e da natureza da competição encontrada. Quando a empresa lidera seu setor, ela pode dispor de vantagens de custo decorrentes de economias de escalas ou da sua experiência que podem ser usadas como barreiras de entrada para se defender.

Os principais tipos de estratégias de defesa são[17]:

a. Defesa de posição: a empresa busca fortificar seu mercado por meio da construção de barreiras e ofertas no mercado para deixar a concorrência do lado de fora. O defensor cria muros e fossos e aguenta firme até que o agressor se canse ou descubra outras prioridades e retire-se. A defesa de posição pode ser feita por intermédio da diferenciação através da marca e reputação ou de aspectos exclusivos e dificilmente imitáveis (como competências, aptidões e ativos de marketing) que representam valor para os clientes. Ou então qualidade superior aliada à entrega pontual e assistência técnica insuperável. Ou ainda promoções melhores e preços mais baixos.

b. Defesa de flanco: constitui uma réplica a um ataque de flanco. Na estratégia de confronto, o agressor concentra seus pontos fortes contra os pontos fracos do defensor, usando o elemento surpresa para ficar em vantagem. A defesa de flanco exige que a empresa fortaleça seus flancos, sem oferecer um alvo mais fraco ou vulnerável em outro ponto. Ela exige a previsão da estratégia do concorrente e dos pontos mais prováveis de serem atacados.

No marketing de alimentos, os fabricantes de produtos de marca, antevendo a crescente ameaça constituída pelas marcas dos varejistas ou genéricas, fecharam contratos para fornecimento de produtos com marcas próprias dos varejistas antes que seus concorrentes entrassem em seus mercados.

---

17 CHIAVENATO, I.; SAPIRO, A. *Planejamento estratégico*: da intenção estratégica ao resultado. 2. ed. Rio de Janeiro: Elsevier/Campus, 2009.

c. Defesa antecipada: implica atingir o agressor potencial antes que ele possa preparar um ataque. O objetivo é desferir um golpe físico desmoralizador que impeça o agressor de atacar ou, então, sinalizar a intenção de lutar e defender-se da agressão.

d. Contraofensiva: consiste em identificar os pontos vulneráveis do agressor e atacar para valer. É mais eficaz quando o agressor se torna vulnerável, ao expor sobrecarga de seus recursos para atacar e uma retaguarda fraca que pode ser explorada para uma contraofensiva. Embora a defesa ideal seja a obstrução de um ataque potencial antes que ele ocorra, o contra-ataque rápido para sufocar no nascedouro a agressão pode funcionar bem.

e. Defesa móvel: demonstra uma capacidade flexível de resposta pela qual o defensor muda o terreno defendido em resposta a ameaças ou oportunidades ambientais. Nos negócios, a defesa móvel ocorre por meio da disposição de atualizar continuamente as ofertas da empresa para o mercado. Trata-se de uma arma de defesa essencial em mercados em que a tecnologia e/ou as necessidades ou desejos dos clientes mudam rapidamente. A incapacidade de se adequar a tais mudanças provoca uma abertura da empresa que permite um ataque no flanco ou de flanqueamento.

f. Retirada estratégica (retração): ocorre com a entrega de terreno não defensável para reduzir uma sobrecarga de recursos e possibilitar uma concentração nos negócios centrais, que ainda possam ser defendidos contra possíveis ataques. A retirada estratégica é geralmente necessária quando a empresa se diversificou muito e se afastou das atividades centrais e competências típicas que lhe davam uma vantagem competitiva. Muitas indústrias de cigarros diversificaram em campos totalmente diversos no decorrer dos anos de 1990 quando perceberam que estavam em posições indefensáveis e precisavam desinvestir no seu negócio principal.

3. *Estratégia analítica*: é uma estratégia dual e compartimentada que utiliza simultaneamente uma estratégia ofensiva em um setor e uma estratégia defensiva em outro. A empresa opera em dois tipos de domínio-P/S-mercado: um estável e já conquistado, e outro mutável e que pretende conquistar. Enquanto a empresa mantém e defende um domínio já garantido de P/S-mercado, ela procura aproveitar ou antecipar-se em oportunidades ambientais em novos domínios, provocando turbulências.

4. *Estratégia reativa*: enquanto as três estratégias anteriores são proativas e antecipam-se às ocorrências do ambiente, esta é uma estratégia de reação que responde com atraso às ocorrências do ambiente. Assim, ela é totalmente despreparada, improvisada e instável, ou seja, aplicável a curtos espaços de tempo e sem um envolvimento capaz de integrar as atividades da empresa como um todo. Ela é inadequada às demandas ambientais, pois a empresa toma conhecimento da mudança que ocorre no ambiente com muito atraso, tornando-se incapaz de articular uma resposta empresarial integrada, pronta e eficaz. O resultado é a adoção de comportamentos improvisados e desarticulados.

A estratégia empresarial não deve ocorrer na base da inércia em relação às forças externas ou da passividade em relação aos recursos e competências disponíveis. A empresa – por força das pressões ambientais que provocam influências e modificações – não pode se deixar levar ao acaso pelos eventos exteriores e imprevistos. Ela precisa construir o seu destino e imprimir nele a sua marca. Por essa razão, a empresa que não é capaz de definir a si mesma de maneira clara e significativa torna-se amorfa e sem personalidade. Mais que isso, sem qualquer rumo definido pela frente.

## Adequação da estratégia

Não basta apenas compreender as opções estratégicas da empresa, é preciso saber alinhar a estratégia da empresa com a situação geral, começando com um diagnóstico do entorno externo e da posição competitiva da empresa dentro desse entorno. Para tanto, Thompson e Strickland propõem dez mandamentos para formular uma estratégia de sucesso nos negócios[18]:

1. Priorizar a formulação e a execução de medidas estratégicas capazes de fortalecer a posição competitiva da empresa no longo prazo. En-

[18] THOMPSON Jr., A. A.; STRICKLAND III, A. J. *Administración estratégica*: textos y casos. Ciudad de México: McGraw-Hill, 2004, p. 287-8.

quanto o desempenho financeiro de curto prazo se desvanece rapidamente, a estratégia permite alcançar rentabilidade sustentável.

2. Agir com prontidão para adaptar a empresa às condições mutáveis do mercado, às necessidades insatisfeitas dos clientes, aos desejos dos compradores de algo melhor, às opções tecnológicas emergentes e às novas iniciativas dos concorrentes. Jogo de cintura é fundamental.
3. Investir para criar uma vantagem competitiva sustentável sobre os concorrentes rivais.
4. Evitar estratégias capazes de somente alcançar êxito em circunstâncias mais otimistas, mas que fracassam quando os concorrentes tomam contramedidas preventivas ou ofensivas.
5. Não subestimar as reações das empresas rivais. Elas se tornam mais perigosas quando ameaçadas.
6. Levar em conta que atacar as debilidades competitivas é mais rentável e menos arriscado que atacar uma fortaleza competitiva. Atacar um concorrente mais forte pode levar a um fracasso certo.
7. Fazer esforços para abrir brechas significativas em qualidade, serviço ou desempenho quando se busca uma estratégia de diferenciação em relação aos concorrentes.
8. Evitar reduzir preços sem uma vantagem em custos já estabelecida.
9. Evitar estratégias intermediárias que conduzem a concessões entre melhores custos e maior diferenciação. Isso pode levar a custo médio, diferenciação média, imagem e reputação médias e, consequentemente, a um lugar médio no mercado.
10. Medidas agressivas para arrebatar participação de mercado dos concorrentes provocam represálias, como guerra de preços ou corrida armamentista. Elas geram uma concorrência feroz.

### Outras opções estratégicas

A vantagem competitiva frente aos seus concorrentes conduz a diferentes políticas de negócios a serem adotadas pela empresa. Ela pode adotar uma delas ou a combinação dessas escolhas para compor uma abordagem de portfólio para criar renovação estratégica e elevado desempenho. Ao longo do tempo, uma ou mais opções terão prioridade sobre as demais dependendo de inúmeros fatores internos (recursos da empresa, competências essenciais, força financeira, posição de marketing em relação aos concorrentes) e externos (necessidades e requisitos dos clientes, dinâmica da indústria, velocidade requerida para apoiar a mudança e o nível de incerteza confrontado pela empresa em relação ao ambiente externo) da organização. Quase sempre, a empresa enfrenta seis opções de alternativas estratégicas, a saber[19]:

1. Abandonar e sair da competição.
2. Colaborar com a concorrência.
3. Complementar a concorrência.
4. Imitar a concorrência.
5. Substituir a si mesma na concorrência.
6. Inovar as regras da concorrência e inovar a si mesma.

Mais passivas ←→ Mais agressivas

| ESTRATÉGIA DE DESINVESTIMENTO | ESTRATÉGIA DE COLABORAÇÃO | ESTRATÉGIA DE COMPLEMENTAÇÃO | ESTRATÉGIA DE IMITAÇÃO | ESTRATÉGIA DE SUBSTITUIÇÃO | ESTRATÉGIA DE INOVAÇÃO |
|---|---|---|---|---|---|
| • Insucesso no mercado | • Parcerias | • Coexistência pacífica | • Falta de inovação | • Criar novos P/S | • Investimentos maiores |
| • Espera por melhores dias | • Alianças estratégicas | • Liderança complementar em P/S | • Nenhum investimento em P&D | • Aumentar a participação no mercado | • Riscos elevados |
| • Falta de recursos | • Compartilhar riscos | • Conjunção de recursos e de esforços | • Desempenhar melhor que o líder | • Alavancar ativos e canais | • Altos retornos |
| • Falta de direção | • Requer confiança | • Reduz ameaça de concorrentes | • Contentar em ser seguidor | • Forçar os concorrentes a mudar | • Criar novas regras no mercado |
| • Produto inadequado | • Requer compromisso | | • Minorar riscos | | • Forçar os concorrentes a mudar |
| • Desorientação | • Proporcionar valor adicional | | • Aprimorar eficiência | | • Criar novas vantagens competitivas |

**Figura 7.7** As seis escolhas estratégicas.
Fonte: Chiavenato (2010).

[19] CHIAVENATO, I; SAPIRO, A. *Planejamento estratégico*: da intenção estratégica ao resultado. 2. ed. Rio de Janeiro: Elsevier/Campus, 2009.

Indo de um comportamento estratégico menos agressivo para outros mais agressivos, existem seis possíveis escolhas estratégicas, a saber[20]:

1. *Estratégia de desinvestimento*: significa abandonar o jogo e sair da competição. A empresa simplesmente desiste do negócio, seja por falta de recursos, por insucesso frente aos concorrentes, por oferecer um P/S inadequado, por falta de direcionamento ou, ainda, por desorientação. A empresa prefere sair do jogo e esperar por melhores dias.

É muito comum empresas que saem definitiva ou provisoriamente de um determinado mercado por falta de retorno do investimento. Algumas saem de uma região para se instalarem em outras mais promissoras. Isso acontece com bancos e indústrias, frequentemente, no mundo todo.

2. *Estratégia de colaboração*: a empresa prefere fazer uma parceria ou aliança estratégica com uma empresa líder no mercado em vez de trabalhar sozinha. Tal colaboração ocorre quando duas ou mais organizações trabalham juntas para um específico propósito ou projeto. A colaboração é sempre complexa e envolve confiança e coordenação entre as empresas envolvidas para alcançar ou aumentar o sucesso conjunto. Quando uma organização escolhe essa estratégia, ela se torna um parceiro ou membro da equipe por um período para um projeto específico e geralmente com responsabilidades também específicas. As razões pelas quais essa estratégia é escolhida são:

- Dedica recursos e competências necessárias para o esforço cooperativo;
- Permite participação e responsabilidade pelo sucesso do negócio;
- Proporciona valor agregado e aspectos básicos para a *expertise* e serviços que complementam ou alavancam os da outra empresa;
- Permite desempenhar processos complexos e alcançar os retornos desejados com baixos custos e alto valor para ambas as partes;
- Sinaliza o desejo de assumir todos os riscos ou parte deles em um particular aspecto de um processo ou função.

[20] CHIAVENATO, I; SAPIRO, A. *Planejamento estratégico*: da intenção estratégica ao resultado. 2. ed. Rio de Janeiro: Elsevier/Campus, 2009.

A estratégia colaborativa pode incluir *outsourcing* e várias formas de cooptação. A indústria do cinema funciona como uma rede e utiliza intensamente esse tipo de estratégia: como foi visto anteriormente, cada filme é um projeto específico que envolve a colaboração de centenas de empresas, cada qual fazendo a sua parte no projeto.

3. *Estratégia de complementação*: quando uma empresa escolhe essa estratégia, ela sinaliza o desejo de uma coexistência pacífica com os concorrentes principais. A empresa procura aumentar, estender e complementar as competências essenciais, os processos, os mercados e produtos das empresas líderes no mercado. Quando uma organização escolhe a complementação como estratégia, ela o faz pelas seguintes razões:

- A empresa deseja uma coexistência pacífica com a empresa líder do mercado. Ela não quer desafiar diretamente, concorrer ou mover-se contra as competências essenciais, produtos, clientes e mercados da empresa líder;
- A empresa oferece P/S que são complementares e que adicionam valor aos P/S da empresa líder;
- A empresa assume uma função complementar em uma variedade de posições, incluindo trabalhar na frente, do lado ou atrás da empresa líder;
- A empresa segue as iniciativas e movimentos da líder e oferece retaguarda e apoio para as necessidades dos clientes que não são atendidas pela líder.

A estratégia complementar é comum nas empresas de *high-tech* e de *softwares*, na indústria do atletismo (sapatos, tênis e equipamento de atletismo) e nos mercados automotivos e de motos. Pode envolver a terceirização (*outsourcing*) seletiva ou completa de funções, como desenho de produtos, TI, expedição, gestão de inventários e atendimento ao cliente. É impressionante a quantidade de empresas que se dedicam a produtos complementares ao iPod ou iPhone, por exemplo, como cabos de ligação, fones de ouvido, bolsas ou carteiras, acessórios etc.

4. *Estratégia de imitação*: quando a empresa se torna imitadora, ela sinaliza ao mercado que é uma seguidora e não uma empresa líder ou inovadora. Imitar a estratégia de um concorrente significa que a organização está emulando ações, processos, P/S e competências de um concorrente. Quando uma empresa escolhe essa estratégia, ela o faz pelas seguintes razões:

- A empresa não tem capacidade de inovar, mas de copiar, e acredita que pode superar o desempenho do concorrente e ganhar vantagem competitiva em custo, serviço, velocidade ou qualidade;
- A empresa se contenta em alcançar paridade com a concorrente;
- Ela quer assumir poucos riscos em pesquisa e desenvolvimento;
- Pode ser a estratégia mais conveniente ou adequada no momento;
- A empresa segue na sombra de outra e não se preocupa em saber o que fazer mais adiante.

O *benchmarking* é o processo de aprender com os outros. Constitui uma das melhores maneiras de alcançar a imitação para importar as melhores práticas e processos do mercado. Todavia, a imitação pura e simplesmente oferece pouca diferenciação e pouca vantagem competitiva em relação aos concorrentes. Ao imitar um *benchmark* do mercado, a empresa imitadora pode, no máximo, alcançar paridade com o concorrente. Mas se este for ágil e inovador, essa paridade é passageira. Quase sempre os custos de imitação são relativamente pequenos. As vantagens da imitação são:

- Não se deve reinventar a roda. Ela já existe. Se outras empresas já tentaram com sucesso um P/S, a estratégia é viável e comprovada;
- A imitação é sempre mais barata que qualquer investimento próprio em pesquisa e desenvolvimento;
- A imitação exige pequenos investimentos se comparada com os investimentos de riscos e de esforços na inovação;
- Ao imitar o P/S de um concorrente, a empresa pode investir melhor em processos e criar vantagem por meio da inovação nos processos e na excelência operacional.

A imitação é uma estratégia comum na indústria de serviços financeiros, consultoria organizacional e contábil, em serviços de restaurantes e supermercados. A proverbial concorrência entre Coca-Cola e Pepsi-Cola, entre os fabricantes de cerveja e a indústria de *fast-food* são exemplos dessa escolha estratégica.

5. *Estratégia de substituição*: trata-se de uma estratégia direta, ameaçadora e confrontadora. Quando uma empresa escolhe a substituição como

estratégia, ela sinaliza que irá competir em uma frente ampla, utilizando vários fatores, como preço, qualidade, serviço, distribuição, processo e habilidade em mudança. As empresas que escolhem essa estratégia estão concorrendo por porções do mercado, seja em grupos da indústria, produtos, qualidade, clientes e aspectos demográficos ou, ainda, criando novos segmentos para produtos e serviços dentro de um mercado ou indústria existente. As principais vantagens dessa estratégia são:

- A empresa cria um segmento novo dentro de um mercado;
- Alavanca todos os recursos globais de uma empresa;
- Força os concorrentes a adotar ações compensatórias;
- Proporciona uma substituição seletiva baseada nas forças e competências da organização.

Muitas empresas preferem fazer substituição quando migram a fim de apelar para algum aspecto importante ou relevante de seu P/S, como preço, qualidade, imagem e reputação, garantia etc. A Hyundai oferece uma garantia estendida de 5 anos para seus carros para se sobressair no mercado de automóveis. Essa garantia a aproxima perigosamente de empresas como BMW, Audi e Mercedes Benz. A Natura deixou de oferecer uma gama de produtos cosméticos para focar produtos de beleza e, agora, produtos que proporcionam o bem-estar bem sinalizando um mercado diferente pela frente.

6. *Estratégia de inovação*: a empresa esforça-se para inovar, mudar as regras da concorrência e reinventar-se continuamente. Enquanto muitas empresas estão preocupadas em esforços de racionalização de sua cadeia de suprimentos e tentando expandir suas linhas de P/S por meio de extensões e desenvolvimentos, a empresa de vanguarda focaliza a criação de categorias – inteiramente novas – de produtos e conceitos. As empresas inovadoras ultrapassam o desempenho de suas rivais e criam novas regras de competição, concentrando recursos e energias na inovação. Inovar constitui a mais excitante e exigente escolha estratégica. É arriscada e requer uma cultura de aprendizagem e empreendedorismo. As empresas que escolhem e praticam essa opção estratégica declaram-se impulsionadoras e redefinidoras de regras para as outras e forçam as concorrentes a imitá-las, substituí-las, complementá-las ou retirar-se do mercado.

Essa forma de estratégia envolve uma sistemática mudança estratégica nos níveis organizacional, cultural e operacional da companhia. Também requer investimentos significativos em capacitação na infraestrutura técnica, novos mercados, custos adicionais e assunção de riscos. Contudo, potencialmente, prevê grandes retornos financeiros.

A empresa que adota a estratégia inovadora como base para competir define o objetivo estratégico de ser a líder em termos de desempenho. Como tal, ela gera elevados retornos de seus novos P/S por meio de novos desenhos de processos e uma integração da TI com processos e desenho organizacional. Como resultado, ela se torna capaz de dominar seu mercado. Empresas como Intel, Microsoft, Wal-Mart, Southwest Airlines, Apple e Amazon.com criam forte pressão competitiva ao se antecipar e colocar na frente em vantagem competitiva. Isso faz com que as outras empresas também tenham de investir em recursos para imitar ou substituir ou ainda inovar para poderem continuar nessa corrida sem fim.

A estratégia de inovação atrai a atenção do consumidor e provoca reações imediatas dos grandes concorrentes e líderes do mercado. As contramedidas podem ser violentas e provocam guerras de atrito baseadas em estratégia de preços e investimentos elevados em propaganda. As empresas que adotam essa escolha precisam deter poder e capital. Na indústria de bebidas, há uma ferrenha disputa entre colas e não colas, e, na indústria automotiva, uma batalha incessante de substituição entre passageiros de carros, minivans e utilitários esportivos.

A conclusão a que se chega é de que a vantagem estratégica é sempre frágil, passageira e evanescente. E quanto maior a velocidade da mudança, maior a incerteza e a fluidez que a empresa enfrenta lá fora no mercado e dentro de si mesma. Quanto mais fluido e dinâmico o ambiente, mais precária e efêmera se torna uma vantagem estratégica já alcançada. Toda empresa está continuamente enfrentando mercados maduros, enquanto outros estão emergindo, sendo criados e ainda descobertos entre tantos outros ainda desconhecidos. Para criar e manter um elevado desempenho, a empresa precisa desenvolver sua própria estratégia e o compromisso de vir a ser sempre uma empresa de excelência e elevado desempenho. Sem isso, a estratégia se torna simplesmente descartável.

## TENHA EM MENTE A MISSÃO DO PRESENTE E A VISÃO DO FUTURO

Para atuar estrategicamente, é necessário conduzir a empresa no sentido de alcançar a missão do negócio e a sua visão de futuro. Não basta apenas conduzir pessoas e equipes para desenvolver competências e saber aplicá-las adequadamente. Não basta apenas ter excelência operacional, focar o mercado e o cliente, nem apenas tratar bem das finanças, é preciso fazer tudo isso e visualizar sistemicamente o negócio da empresa em termos de missão e visão de futuro. As empresas bem-sucedidas conseguem êxito por meio de conceitos e práticas que envolvem as pessoas e inspiram-nas em direção a comportamentos focados em resultados. E esse é o desafio: botar na mente de todas as pessoas – tanto as que trabalham direta ou indiretamente com você quanto os clientes e fornecedores ao seu redor – qual é a missão do seu negócio e a visão de futuro que alimenta a vontade de crescer e vencer.

### Missão da empresa

É comum enxergar nas paredes de muitas empresas um quadro contendo a missão da empresa. Em geral, são poucas palavras que expressam o motivo da existência da empresa, sua finalidade e seu papel na sociedade. A missão significa o porquê da existência da empresa. E qual é a finalidade da definição da missão? O conceito de missão é tão antigo quanto Jesus Cristo, mas apenas recentemente chegou às empresas. Quando uma empresa define sua missão, as pessoas deixam de trabalhar para ela para trabalhar por sua missão. Isso tem um profundo impacto sobre o comportamento das pessoas. A missão passa a funcionar como o símbolo e bandeira da empresa. Como apregoa Kotler, quando bem difundida nos funcionários e colaboradores, a missão desenvolve um senso comum de oportunidade, direção, significância e realização; uma missão bem explícita atua como uma mão invisível que guia os funcionários e colaboradores para um trabalho independente, mas coletivo, na direção da realização dos potenciais da empresa[21].

---

21 KOTLER, P. *Administração de marketing*. São Paulo: Atlas, 1996.

Pagnoncelli e Vasconcellos Filho mostram a diferença entre uma abordagem míope e uma estratégica a respeito da missão organizacional nos seguintes exemplos do Quadro 7.3[22].

**Quadro 7.3** Definindo o negócio

| Empresa | Visão míope (baseada no P/S) | Negócio: visão estratégica (baseada no benefício) |
|---|---|---|
| Produtoras de Hollywood | Filmes | Diversão e cultura |
| Avon | Cosméticos | Beleza |
| IBM | Computadores | Soluções de informação |
| Exxon (Esso) | Combustível | Energia |
| Citibank (Brasil) | Serviços financeiros | Soluções financeiras |
| Editora Abril | Livros e revistas | Informação, cultura e entretenimento |
| Randon | Veículos e implementos | Soluções para o transporte |
| Arisco | Temperos | Alimentos |

Fonte: Pagnoncelli e Vasconcellos Filho (1992, p. 82).

## Visão de futuro

Além de definir a missão, é necessário também definir a visão de futuro da empresa, o que ela pretende ser no futuro a curto, médio e longo prazo. Enquanto a missão define o que é a empresa, sua imagem e personalidade, a visão define o que se pretende que ela seja no futuro (Quadro 7.4).

E por que a visão de futuro é importante? Pelo simples fato de que ela esclarece para todos os envolvidos em suas operações onde a empresa quer chegar. Isso permite que as pessoas saibam perfeitamente que tipo de contribuição pessoal podem fazer para que a empresa transforme sua visão de futuro em realidade. Esse é o primeiro passo para formar empreendedores internos na empresa. Indicar claramente qual é o futuro que a empresa pretende construir e mostrar como as pessoas podem ajudá-la a chegar lá.

[22] PAGNONCELLI, D; VASCONCELLOS FILHO, P. *Sucesso empresarial planejado*. Rio de Janeiro: Qualitymark, 1992, p. 82.

**Quadro 7.4** Exemplo de visão organizacional.

| O que somos hoje: | O que queremos ser daqui a 1 ano: | O que queremos ser daqui a 2 anos: |
|---|---|---|
| Somos a 3ª melhor empresa no ramo de construção imobiliária. | Queremos ser a 2ª melhor empresa no ramo de construção imobiliária. | Queremos ser a 1ª melhor empresa no ramo de construção imobiliária. |
| Nosso nível atual de satisfação do cliente está em 85%. | Queremos alcançar um nível de satisfação do cliente de 90%. | Queremos alcançar um nível de satisfação do cliente de 95%. |
| Nosso faturamento anual é de R$ 1,8 bilhão. | Queremos alcançar um faturamento anual de R$ 2 bilhões. | Queremos alcançar um faturamento anual de R$ 2,2 bilhões. |
| Participamos com 23% das transações no mercado imobiliário. | Queremos participar com 25% das transações no mercado imobiliário. | Queremos participar com 28% das transações no mercado imobiliário. |

### Princípios e valores

Não pense que as pessoas que trabalham com você adivinham os seus pensamentos, traduzem as suas prioridades e avaliam o que é importante e relevante e o que é dispensável no seu negócio. Você precisa dizer-lhes claramente quais são os princípios e valores de sua empresa. Os valores são critérios que orientam o comportamento das pessoas quanto a decisões sobre o que é mais importante ou o que é prioritário em suas atividades. Daí a necessidade de princípios capazes de orientar as pessoas e valores que a empresa julga mais importantes nas suas operações.

Algumas empresas privilegiam valores como responsabilidade social e ambiental, ética e retidão. Outras valorizam o encantamento e satisfação do cliente, a prestação de serviços e a fidelização do cliente. Outras olham para dentro de si próprias e fazem referência à iniciativa pessoal, ao espírito de equipe e ao aprendizado constante de seus colaboradores.

## MANTENHA A ÉTICA E A RESPONSABILIDADE SOCIAL

Nos dias de hoje, para fazer negócios e conquistar clientes, é necessário, antes, construir imagem, prestígio e confiabilidade. Sem isso, o melhor produto ou o serviço mais avançado ficará sempre em segundo plano. A imagem institucional da empresa e de seu P/S constitui um dos aspectos mais relevantes para concorrer no mercado.

Quem acumula processos legais com ex-funcionários, problemas e conflitos com clientes, danos ambientais, recursos protelatórios, suborno ou operações desonestas sempre sai perdendo ou fica fora do páreo. Ética e responsabilidade social são dois dos mais importantes desafios das empresas que pretendem ser bem-sucedidas.

Ética e responsabilidade social são conceitos frequentemente utilizados em conjunto ou um no lugar do outro. Contudo, eles têm significados diferentes. A ética diz respeito ao comportamento moral, enquanto a responsabilidade social é a obrigação que a empresa assume com relação à sociedade. Ser socialmente responsável implica maximizar os efeitos positivos sobre a sociedade e minimizar os possíveis efeitos negativos[23].

## Ética

A ética pode ser considerada sob duas perspectivas. De um lado, uma teoria sobre o comportamento moral. De outro, um conjunto de ações pautadas por determinados referenciais morais[24]. A ética constitui uma reflexão sobre "como devemos viver, o que faz com que uma ação seja correta e não errada e sobre quais deveriam ser os nossos objetivos"[25]. Ela tem suas bases nos fatos da ordem moral e é formada por um sistema de relações entre indivíduos ou entre estes e a comunidade[26]. Esse sistema de relações faz com que os valores e juízos desempenhem um papel de importância crítica na tomada de decisões (consideradas) éticas[27]. A moral é considerada uma forma específica de comportamento humano ao redor do qual os agentes são os indivíduos concretos que agem em sociedade. A moral existe para cumprir necessariamente uma

---

23 FARRELL, O.; FRAEDRICH, C. *Ética empresarial*: dilema, tomada de decisões e casos. Rio de Janeiro: Reicheman e Affonso, 2001, p. 7.

24 VAZQUEZ, A. S. *Ética*. Rio de Janeiro: Civilização Brasileira, 1983.

25 SINGER, P. *Ethics*. Oxford: Oxford University, 1994, p. 3.

26 VAZQUEZ, A. S. *Ética*. Rio de Janeiro: Civilização Brasileira, 1983, p. 1.

27 FARRELL, O. C.; FRAEDRICH, C. *Ética empresarial*: dilema, tomada de decisões e casos. Rio de Janeiro: Reichmann e Affonso, 2001, p. 7.

função social[28]. E a ética é uma teoria baseada na reflexão filosófica sobre o comportamento moral dos homens que vivem em sociedade[29].

Muitas empresas definem seu código de ética para explicitar claramente a seus membros o que espera deles em termos de comportamento, atitudes e decisões. Veja o site do Instituto Ethos[30].

### Responsabilidade social

A responsabilidade social é o grau de obrigações de uma empresa em assumir ações que protejam e melhorem o bem-estar da sociedade à medida que ela procura atingir seus próprios objetivos ou interesses. Refere-se ao grau de eficiência e eficácia que uma empresa apresenta no alcance de suas responsabilidades sociais. Uma empresa socialmente responsável é aquela que desempenha as seguintes obrigações[31]:

1. Inclui objetivos sociais no seu planejamento e operações.
2. Utiliza normas de interesse social em seus programas sociais.
3. Apresenta relatórios a todos os públicos e parceiros sobre os progressos na sua responsabilidade social.
4. Utiliza diferentes abordagens para medir o seu desempenho social.
5. Procura medir os custos dos programas sociais e o retorno dos seus investimentos em programas sociais.

No fundo, a responsabilidade social parte do princípio de que não há mais conflito algum em fazer negócios, ganhar dinheiro e tornar o mundo melhor. Toda empresa deve cumprir um papel perante a sociedade. E são as empresas que cumprem tal papel que têm reconhecimento social e imagem favorável, pois elas fidelizam seus clientes, atraem os melhores talentos e, consequentemente, desenvolvem uma capacidade incrível de se renovar constantemente.

---

28 FARRELL, O. C.; FRAEDRICH, C. *Ética empresarial*: dilema, tomada de decisões e casos. Rio de Janeiro: Reichmann e Affonso, 2001, p. 2.

29 LÚCIO, C. F. Filosofia, ética e administração de empresas. In: KUAZANI, E. (Org.). *Administração para não-administradores*. São Paulo: Saraiva, 2006, p. 41-97.

30 Disponível em: https://www.ethos.org.br.

31 LIPSON, H. A. Do corporate executives plan for social responsability. *Business and Society Review*, 1974-75, p. 80-1.

Em geral, as empresas fazem investimentos em algumas das seguintes áreas[32]:

1. *Área econômica*: são investimentos relacionados com o desempenho da empresa em atividades como produção de bens e serviços, criação de empregos para a sociedade, pagamento de bons salários e garantia de segurança no trabalho. É um indicador de responsabilidade social sobre a contribuição econômica da empresa à sociedade.
2. *Área de qualidade de vida*: são investimentos relacionados com a contribuição da empresa para a melhoria da qualidade geral de vida na sociedade ou redução da degradação ambiental por meio da produção de bens de alta qualidade, relações excelentes com empregados e clientes e esforço para preservar o ambiente natural. São indicações do que a empresa faz para melhorar a qualidade geral de vida na sociedade.
3. *Área de investimentos sociais*: são investimentos relacionados com o grau em que a empresa investe recursos financeiros e humanos para resolver problemas sociais da comunidade. A empresa pode envolver-se em assistir organizações da comunidade que tratam de educação, caridade, artes etc.
4. *Área de solução de problemas sociais*: são investimentos relacionados com o grau em que a empresa lida com problemas sociais. Atividades como participação no planejamento de longo prazo da comunidade e na condução de estudos para localizar problemas sociais e viabilizar soluções são consideradas bons indicadores de responsabilidade social.

Cada vez mais as empresas estão atuando na área econômica, ampliando gradativamente seu escopo na área de qualidade de vida, em investimentos sociais e principalmente na área de solução de problemas sociais, na qual o espectro da atuação empresarial é maior.

O importante é não esquecer que as empresas funcionam dentro de um complexo conjunto de interesses com múltiplos elementos do seu ambiente específico e geral. Na realidade, cada empresa forma uma intensa rede de relacionamentos com outras empresas e organizações para poder funcionar satisfatoriamente. Nesse contexto, a responsabilidade social é

---

[32] CASSELL, F. H. The social cost of doing business. *MSU Business Topics*, 1974, p. 19-26.

a obrigação de uma organização de atuar de maneira a servir tanto os seus interesses quanto os interesses dos diferentes públicos envolvidos. Esses públicos – parceiros, grupos de interesses ou *stakeholders* – são pessoas, grupos e organizações que afetam ou são afetadas de alguma maneira pelo comportamento de uma empresa (Figura 7.8).

A responsabilidade social da empresa remete a dois diferentes pontos de vista: o clássico e o socioeconômico[33].

1. *Ponto de vista clássico*: a responsabilidade da administração é fazer apenas com que o negócio proporcione lucros máximos para a empresa. Esse modelo estreito focado na visão econômica apregoa que as empresas devem proporcionar dinheiro aos investidores por meio do aumento do lucro, redução de custos de produção e maior poder social para o negócio. Trata-se de um ponto de vista contrário ao da responsabilidade social.

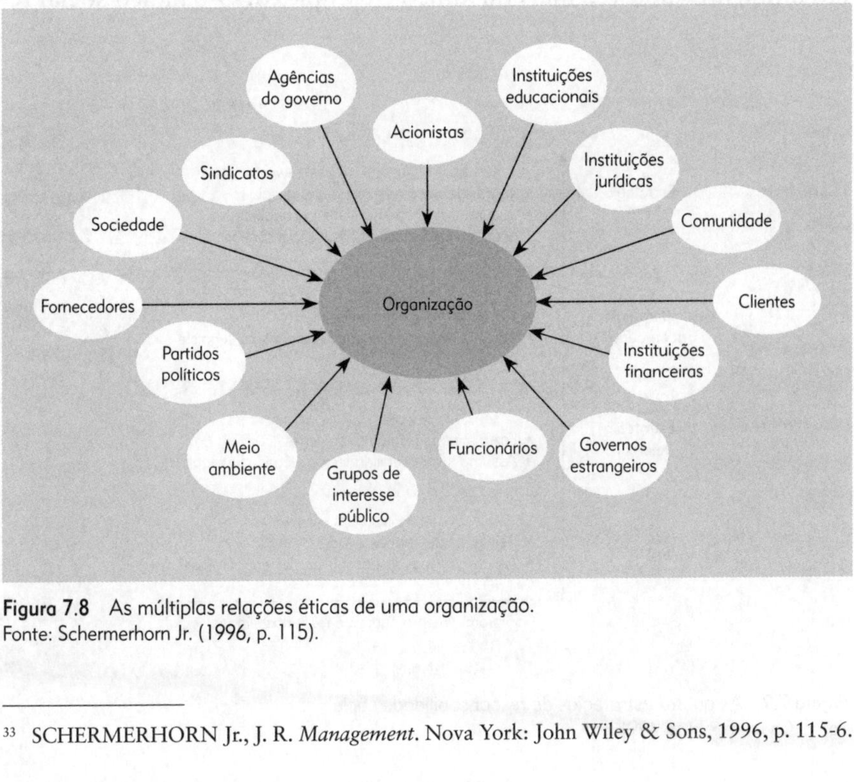


**Figura 7.8** As múltiplas relações éticas de uma organização.
Fonte: Schermerhorn Jr. (1996, p. 115).

33 SCHERMERHORN Jr., J. R. *Management*. Nova York: John Wiley & Sons, 1996, p. 115-6.

2. *Ponto de vista socioeconômico*: toda empresa deve estar ligada ao bem-estar social, não apenas aos seus lucros. Trata-se de um modelo mais amplo e de apoio à responsabilidade social da empresa, que defende lucros de longo prazo para o negócio, melhor imagem junto ao público, menor regulamentação para os negócios, maiores obrigações sociais do negócio, melhor ambiente para todos e o atendimento dos desejos do público.

Quanto ao comprometimento com a responsabilidade social, as empresas podem adotar quatro alternativas de estratégia, como demonstrado na Figura 7.9.

A tendência é o gradativo aumento nas responsabilidades espontâneas e voluntárias das empresas. A responsabilidade social implica fazer as coisas certas, utilizar critérios sociais e morais gradativamente mais amplos, bem como examinar os interesses dos múltiplos interessados em um ambiente cada vez mais dinâmico e complexo. O balanço social re-

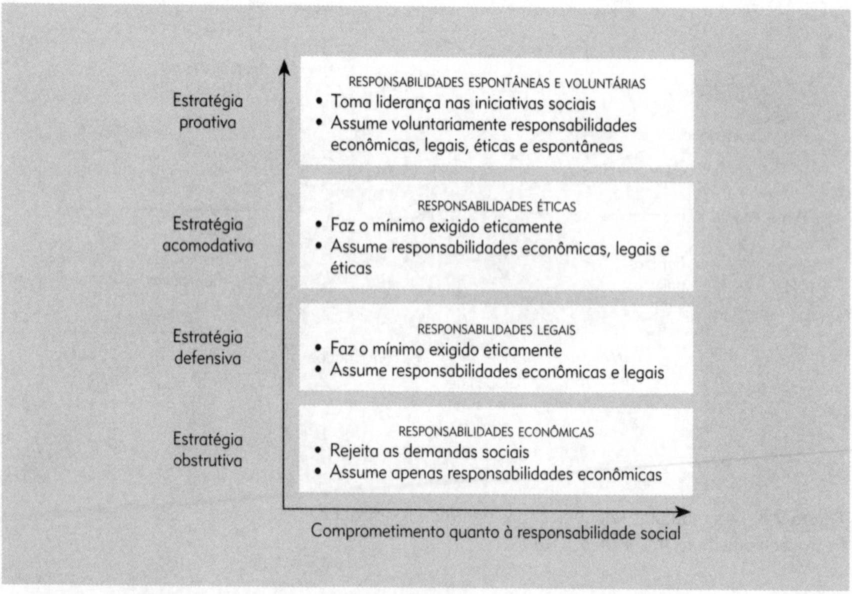


**Figura 7.9** As quatro estratégias de responsabilidade social.
Fonte: Carroll (1979, p. 499).

flete o lado não econômico e social da contribuição da empresa, enquanto o voluntariado reflete a contribuição livre e espontânea das pessoas em prol de uma comunidade melhor.

### Meio ambiente

Rosenburg e Ferraz lembram que o meio ambiente – que diz respeito a natureza, ecologia e condições climáticas – entrou definitivamente na agenda dos negócios das empresas. As sete questões fundamentais no caminho de um futuro sustentável para reduzir os impactos ambientais por meio da responsabilidade ambiental são[34]:

1. *Clima*: como a empresa ajuda a combater o aquecimento global;
2. *Lixo*: como a empresa consegue gerar menos resíduos;
3. *Design*: como a empresa cria produtos ecologicamente corretos;
4. *Água*: como a empresa evita desperdícios;
5. *Comunidade*: como a empresa respeita os interesses dos vizinhos;
6. *Liderança*: como a empresa defende a causa da responsabilidade ambiental;
7. *Governança*: como a cúpula da empresa está comprometida com a causa verde.

O desafio reside em como repensar as operações da empresa para ajudar em:

- Responsabilidade ambiental no sentido de proteger a natureza;
- Práticas ambientais responsáveis, inclusive envolvendo fornecedores;
- Desenvolvimento de tecnologias limpas para evitar a poluição;
- Contribuição das empresas para reduzir o aquecimento global;
- Critérios socioambientais na concessão de crédito e na definição de opções de investimentos;
- Redução na emissão de gases que provocam o efeito estufa;
- Programas de eficiência energética para reduzir desperdícios e custos;
- Busca de energias renováveis.

---

34 ROSENBURG, C.; FERRAZ, E. Sua empresa é verde? *Época*, São Paulo, mai. 2007. *Negócios*, n. 2, p. 44-60.

## ASSEGURE A SUSTENTABILIDADE DO SEU NEGÓCIO

Como foi visto anteriormente, para atuar estrategicamente a empresa precisa, necessariamente, definir uma estratégia competitiva para navegar no mundo dos negócios, manter na mente e no coração das pessoas que nela trabalham a missão do presente e a visão de futuro, bem como manter certos princípios de ética e responsabilidade social corporativa. A empresa não pode ser uma ferramenta descartável ou fortuita que se usa por pouco tempo e logo se desfaz. Pelo contrário, a empresa é um complexo fenômeno de construção continuada e que deve passar por um prolongado ciclo de vida. Toda empresa nasce, cresce, prospera, decai e morre por alguma razão. O segredo está em crescer e evitar decair ou morrer. A empresa precisa crescer por meio de um desenvolvimento firme e sustentável que assegure sua continuidade no tempo. Tudo isso faz parte do sétimo passo: definir uma estratégia competitiva, ou seja, atuar estrategicamente.

### Sustentabilidade

Sustentabilidade é um conceito recente e que significa um passo além da filantropia empresarial. Vai além da responsabilidade social, pois o seu papel é analisar as questões sociais e ambientais em todas as áreas de atuação da empresa, desde alterações no processo produtivo até o relacionamento entre funcionários e clientes. A sustentabilidade é bastante desenvolvida em países ligados ao desenvolvimento de novas tecnologias e dotados de uma consciência ambiental muito forte, como Alemanha e Inglaterra. A sustentabilidade está focada em questões sociais e no relacionamento com funcionários e consumidores por meio de políticas claras e objetivas.

O desenvolvimento sustentável deve ter seu foco no presente e no futuro. A ideia básica é de que todas as decisões e ações de hoje se projetem na sustentabilidade futura e no bem-estar das futuras gerações. Em linhas gerais, o desenvolvimento sustentável se fundamenta em um tripé: a responsabilidade social aliada à responsabilidade ambiental e à viabilidade econômica.

Gerar lucro e ser sustentável no longo prazo constitui um objetivo perfeitamente compatível no mundo de hoje. Sustentabilidade e lucratividade andam de mãos dadas. A relação empresa-sociedade está cada vez mais forte. Para tanto, a empresa precisa reunir três aspectos básicos em termos de sustentabilidade:

1. *Sustentabilidade econômico-financeira (lucro)*: é uma visão de curto prazo que privilegia a lucratividade e que deve ser ampliada no longo prazo para a criação de valor.
2. *Sustentabilidade social (serviço à comunidade)*: preocupação com a comunidade, a fim de tornar o mundo melhor para fazer negócios.
3. *Sustentabilidade ecológica (respeito ao ambiente)*: pretende tornar o mundo melhor para viver. Cuidar para que seus P/S ou seus resíduos não afetem negativamente a natureza e o meio ambiente.

As empresas que adotam esses novos conceitos conseguem um relacionamento mais sólido com fornecedores e clientes, melhoram sua capacidade de atrair talentos, obtêm reconhecimento social, alcançam maior valor de suas marcas e, principalmente, adquirem perenidade. As vantagens que as empresas investidoras em estratégias desse tipo conseguem podem ser diretas ou indiretas. As vantagens diretas estão na melhoria da eficiência, do clima organizacional e no aumento da produtividade. As vantagens indiretas residem na imagem positiva perante os clientes, uma vez que eles estão dispostos a escolher entre o produto de uma empresa socialmente responsável e o de outra que não é.

Em geral, a comunidade em que a empresa exerce suas atividades é a que mais se beneficia. Contudo, apesar da enorme contribuição que as empresas socialmente responsáveis têm a dar, não é suficiente para resolver a questão social. Torna-se importante criar parcerias com o terceiro setor e com o Estado, o qual pode gerar políticas públicas que podem ser utilizadas de maneira mais ampla. A sociedade também precisa se organizar e exigir das empresas padrões de sustentabilidade, para que esse movimento se expanda mais rapidamente.

E o que significa um desenvolvimento sustentável? Simplesmente operar ou crescer sem provocar danos ao entorno da empresa, ou seja, sem prejudicar o ambiente onde os negócios acontecem, a comunidade em que reside e as pessoas que interagem com ela. Algumas empresas crescem à custa da natureza, outras danificam o meio ambiente, outras ainda o fazem por meio da corrupção ou de formas desonestas de trabalho. Isso deve ser banido definitivamente.

Todavia a sustentabilidade não é facilmente conseguida. Ela requer um equilíbrio dinâmico e delicado entre diferentes forças e fatores – tanto internos como externos – para alcançar um resultado do tipo ganhar/ganhar em que todos os elementos envolvidos, interna e externamente, recebam um retorno razoável pela sua contribuição ao negócio da empresa. Vale a pena lembrar que Peter Drucker dizia que os resultados existem somente do lado de fora da empresa. Dentro dela, tudo é custo. Apesar do exagero na afirmação do nosso saudoso guru – pois é dentro dela que a empresa gera valor e cria vantagens competitivas –, é fora da empresa que estão os objetivos e resultados. É lá que estão as oportunidades, quase sempre veladas ou ocultas e que precisam ser descobertas e localizadas. Pense nisso. O sucesso anda por aí.

PARTE IV

# Proporcionando resultados

Administrar não é apenas cuidar de recursos empresariais e saber utilizar as competências disponíveis na empresa. Esse é somente o meio do caminho, a trilha a ser seguida. Administrar não é apenas alcançar desempenho excelente ou descobrir novas maneiras de fazer melhor as coisas em uma empresa. Acima de tudo isso, administrar é agregar valor e criar riqueza com os recursos e competências disponíveis. Administrar é principalmente proporcionar resultados, e é pela entrega de resultados que se avalia a eficiência e a eficácia da administração.

Esse é o encanto da administração: transformar recursos e competências em riqueza por meio da geração de sinergias. Fazer com que 2 + 2 seja sempre mais que 4. Conseguir que áreas tão diferentes como gestão de pessoas, produção e operações, marketing e finanças se juntem, interajam e colaborem entre si para que o resultado global seja realmente compensador e traga prosperidade e desenvolvimento ao negócio. E não somente da empresa, mas também de todo o entorno que a cerca. É claro que os resultados da gestão de pessoas, da produção e operações, do marketing e das finanças devem ser obtidos por meio da inteligente integração dos recursos e do cruzamento das competências a fim de que os benefícios globais do negócio sejam ampliados de maneira extraordinária. Isso requer uma visão ampla e uma ação estratégica por parte do administrador.

CAPÍTULO 8

# O passo final Ofereça resultados

**Tópicos**



Para que serve um negócio? Apenas para fazer com que o resultado final de toda a empreitada simplesmente empate com os investimentos feitos no início? Alcançar ao cabo de cada ano uma soma final igual a zero? Isso é muito pouco, ou quase nada. Significa estacionar quando o restante do mundo dos negócios está avançando a uma velocidade incrível. Nos dias de hoje, as empresas bem-sucedidas funcionam como verdadeiras máquinas de fazer dinheiro. E quem gera riqueza e prosperidade em uma sociedade? O governo? São as empresas bem-sucedidas que conseguem fazê-lo de maneira incrivelmente feliz.

## O QUE SIGNIFICA OFERECER RESULTADOS?

Há uma diferença enorme entre desempenho e resultado. O desempenho constitui o caminho, o meio, a maneira como a empresa se comporta. O resultado constitui a consequência do desempenho, ou seja, aquilo que a empresa entrega no fim de suas operações.

Ao fim de cada exercício fiscal são apurados os resultados financeiros da empresa. Contudo, os relatórios financeiros somente contam parte da história do desempenho e dos resultados alcançados. Quando a empresa somente se preocupa com resultados financeiros, ela está deixando de ver o outro lado do seu negócio. Os tradicionais indicadores financeiros – principalmente o balanço contábil e os demonstrativos financeiros – por si sós não refletem adequadamente a eficácia da empresa, pois medem somente os resultados dos investimentos e das atividades em termos monetários do passado que se foi. E deixam de lado, aspectos intangíveis e de consequências futuras. Aliás, o lado mais importante do negócio.

## *BALANCED SCORECARD*

Kaplan e Norton oferecem uma ferramenta administrativa denominada *Balanced Scorecard* (BSC) – ou cartaz, cartão, quadro ou tabela balanceada –, um verdadeiro placar de indicadores[1]. Mais adiante, o BSC passou a incluir indicadores financeiros e operacionais a partir de quatro perspectivas[2]:

1. *Perspectiva financeira*: envolve indicadores para medir se a estratégia empresarial e sua implementação e execução estão contribuindo para a melhoria do resultado financeiro da empresa. Envolve ainda objetivos financeiros que representam a meta de longo prazo da empresa, no sentido de gerar retornos financeiros superiores a partir do capital investido no negócio.
2. *Perspectiva do cliente*: envolve indicadores sobre mercados e segmentos-alvo de mercados nos quais a empresa está competindo com outras empresas. O atendimento ao cliente é traduzido em medidas específicas sob critérios de qualidade, custo, atendimento e garantias, como também satisfação

---

1 KAPLAN, R. S.; NORTON, D. P. *A estratégia em ação*: balanced scorecard. Rio de Janeiro: Campus, 1997.

2 KAPLAN, R. S.; NORTON, D. P. *Organização orientada para a estratégia*: como as empresas que adotam o balanced scorecard prosperam no novo ambiente de negócios. Rio de Janeiro: Campus, 2001.

do cliente, sua captação e fidelização. Envolve um conjunto de medidas essenciais, como participação, captação, retenção, satisfação e lucratividade para esses segmentos. Significa identificar o que os clientes dos segmentos-alvo valorizam e definir a proposta de valor a ser oferecida-lhes.

3. *Perspectiva dos processos internos*: envolve indicadores para mensurar o desempenho nos processos por meio dos quais a empresa deve alcançar excelência operacional, a fim de proporcionar resultados financeiros para a empresa e para os clientes. Trata-se de identificar os processos críticos em que a empresa deve buscar a excelência a fim de atender os objetivos dos acionistas e dos segmentos específicos de clientes.

4. *Perspectiva do aprendizado e do crescimento*: envolve indicadores que permitem o alcance dos objetivos pretendidos nas outras três perspectivas anteriores. Esses indicadores focalizam os investimentos nas pessoas, no aprendizado e no seu crescimento para que elas possam produzir melhor (perspectiva dos processos internos), atender melhor o cliente (perspectiva do cliente) e assegurar o alcance dos objetivos financeiros de longo prazo (perspectiva financeira). A perspectiva do aprendizado e crescimento decorre de três fontes básicas: pessoas (funcionários), sistemas e alinhamento organizacional.

A Figura 8.1 mostra as quatro perspectivas do BSC.

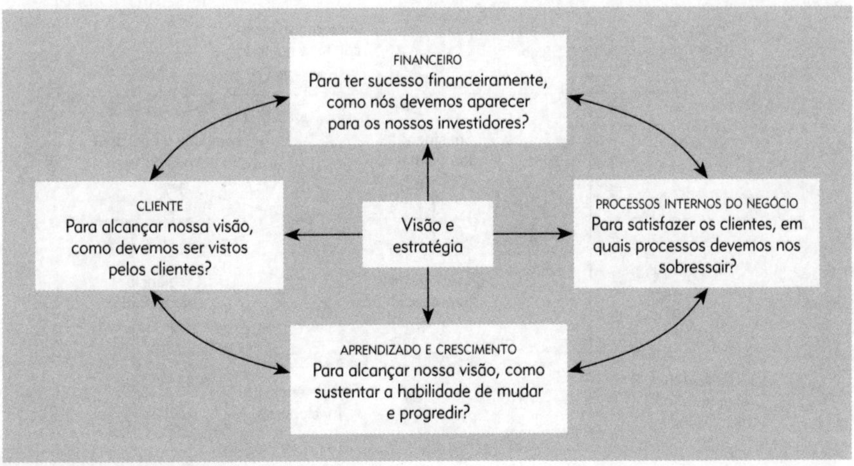


**Figura 8.1** As quatro perspectivas do BSC.
Fonte: Kaplan e Norton (1997).

No passado, quando as empresas eram verdadeiros conjuntos de silos que viviam separados e completamente desligados entre si, as áreas de RH, produção e operação, marketing e finanças nunca andavam de mãos juntas, estavam quase sempre em conflitos e disputas intermináveis. As empresas conseguiam, no máximo, obter somas ou adições quando possível. Hoje, o administrador busca integrar e articular as diversas áreas da empresa para obter sinergias capazes de oferecer multiplicação em termos de resultados.

O importante é que as quatro perspectivas podem se ajudar mutuamente e produzir resultados excepcionais. Elas produzem uma cascata de causa e efeito – uma espécie de cadeia de valor – de tal maneira que a perspectiva do aprendizado e crescimento provoca melhorias na perspectiva dos processos internos (como melhorias na qualidade dos processos, maior agilidade dos processos, excelência operacional) e esta repercute na perspectiva do cliente (como melhor atendimento ao cliente, satisfação do cliente em relação ao produto/serviço adquirido e em relação ao atendimento recebido, o que leva à fidelização e retenção do cliente) que ajuda a incrementar poderosamente a perspectiva financeira da empresa (por meio do aumento das vendas e, consequentemente, maiores lucros e retorno do capital investido).

A Figura 8.2 dá uma ideia resumida da cadeia geradora de valor quando se utiliza o BSC.

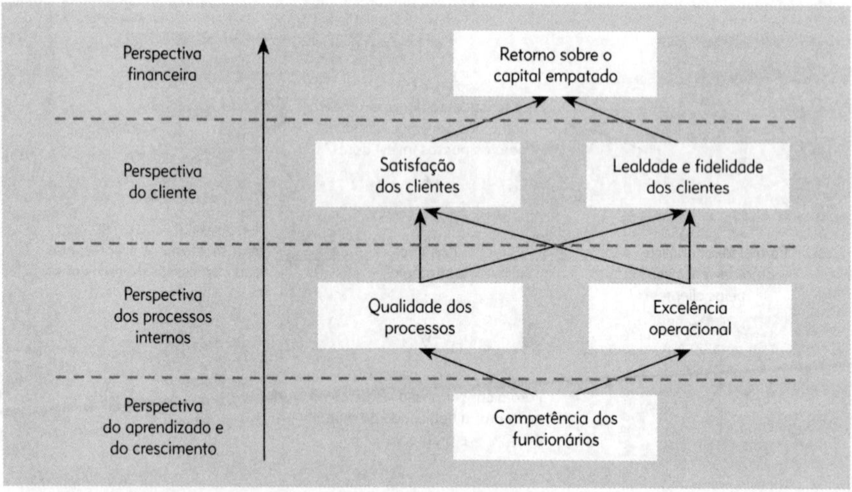


**Figura 8.2** A cadeia de relações de causa e efeito do BSC.
Fonte: Kaplan e Norton (1997).

## A cadeia de causas e efeitos

Visualizando o BSC em termos de cascata de efeitos, pode-se verificar que cada perspectiva tem um vetor que a garante[3]. Tal como em uma engenharia reversa, parte-se da perspectiva financeira que constitui o ponto de chegada do sistema de medição. Uma medida típica dessa perspectiva é o retorno sobre o capital empatado e ele depende das vendas. O vetor dessa medida pode ser a repetição e a ampliação das vendas aos clientes existentes como resultado do alto grau de lealdade e confiabilidade entre esses clientes. O grau de lealdade e fidelidade dos clientes está na perspectiva do cliente e é fundamental para a obtenção do retorno sobre o capital empatado. E como conseguir a lealdade do cliente? A análise das necessidades e preferências dos clientes pode concluir que a satisfação quanto ao produto adquirido e quanto ao atendimento recebido são muito importantes para eles, de tal maneira que conduzem a um melhor desempenho financeiro. Daí a inclusão da satisfação do cliente quanto ao produto/atendimento na perspectiva do cliente. A partir daí vem a indagação: em que processos internos a empresa deve alcançar qualidade dos processos e excelência operacional para alcançar a satisfação do cliente quanto ao produto/atendimento e garantir a sua fidelização? Para melhorar a satisfação quanto ao produto/atendimento, a empresa deve melhorar a qualidade de seus processos internos e garantir a excelência de suas operações. Mas como melhorar a qualidade e a excelência das operações? Treinando e capacitando seus funcionários – objetivo da perspectiva do aprendizado e crescimento. A montagem do BSC constitui uma cadeia de relações de causa e efeito e pode ser visualizada como uma reta vertical que atravessa as quatro perspectivas do BSC.

Desse modo, a implementação do BSC começa com a perspectiva do aprendizado e do crescimento como base fundamental para possibilitar a perspectiva dos processos internos. Esta proporciona a base fundamental para permitir a perspectiva do cliente que, por sua vez, alimenta a perspectiva financeira. Uma cadeia de valor baseada em relações de causa e efeito.

---

3 KAPLAN, R. S.; NORTON, D. P. *A estratégia em ação*: balanced scorecard. Rio de Janeiro: Campus, 1997, p. 30-1.

Com essa cadeia em mente, pode-se montar o mapa estratégico demonstrado na Figura 8.3.

Assim, o BSC reflete o equilíbrio entre objetivos de curto e longo prazo, entre medidas financeiras e não financeiras, entre indicadores de tendências e ocorrências e, ainda, entre as perspectivas interna e externa de desempenho da empresa. O desempenho e resultados da empresa são mensurados de maneira equilibrada sob as quatro diferentes perspectivas para permitir que a empresa possa acompanhar o desempenho financeiro, monitorando, ao mesmo tempo, o progresso na construção de competências e na aquisição dos ativos intangíveis necessários para o crescimento futuro e sustentabilidade do negócio no longo prazo, como mostra a Figura 8.4.

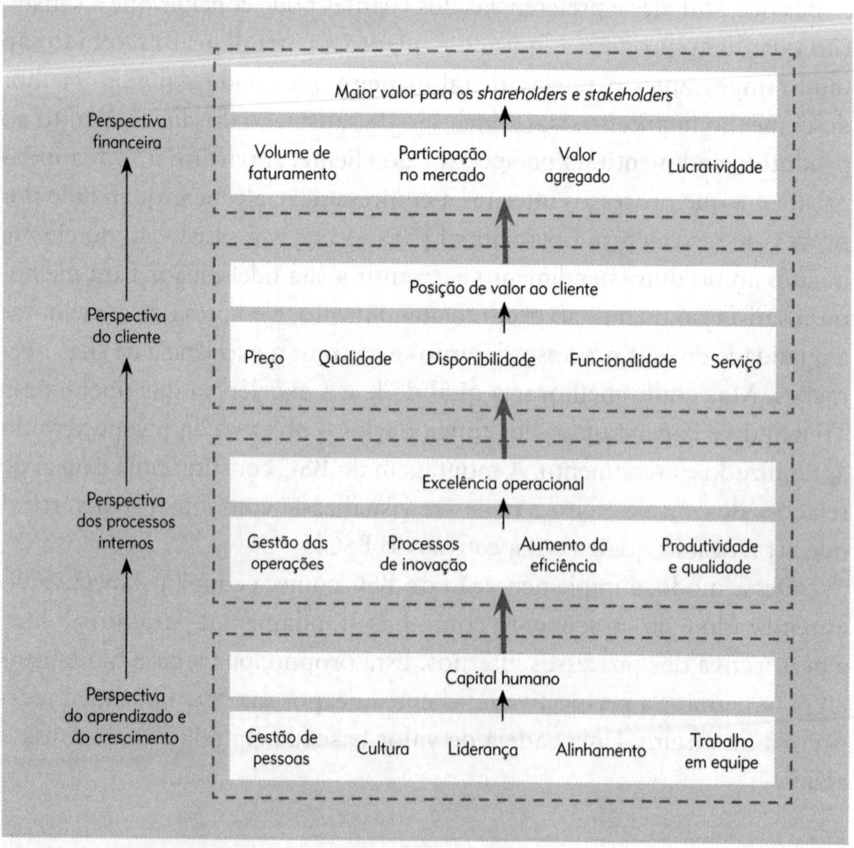


**Figura 8.3** Montagem de um mapa estratégico a partir do BSC.
Fonte: Kaplan e Norton (2004).

**Quadro 8.1** Exemplo das perspectivas e objetivos estratégicos

| PERSPECTIVA | OBJETIVOS ESTRATÉGICOS | RESULTADOS |
|---|---|---|
| Financeira | • Aumentar o valor agregado da empresa<br>• Aumentar o retorno do capital empatado<br>• Aumentar as receitas da empresa<br>• Equilibrar receitas e despesas internas | • Crescimento interno<br>• Estabilidade interna<br>• Buscar sustentabilidade<br>• Responsabilidade social |
| Cliente | • Oferecer valor agregado ao cliente<br>• Obter reconhecimento e imagem da empresa<br>• Encantar o cliente<br>• Alcançar fidelização do cliente<br>• Aumentar as vendas aos clientes atuais<br>• Melhorar a qualidade e pontualidade dos serviços<br>• Captar informações do mercado | • Satisfação e retenção do cliente<br>• Melhoria da imagem e reputação<br>• Maior penetração no mercado<br>• Qualidade dos P/S<br>• Pontualidade nas entregas |
| Processos internos | • Melhorar os processos internos da empresa<br>• Aumentar a produtividade e qualidade dos P/S<br>• Incrementar o desenvolvimento de P/S<br>• Promover a pesquisa e desenvolvimento de P/S<br>• Avaliar em profundidade os P/S atuais<br>• Oferecer excelência operacional | • Agilização de processos<br>• Otimização de processos<br>• Novos produtos inovadores<br>• Oferta de produtos competitivos |
| Aprendizado e crescimento | • Recrutar, selecionar e investir em talentos humanos<br>• Incrementar o treinamento e desenvolvimento de talentos<br>• Incentivar o trabalho em equipe<br>• Incentivar a comunicação aberta e ampla<br>• Motivar e recompensar os talentos<br>• Alinhar objetivos individuais aos objetivos empresariais | • Produtividade das pessoas<br>• Satisfação dos colaboradores<br>• Alinhamento<br>• Motivação e compromisso |

Fonte: Kaplan e Kaplan (1996).

## A QUEM OFERECER RESULTADOS?

Toda empresa precisa entregar resultados. No decorrer de toda a Era Industrial, o foco das empresas se concentrava em proporcionar resultados para os chamados *shareholders* – os proprietários, acionistas ou investidores. A ideia básica era de que toda empresa precisa remunerar e recompensar todos aqueles que investiram financeiramente no negócio. Tanto que os documentos mais importantes das empresas eram o balanço contábil e os demonstrativos financeiros. A empresa era um negócio cuja função maior era proporcionar retornos aos investimentos financeiros efetuados.

A Era da Informação trouxe profundas mudanças nesse sentido. Passou-se a cogitar que a empresa dependia de uma multiplicidade de agentes – e não somente os acionistas e investidores – para alcançar sucesso no seu negócio. E que se tornava necessário também proporcionar retornos aos investimentos – não necessariamente financeiros – efetuados por outros agentes ou públicos interessados e que se situam interna ou externamente em relação ao espaço empresarial. Passou-se a enfatizar a figura dos *stakeholders*: os vários atores que influenciam direta ou indiretamente o sucesso do negócio da empresa. Os *stakeholders* são grupos de interesses, como os próprios acionistas ou investidores (*shareholders*), os dirigentes da empresa (diretores e gerentes), os funcionários da empresa (colaboradores), os clientes ou consumidores (que adquirem os produtos ou serviços), os fornecedores (que oferecem os insumos e serviços, bem como os terceirizados), a comunidade (de onde a empresa extrai insumos básicos para o seu funcionamento), a sociedade (para a qual a empresa oferece seus produtos/serviços) e o governo (para quem a empresa contribui com taxas e impostos) (Figura 8.4).

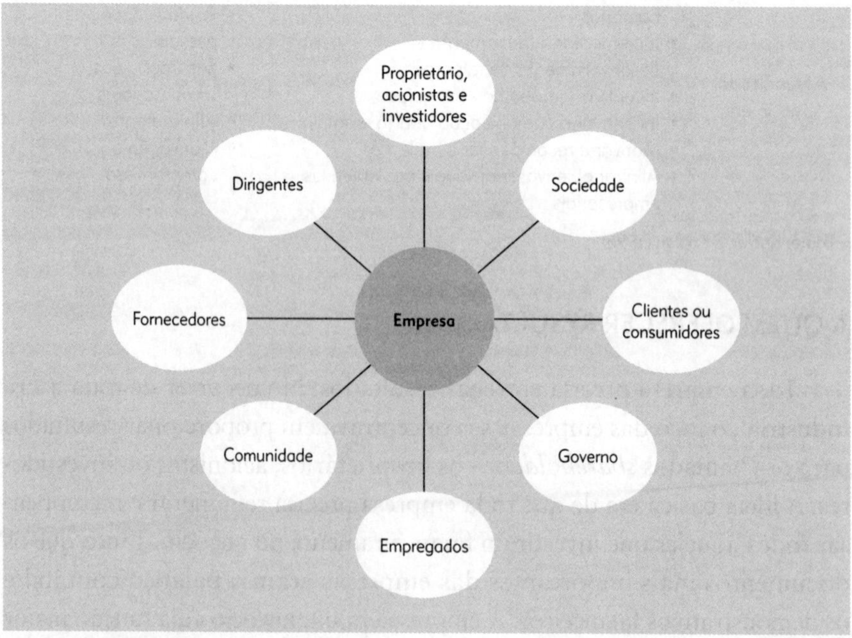


**Figura 8.4** Os *stakeholders*.

A Figura 8.4 responde à questão sobre a quem oferecer e entregar os resultados da empresa. Os resultados da empresa devem ser repartidos criteriosamente entre os vários agentes (*stakeholders*) que contribuíram de maneira direta ou indireta para o sucesso empresarial. Essa repartição deve ser proporcional à contribuição que cada *stakeholder* traz para o negócio da empresa. E não precisa necessariamente ser feita em termos financeiros, mas no sentido de agregar valor naquilo que cada *stakeholder* mais deseja. Assim, a sociedade requer uma empresa sustentável e com elevada responsabilidade social. O cliente requer um produto de alta qualidade a um preço razoável, atendimento de primeira classe e serviços pós-venda. O fornecedor deseja a continuidade dos seus contratos de fornecimento tanto de matérias-primas como de serviços especializados. O funcionário deseja qualidade de vida no seu trabalho, investimentos em educação e capacitação, permanência a longo prazo na empresa e benefícios e salários razoáveis. Os dirigentes desejam participação nos resultados do negócio, enquanto os *shareholders* requerem valorização de suas ações e retornos financeiros razoáveis de seus investimentos no negócio.

É lógico que a empresa nem sempre consegue retribuir proporcionalmente a todos os seus *stakeholders*. Ela precisa alinhar as expectativas com suas possibilidades, definir prioridades e satisfazer tanto quanto possível a todo esse imenso círculo de aspirações e expectativas ao seu redor.

Por que razão proporcionar resultados a todos os *stakeholders*? Muito simples. A empresa que não retribui com resultados faz logo perder o interesse de quem pretende investir nela: por meio da compra de suas ações no mercado de capitais, na compra de seus produtos e serviços em detrimento das ofertas dos concorrentes, no contínuo fornecimento de insumos para suas operações, no esforço estratégico e gerencial em torná-la cada vez mais eficiente e eficaz, no esforço operacional para realizar um bom trabalho e prestar um bom serviço, na aceitação da presença da empresa com suas fábricas no *habitat* da comunidade e assim por diante. A empresa precisa oferecer algo em troca disso tudo, senão ela não vai receber a adesão dos investidores, a fidelização dos clientes e consumidores, a entrega garantida dos fornecedores, a contribuição dos talentos executivos, o compromisso de seus empregados e a imagem positiva por parte da comunidade em que está presente. Tudo é uma questão de dar para receber. Quem investe em dinheiro, em trabalho, em talento, em adesão à marca deseja um retorno adequado de seu investimento.

## A SUSTENTABILIDADE DO NEGÓCIO

Até algum tempo atrás, a sustentabilidade do negócio significava apenas a continuidade da existência da empresa no longo prazo. Falava-se, então, de longevidade do negócio. O importante estava na sobrevivência e na perpetuidade. Nos tempos atuais, o conceito de sustentabilidade passou por uma forte ampliação e profundidade. Hoje, a sustentabilidade tem a ver com o crescimento e desenvolvimento da empresa em paralelo com aspectos relacionados com o seu entorno social e ecológico. A empresa precisa crescer e desenvolver sem afetar negativamente o seu ambiente social e ecológico. Mais que isso, o crescimento e desenvolvimento da empresa deve dar-se em uma sucessão tal que permita que a sociedade e a natureza sejam influenciadas de maneira positiva e construtiva pelas ações e operações da empresa. Daí a responsabilidade social da empresa: ela é responsável por crescer de maneira a contribuir para que o seu entorno seja melhorado e favorecido, não prejudicado por suas ações. Tanto a sociedade como a natureza devem ser constantemente melhoradas pela positiva influência externa da empresa. Não agredir o mercado (com ações desonestas) e não agredir a natureza (por meio da destruição dos recursos naturais) são os dois aspectos básicos do novo catecismo de responsabilidade social das empresas. É por aí que cada empresa garante que as novas gerações possam viver em um mundo cada vez melhor.

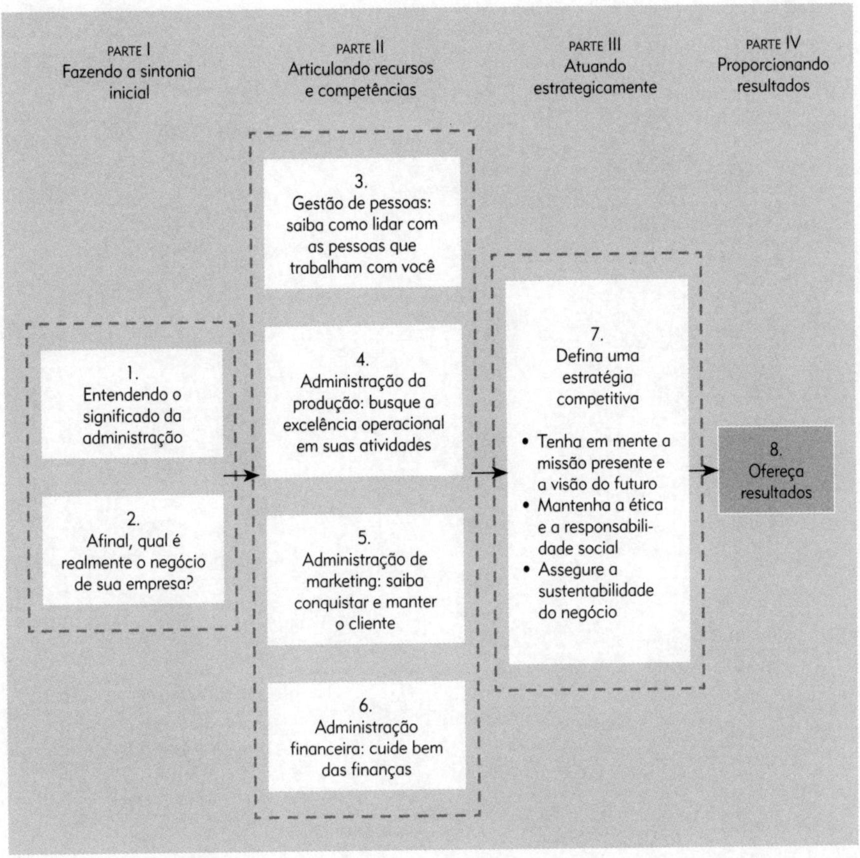


**Figura 8.5** Os caminhos para a entrega de resultados por parte da empresa.

# Referências bibliográficas

BALLOU, R. *Business logistics management*. Upper Saddle River: Prentice-Hall, 1985.

BARNARD, C. I. *As funções do executivo*. São Paulo: Atlas, 1961.

BERGAMO FILHO, V. *Gerência econômica da qualidade através do TQC*. São Paulo: Makron Books, 1991.

BLACKBURN, J. D. *Time-based competition*: the next battleground in american manufacturing. Homewood: Business One-Irwin, 1991.

BREENE, T. Redefining high performance. *Outlook Journal*, oct. 2003. Disponível em: http://www.accenture.com/Global/Research_and_Insights/By_Subject/High_Performance_Business/RedefiningHighPerformance.htm.

BURGELMAN, R. A. *Strategy is a destiny*: how strategy-making shapes a company's future. Nova York: Simon & Schuster, 2002.

CASSELL, F. H. *The social cost of doing business*. MSU Business Topics, 1974, p. 19-26.

CHANDLER Jr., A. A. *The visible hand*. MIT School Press, 1983.

CHASE, R. B.; GARVIN, D. A. The service factory. *Harvard Business Review*, jul.-aug. 1989, v. 67, p. 67-9.

CHIAVENATO, I. *Administração*: teoria, processo e prática. 4. ed. Rio de Janeiro: Elsevier/Campus, 2006.

________. *Administração da produção*: uma abordagem introdutória. Rio de Janeiro: Elsevier/Campus, 2005a.

________. *Administração de materiais*: uma abordagem introdutória. Rio de Janeiro: Elsevier/Campus, 2005b.

________. *Administração de vendas*: uma abordagem introdutória. Rio de Janeiro: Elsevier/Campus, 2005c.

________. *Administração financeira*: uma abordagem introdutória. Rio de Janeiro: Elsevier/Campus, 2005d.

________. *Administração nos novos tempos*. 2. ed. Rio de Janeiro: Elsevier/Campus, 2004.

________. *Construção de talentos*: coaching e mentoring. 5. ed. Rio de Janeiro: Elsevier/Campus, 2002.

________. *Empreendedorismo*: dando asas ao espírito empreendedor. 3. ed. São Paulo: Saraiva, 2008.

_______. *Gerenciando com as pessoas*: transformando o executivo em um excelente gestor de pessoas. 1. ed. Rio de Janeiro: Campus/Elsevier, 2005e.

_______. *Gestão de pessoas*. 3. ed. Rio de Janeiro: Elsevier/Campus, 2009a.

_______. *Iniciação à administração de recursos humanos*. 4. ed. Barueri: Manole, 2010a.

_______. *Iniciação a sistemas, organização & métodos* – SO&M. Barueri: Manole, 2010b.

_______. *Introdução à teoria geral da administração*. 7. ed. Rio de Janeiro: Elsevier/Campus, 2004.

_______. *Recursos humanos*: o capital humano das organizações. 9. ed. Rio de Janeiro: Elsevier/Campus, 2009b.

CHIAVENATO, I.; SAPIRO, A. *Planejamento estratégico*: da intenção ao resultado. 2. ed. Rio de Janeiro: Elsevier/Campus, 2009.

COLLINS, J. A lâmpada que ilumina de verdade. *Exame*, São Paulo, n. 639, 02/07/1997, p. 64-5.

CROSBY, P. *Qualidade*: falando sério. São Paulo: Makron Books, 1991.

DEMING, W. E. *Qualidade*: a revolução da administração. São Paulo: Saraiva, 1990.

DRUCKER, P. F. *Management*: tasks, responsibilities, practices. Nova York: Free Press, 1987.

DRUCKER, P. F.; MACIARIELLO, J. A. *The daily Drucker*. New York: HarperBusiness, 2004.

EBERT, R. J.; GRIFFIN, W. R. *Business essentials*. Upper Saddle River: Prentice Hall, 2000.

FARRELL, O.; FRAEDRICH, C. *Ética empresarial*: dilema, tomada de deciões e casos. Rio de Janeiro: Reicheman e Affonso, 2001.

GREENWOOD, T.; WASSON, A.; GILES, R. The learning organization concepts, processes, and questions. *Perfomance & Instruction*, v. 32, apr. 1993, p. 8.

HAMMER, M.; CHAMPY, J. *Reengenharia*. Rio de Janeiro: Campus, 1985.

_______. Reengineering: the part to change. In: *Reengineering the corporation*: a manifesto for business revolution. Nova York: HarperBusiness, 1993.

JURAN, J. M.; GRYNA, F. M. *Quality planning and analysis*. Nova York: McGraw-Hill, 1994.

KAPLAN, R. S.; KAPLAN, E. L. United way of southeastern New England (UWSENE), 9-191-036. Boston: Harvard Business School Case, 1996.

KAPLAN, R. S.; NORTON, D. P. *A estratégia em ação*: balanced scorecard. Rio de Janeiro: Campus, 1997.

_______. *Organização orientada para a estratégia*: como as empresas que adotam o balanced scorecard prosperam no novo ambiente de negócios. Rio de Janeiro: Campus, 2001.

_______. Strategy maps: converting intangible assets into tangible outcomes. Boston: Harvard Business School Press, 2004.

KATZ, R. L. Skills of an effective administrator. *Harvard Business Review*, jan.-feb. 1955, p. 33-42.

KOTLER, P. *Administração de marketing*. São Paulo: Atlas, 1996.

_______. *Administração de marketing*: análise, planejamento, implementação e controle. São Paulo: Atlas, 1994.

LEHMAN, D. R.; GUPTA, S. *Gerenciando clientes como investimentos*. São Paulo: Bookman, 2006.

LIPSON, H. A. Do corporate executives plan for social responsability. *Business and Society Review*, 1974-5, p. 80-1.

LUCIO, C. F. Filosofia, ética e administração de empresas. In: KUAZAKI, E. (Org.). *Administração para não-administradores*. São Paulo: Saraiva, 2006, p. 41-97.

MARKLAND, R. E.; VICKERY, S.; DAVIS, M. V. *Operations management*: concepts in manufacturing and services. St. Paulo: South-Western, 1995.

MARTINS, P. G.; LAUGENI, F. P. *Administração da produção*. São Paulo: Saraiva, 2005.

MAYO, A. J.; NOHRIA, N. *In their time*: the greatest business leaders of the Twentieth Century. Boston: Harvard Business School Press, 2005.

MEISTER, J. *Universidade corporativa*. São Paulo: Makron Books, 1999.

MILLES, R.; SNOW, C. *Organizational strategy*. Nova York: McGraw-Hill, 1972.

MINTZBERG, H. *The nature of managerial work*. Nova York: Harper & Row, 1973, p. 92-3.

MIRSHAWKA, V. *A implantação da qualidade e da produtividade pelo método do Dr. Deming*. São Paulo: Makron Books, 1991.

MOODY, P. E. *Strategic manufacturing*: dynamic new directions for the 1990's. Homewood: Dow-Jones Irwin, 1990.

PAGNONCELLI, D.; VASCONCELLOS FILHO, P. *Sucesso empresarial planejado*. Rio de Janeiro: Qualitymark, 1992.

PARSONS, T. *Structure and process in modern societies*. Glencoe: The Free Press, 1962, p. 17.

PORTER, M. E. How competitive forces shapes strategy. *Harvard Business Review*, nov.-dec. 1979, p. 137-45.

________. *Vantagem competitiva*: criando e sustentando um desempenho superior. Rio de Janeiro: Campus, 1989.

________. What is strategy. *Harvard Business Review*, nov.-dec. 1996, p. 61-78.

REDDIN, W. J. *Managerial effectiveness*. Nova York: McGraw-Hill, 1971.

RIES, A.; TROUT, J. *Positioning*: the battle for your mind. Nova York: Warner Bross, 1982.

ROSENBURG, C.; FERRAZ, E. Sua empresa é verde? *Época*, São Paulo, mai. 2007. Negócios, n. 2, p. 44-60.

SCHERMERHORN Jr., J. R. *Management*. Nova York: John Wiley & Sons, 1996.

SCHEWE, C. D.; SMITH, R. M. *Marketing*: concepts and applications. Nova York: McGraw-Hill, 1980.

SELZNICK, P. Cooptation. In: BRINKERHOFF, M. B.; KUNZ, P. R. (Orgs.). *Complex organizations and their environments*. Dubuque: C. Brown, 1961.

SHINGO, S. *A revolution in manufacturing*: the SMED system. Stanford: Productivity Press, 1985.

SINGER, P. *Ethics*. Oxford: Oxford University, 1994.

TENNER, A. R.; DETORO, I. J. *Total quality management*: three steps to continous improvement. Reading: Addison-Wesley, 1992.

THOMPSON, J. *Dinâmica organizacional*: fundamentos sociológicos da teoria administrativa. São Paulo: McGraw-Hill, 1976.

THOMPSON Jr., A. A.; STRICKLAND III, A. J. *Administración estratégica*: textos y casos. Ciudad de México: McGraw-Hill, 2004.

TREACY, M.; WIERSEMA, F. *A disciplina dos líderes de mercado*. Rio de Janeiro: Campus, 2001.

VAZQUEZ, A. S. *Ética*. Rio de Janeiro: Civilização Brasileira, 1983.

WALLACE, T. F. *MRP II*: making it happen: the implementers' guide to sucess with manufacturing resource planning. Essex: Oliver Wight, 1995.

WHELEEN, T. L.; HUNGER, J. D. *Strategic management and business policy*. Upper Saddle River: Prentice-Hall, 2002.

WIND, Y. *Product policy*: methods and strategy. Reading: Addison-Wesley, 1982.

http://www.ethos.org.br

# Índice Remissivo